21世纪经济管理新形态教材·创新创业教育系列

创新思维与创新管理
（第2版）

曹 裕 陈 劲 ◎ 编著

清华大学出版社
北京

内 容 简 介

本书重点阐述了创新思维与创新管理之间的内在联系,全面、深入地剖析了包括创新思维培养、创新战略制定、创新组织建设、沟通与激励、创新绩效评估在内的创新管理系统的五大职能。全书将理论与实践、微观与宏观相结合,聚焦中国理论与中国案例,配套创新思维训练、课后习题,具有较强的理论性、实用性与可读性,有利于学生了解创新领域国内的发展历史、现状和未来,增强学生的使命感,为企业培养创新人才、实施创新管理、实现成果转换提供指导。本书适合高等院校经济类与管理类专业的本科生、研究生及 MBA 学生使用,也可供对创新思维与创新管理感兴趣的企业家、学者参考阅读。

图书在版编目(CIP)数据

创新思维与创新管理/曹裕,陈劲编著. —2 版. —北京: 清华大学出版社,2021.12 (2023.12重印)
21 世纪经济管理新形态教材. 创新创业教育系列
ISBN 978-7-302-59364-5

Ⅰ. ①创… Ⅱ. ①曹… ②陈… Ⅲ. ①企业管理 – 创新管理 – 高等学校 – 教材 Ⅳ. ①F273.1

中国版本图书馆 CIP 数据核字(2021)第 210645 号

责任编辑: 左玉冰
封面设计: 汉风语韵
责任校对: 宋玉莲
责任印制: 沈 露

出版发行: 清华大学出版社
  网 址: https://www.tup.com.cn, https://www.wqxuetang.com
  地 址: 北京清华大学学研大厦 A 座   邮 编: 100084
  社 总 机: 010-83470000   邮 购: 010-62786544
  投稿与读者服务: 010-62776969, c-service@tup.tsinghua.edu.cn
  质 量 反 馈: 010-62772015, zhiliang@tup.tsinghua.edu.cn
  课 件 下 载: https://www.tup.com.cn, 010-83470332

印 装 者: 天津安泰印刷有限公司
经 销: 全国新华书店
开 本: 185mm×260mm 印 张: 11 字 数: 248 千字
版 次: 2017 年 5 月第 1 版 2022 年 1 月第 2 版 印 次: 2023 年 12 月第 3 次印刷
定 价: 49.00 元

产品编号: 094610-02

创新是经济增长的重要内生变量，是企业持续竞争优势的重要源泉。随着经济全球化的加剧，创新作为企业软实力之一，在当今的竞争模式中扮演着关键的角色。对于企业而言，创新的关键在于创新管理，这就要求企业成员具有创新思维，企业管理者需要用创新性的思维管理企业的创新活动，将创新转化为经济效益，实现创新价值。

尽管大部分人都知晓创新的重要性，但是对企业创新的关键所在仍存在较大的认知差异，部分企业管理者认为创新只是开发新的技术，企业的创新管理就是开发出足够多的新技术并将其整合在一起。基于此，本书旨在纠正人们对于创新的一些误解，进一步梳理创新思维和创新管理的内涵及两者之间的联系，从整体上阐述了创新思维和创新管理的核心内容。

在第 2 版中，编者根据近几年国内外关于创新思维与创新管理优秀书籍和文献，参考读者尤其是全国各地使用本教材高校老师所提供的反馈意见，对本书进行了多处更新和完善。主要变化包括内容和形式两方面。内容上，增加了绪论，强调了学习创新知识的重要性；增加了商业模式创新这一创新表现形式的相关内容，完善了创新类型的总结；基于 TRIZ 理论，增加了九屏幕法和金鱼法两种创新思维方法；对创新绩效评估指标设计内容进行了补充，加入了创新社会效益的考虑；结合前沿知识和中国创新环境，更新了大数据、互联网、人工智能背景下的创新思维与创新管理变化新趋势的讨论。形式上，为构建新形态立体教材，每个章节均增加了相配套的引入案例、扩展资料和课后习题；对文中原有案例进行了更换和调整，补充了有关案例的分析思路。

相比于已有教材，本书的亮点在于：

（1）纳入"课程思政"元素，更具指导性。加强了对创新领域国家战略、法律法规和相关政策的介绍，帮助学生了解创新领域国内的发展历史、现状和未来，增强学生的使命感。

（2）参考资料紧跟学术前沿，更具科学性。本书借鉴了国内外多种关于创新思维与创新管理优秀教材的理论体系，紧跟国内外最新研究成果，并在此基础上进行整合提升，内容更具有权威性和科学性。

（3）关注创新思维与创新管理的逻辑联系，更具系统性。纵观现有的著作及教材，均将创新思维与创新管理割裂开来研究，实际上创新思维与创新管理是紧密联系的，创新思维关注个人层面上的创新能力提升，创新管理在于创造创新环境，促进创新思维发展。

（4）聚焦中国理论与中国案例，更具实用性。已有的大部分教材将案例作为独立的板块进行分析，本书在编写的过程中充分采用这种编写体系的优点，同时注重对中国理论的学习，将全书的案例更换为中国经济与中国企业案例，并进一步将一些创新小故事穿插在理论知识部分，帮助读者加深对中国理论知识的理解，有助于读者提高理论与实际相结合的能力。

（5）创新思维训练游戏，更具可读性。针对读者的挑战心理，编者选取了一些经典的、极具思维开发性的创新思维训练小游戏编入了教材中，以培养读者的创新思维，并增强教材的趣味性。

（6）配套提供课后习题，更具实务性。针对每一章节的重点内容设计了判断题、简答题、案例题等题型，题型多样且灵活，有利于学生更为深入地学习和掌握相关知识，加强实务能力。

本教材依照"总—分"的编写思路，详细介绍了创新思维与创新管理的相关概念以及两者之间的逻辑关系，并就个人创新思维能力的提升和企业管理者的创新管理进行了详细的阐述。全书共十章。在第一章中详细介绍了创新的含义与特征、创新的不同类型以及创新的模式等，重点对有关创新的基本概念进行阐述。第二章着重介绍了创新思维与创新管理，分别阐述了创新思维与创新管理的定义，并区分了创新管理与管理创新两个概念，紧接着对创新思维与创新管理两者之间的内在联系进行了剖析，引出创新管理的主要内容，即培养组织的创新思维、制定组织创新战略、建设创新型组织、沟通与激励、创新绩效的评估，本书的剩余部分即依照此脉络进行组织。第三章详细剖析了阻碍创新思维培养的因素，并提出破除相应障碍的方法等。第四章中深入探讨了几种创新思维的开发方式，通过阅读这一章，读者可以了解如何有效提升自身的创新能力，第三、四章旨在重点介绍如何培养组织的创新思维。第五章着重介绍了如何制定制胜的创新战略，通过这一章，读者能够了解创新战略的基本内容、创新战略制定的内外部因素以及创新战略中的风险管理与风险态度。第六章将创新管理从管事过渡到管人，介绍了建立创新型组织的方法，通过这一章，读者可以了解如何建立创新型组织以及创新型组织的目标，并介绍了进行创新管理的专门部门。第七章和第八章分别介绍了如何促进团队更好地沟通以及如何激励员工进行创新，通过阅读这两章的内容，读者可以了解到促进团队沟通的方式及技巧，推动员工进行创新的激励机制。第九章是创新绩效的评估，这是创新管理的最后一步，对创新绩效进行评估，这一章全面阐述了进行绩效评估的重要性以及创新绩效评估的指标体系与评估方法。第十章主要探讨了创新管理的未来趋势，根据现实状况展望创新管理的发展，让读者了解创新管理的发展方向。

本教材适用于管理类专业学生及 MBA 学生使用。读者可以通过对本教材的学习，了解如何开发和培养个人的创新思维，如何对企业进行创新管理以及创新思维在创新管理中的运用。本教材是编者依据已有研究进行的编写，若有不足之处，衷心希望广大读者批评指正。

编　者

目 录

中国梦——书写大国创新奇迹

进入 21 世纪，中国凭借强劲的经济发展速度和产业扩张规模成为全球关注的焦点。第一个火星探测器"天问一号"发射升空、"嫦娥五号"采集月球样本并成功返回；中国高铁通车里程超过两万公里，跃居全球第一；"蛟龙号"从南海 50 米海试起步到马里亚纳海沟 7 000 多米，成功实现世界最深处的跨越。天上飞的、地上跑的、海里游的，中国车、中国桥、中国路、中国楼、……—个个奇迹般的工程，托举着中华民族伟大复兴的中国梦。

在浩瀚的历史长河中，创新决定着文明的走向。如今，中华民族能够屹立于世界民族之林，究其根本原因在于我们是一个敢于创新、善于创新的民族。

中国的经济发展大致经过了三个阶段，由最初的"奋力追赶"逐渐变为"并肩齐跑"，直至如今在某些领域成为领跑。中国后发赶超的阶段性成功与中国不断坚持创新发展有着密切的关系。

第一阶段（1949—1977 年）：从无到有，奋力追赶

新中国成立初期，我国经济发展面临内外交困的局面。于外，我国受到资本主义强国的封锁与孤立。于内，我国经济建设刚刚起步，国民经济处于"一穷二白"的状态，科技水平总体上与发达国家差距极大。新中国成立后，面对国内外严峻的发展形势，党和政府迅速明确科学研究服务于国家事业的战略定位，指向"打基础、除空白"的战略目标。举全国之力，统筹推进，组建新的科研机构，强化人才队伍建设等战略部署。在这一阶段，我国逐渐建立创新战略体系，从无到有推动我国创新体系全面建设，支撑我国计划经济时期科技快速发展。

这一阶段我国进行"举国体制"，有计划、有组织地资源配给研究，明确了科学研究服务于国家战略事业的定位，依靠全国大协作全面规划科学技术，取得了"两弹一星"、人工合成结晶牛胰岛素、青蒿素等成果，迅速建起能够与国家事业高度结合的、完整而自主的全面创新体制，基本完成了科技事业体系化与规模化的转变。

第二阶段（1978—2011 年）：从有到优，并肩齐跑

改革开放后，我国社会主义事业建设总方针、总目标、总策略发生重大变化，把中国建设成为社会主义现代化强国定为党在该时期的历史任务，确定了"科学技术要面向经济建设，经济建设依靠科学技术"的科技定位和方针。在这一战略指导下，我国的科技服务经济发展作用日益明显，创新主体逐渐多元，创新活力不断提升，推动了我国全面创新体系"从有到优"的转变。

1978 年 3 月，邓小平在全国科学大会上提出"科学技术是第一生产力"。同年，中共中央发布了《全国科学技术发展规划纲要》，提出我们必须充分掌握现代科学技术发展的特点和趋势，以当代世界先进水平为起点，密切结合我国经济建设和国防建设需求，制定一个先进的、高度的、为实现四个现代化服务的科学技术长远规划，动员和组织全党全军全国各族人民，向科学技术现代进军。在战略机制上，我国创新战略体系由举国体制下的国家全面统筹，向国家主导的市场机制转变。在战略实施上，我国企业积极进行自主创新，自下而上地推动创新战略体系的完善。随着企业自主创新力度不断加大，我国为进一步支持企业发展引入成果转化载体，以武汉东湖、北京中关村等为代表的高新区、企业孵化器和生产力促进中心三类重要的科技成果转化载体实现初次引入，我国国家主导与市场化相结合的创新格局逐渐形成。

第三阶段（2012 年至今）：从优到精，世界领先

经历了多年全面创新战略体系的改革与深化，我国的科学探索在各个尺度上向纵深拓展，经济发展和科研实力明显增强。然而，随着世界各国科技竞争进一步加剧，以及新一轮科技革命和产业变革的来临，中国的科技发展面临新的机遇与挑战。以智能制造、航天航空为代表的传统制造业以及大数据、云计算、人工智能为代表的新一代信息技术成为各国主要争先抢占的技术高地，此时，党和政府积极把握时代趋势，抓住变革机遇，推出一系列科技体制改革重大举措。基于此，我国创新战略形成了以科技创新为核心、产业创新为重点、体制机制创新为保障的全面创新战略体系，实现了"从优到精"的转变。

2012 年，党的十八大报告中提出"科技创新是提高社会生产力和综合国力的战略支撑，必须摆在国家发展全局的核心位置。要坚持走中国特色自主创新道路，以全球视野谋划和推动创新，提高原始创新、集成创新和引进消化吸收再创新能力，更加注重协同创新"。创新被摆在前所未有的位置，一度上升为国家战略。这一时期，我国开始进入创新驱动发展时期，创新成为我国新时期国家发展的核心力量。在战略目标上，我国于 2016 年发布《国家创新驱动发展战略纲要》，提出"三步走"战略。第一步，到 2020 年进入创新型国家行列，基本建设中国特色国家创新体系，有力支撑全面建成小康社会目标的实现。第二步，到 2030 年跻身创新型国家前列，发展驱动力实现根本转换，经济社会发展水平和国际竞争力大幅提升，为建成经济强国和共同富裕社会奠定坚实基础。第三步，到 2050 年建成世界科技创新强国，成为世界主要科学中心和创新高地，为我国建成富强民主文明和谐的社会主义现代化国家、实现中华民族伟大复兴的中国梦提供强大支撑。

经过不懈的努力，我国综合创新能力显著提升。瑞士洛桑国际管理发展学院发布的《2021 年世界竞争力报告》显示，中国从 2012 年的第 23 位跃居 2021 年的第 16 位。中国科技进步贡献率从 2012 年的 52.2%提升至 2019 年的 59.5%。2019 年中国的专利申请数首次超越美国跃居全球第一，2020 年中国专利申请数 68 720，同比增长 19%，继续卫冕全球第一。企业创新能力和创新意识明显提升。2020 年，全国高新技术企业数量达 27.5 万家，科技型中小企业 22.3 万家。华为在 5G 移动通信领域世界领先，中车

集团成为全球轨道交通装备行业的领军企业，阿里、腾讯等互联网行业龙头企业的创新引领作用不断增强，恒瑞医药、信达生物等企业开始与跨国公司联合研发原创新药，寒武纪等独角兽企业成长为人工智能芯片领域的新锐力量。

在未来，中国式创新要密切贴合时代背景和要求，以数字技术为依托，以绿色经济为导向，大力发展科学技术，贡献中国智慧，努力成为世界主要科学中心和创新高地。

紧握数字技术。"十四五"规划和2035年远景目标纲要着重强调加快数字化发展、建设数字中国等内容，以数字化转型整体驱动生产方式、生活方式和治理方式变革。随着人工智能、区块链、物联网等数字技术的不断发展，信息化与经济社会融合的不断加深，产业数字化与数字产业化、数字高效化与数据要素化正成为转型的标志性特征。国家网信办发布的《数字中国发展报告（2020年）》显示，"十三五"时期数字中国建设成就显著，我国信息基础设施建设规模全球领先，建成全球规模最大的光纤网络和4G网络。数字经济总量跃居世界第二，数字经济核心产业增加值占GDP的比重达到7.8%。

发展绿色经济。中国以往的粗放型经济增长模式以牺牲环境为代价，换取经济发展的高速度，带来了严重的生态环境问题。绿色发展理念的提出正是对以往粗放型发展模式的反思，是高质量发展的应有之义，是应对气候变化的必由之路。习近平总书记在第七十五届联合国大会一般性辩论上郑重宣布："中国将提高国家自主贡献力度，采取更加有力的政策和措施，努力争取2060年前实现碳中和。"这是中国应对全球气候问题做出的庄严承诺，体现了中国构建人类命运共同体的责任担当。中国通过加快清洁低碳能源体系建设、产业绿色转型、低碳政策体系保障等多项措施，在2005—2020年间，GDP增长约4.5倍的同时使碳强度下降48.4%。

贡献中国力量。习近平总书记指出，要深度参与全球科技治理，贡献中国智慧，着力推动构建人类命运共同体。自主创新是开放环境下的创新，绝不能关起门来搞，而是要聚四海之气、借八方之力。如今，科技创新与科学研究进入大科学时代，许多科学问题的范围、规模、复杂性不断扩大，已远远超出单一国家的承受能力，使国际大科学合作成为一种必然。2018年，国务院正式印发《积极牵头组织国际大科学计划和大科学工程方案》，明确了我国牵头组织国际大科学计划和大科学工程"三步走"发展目标，为解决世界性重大科学难题贡献中国智慧。70多年来，中国在科技创新领域慢慢摸索最终走出一条辉煌奋进之路，多个领域实现了从无到有，一些领域经过不懈追赶位于世界前列，印证了"科技强则国家强"。未来，中国科技人员还要在创新型国家和世界科技强国之路上不懈奋斗，共同为实现中华民族的伟大复兴而努力。

唯有敢于创新的国度，才是充满希望的热土。从神舟一号到天问一号，从技术依赖到自主研发，创新之花正开遍神州大地，这些创新成果塑造着中国经济的新格局。纵观新中国成立以来中国的经济发展历史，我们要深刻明白：创新是人类历史发展不朽的主题。

创新中国一分钟

第一章

创　新

学习目标

◇ 掌握创新的含义与特征；
◇ 了解不同标准下创新类型的划分；
◇ 了解自主创新模式、模仿创新模式与合作创新模式。

自主创新是我们攀登世界科技高峰的必由之路。

——习近平

引例

华为——创新的典范

华为从 2 万元起家，经过 30 多年的拼搏努力，从名不见经传的民营科技企业，发展成为世界 500 强和全球最大的通信设备制造商之一，创造了中国乃至世界企业发展史上的奇迹。华为从小到大、从大到强、从国际化到全球化的全过程，就是基于创新的成功。"不创新才是华为最大的风险"，华为总裁任正非的这句话道出了华为骨子里的创新精神。正是这种强烈的紧迫感驱使着华为持续创新。华为虽然和许多民营企业一样从做"贸易"起步，但是华为没有像其他企业那样，继续沿着"贸易"的路线发展，而是踏踏实实地搞起了自主研发。

华为过去 30 年的成功，是基于客户需求的工程、技术、产品和解决方案创新的成功。其一，开放式创新，利用全球资源，与合作伙伴共建共享。围绕着全球技术要素及资源，华为在全球建立了超过 16 个研发中心，60 多个基础技术实验室，包括材料、散热、数学、芯片、光技术等。其二，站在帮助客户商业成功的角度主动创新。华为突破传统基站的模式，开发分布式基站，构建 2G、3G、4G、5G 合一基站，使得华为产品逐渐成为行业的事实标准，并引领了无线产业的发展方向。其三，技术、解决方案创新背后是持续的研发投入。华为在研发领域的投资不惜成本，不仅投资于现在，同时投资于未来。2020 年，华为研发总费用为 1 418.93 亿元，占销售收入的 15.9%，从事研发人员约 10.5 万名，占公司总人数的 53.4%。根据欧盟公布《2020 年全球工业研发投资排名报告》，华为研发投入超过了苹果、三星，仅次于谷歌和微软。其四，注重管理和组织的创新。从 1997 年开始，华为构建了研发、供应链、财经、人力资源、市场等国际化的流程体系，奠定了华为走向世界的管理基础。

华为的创新体现在企业的方方面面，它打造的是一种

案例分析思路

伺机而动、有的放矢的创新力，是以客户需求、市场趋势为导向，紧紧沿着技术市场化路线行进的创新，这是一种可以不断自我完善与超越的创新力，这样的创新能力才是企业可持续发展的基石。

（案例改编自：徐文伟. 从追赶到领先——华为的创新之路[J]. 中国科学院院刊，2019，34（10）：1108-1111）

第一节 创新的含义与特征

纵观人类发展历史，创新始终是推动一个国家、一个民族向前发展的重要动力，也是推动整个人类社会向前发展的重要力量。在激烈的国际竞争中，要实现我国经济的持续健康发展，必须依靠创新驱动，创新是引领发展的第一动力。

视频 1-1：惟创新者进，惟创新者强，惟创新者胜——习近平总书记的"创新"金句

一、创新的含义

1912 年，美籍奥地利经济学家熊彼特（J.A.Schumpeter）在其著作《经济发展理论》中首次提出"创新"的概念。他认为，所谓创新就是要"建立一种新的生产函数"，即"生产要素的重新组合"，把一种从来没有的关于生产要素和生产条件的"新组合"引入生产体系中去，以实现对生产要素或生产条件的"新组合"。这种新组合包括：①引进新产品；②采用新技术；③开辟新的市场；④控制原材料新的供应来源；⑤实现工业的新组织。熊彼特的创新概念包含的范围很广，不仅涉及技术性变化的创新，还包括非技术性变化的组织创新，在创新领域上具有开拓性，在整个西方经济学说史上占有重要的地位。但在当时，熊彼特的创新理论似乎被同期的"凯恩斯革命"理论所淹没，并未得到广泛的重视。直到 20 世纪 50 年代，随着科学技术的迅速发展，技术变革对人类社会和经济发展产生了极大的影响，人们开始重新认识创新对经济增长和社会发展的巨大作用，并开始研究创新的规律。到 20 世纪 60 年代，美国经济学家华尔特·罗斯托（W.W.Rostow）提出了"起飞"六阶段理论和"技术创新"的概念，并把"技术创新"提高到"创新"的主导地位。随后，人们对技术创新进行了深入的研究，大体可分为以下三个阶段。

第一阶段是 20 世纪 50 年代初到 60 年代末，在新技术革命浪潮推动下，技术创新研究迅速复兴，逐步突破新古典经济学的局限与束缚，开始兴起对技术的变革和技术创新的研究，迈尔斯（S.Myers）和马奎斯（D.G.Marquis）是主要的倡议者和参与者。在其 1969 年的研究报告《成功的工业创新》中将创新定义为技术变革的集合，认为技术创新是一个复杂的活动过程，从新思想、新概念开始，通过不断地解决各种问题，最终使一个有经济价值和社会价值的新项目得到实际的成功应用。到 20 世纪 70 年代下半期，技术创新的界定进一步扩宽，NSF 报告《1976 年：科学指示器》认为技术创新不仅包括将新的或改进的产品、过程或服务引入市场，还将模仿和不需要引入新技术知识的改进这两类创新划入到技术创新定义范围中。在这一阶段，创新尚处于新研究领域的开发

阶段，研究比较分散，尚未形成完整的理论框架，研究方法以案例分析总结为主。

第二阶段是 20 世纪 70 年代初至 80 年代初，有关技术创新的研究持续升温。在这一阶段，技术创新研究从管理科学和经济发展周期研究范畴中相对独立出来，初步形成了技术创新研究的理论体系。其中，厄特巴克（J.M.UMerback）的创新研究独树一帜，他在 1974 年发表的《产业创新与技术扩散》中提出，与发明或技术样品相区别，创新就是技术的实际采用或首次应用。缪尔塞（R.Mueser）则在 20 世纪 80 年代中期对技术创新概念作了系统的整理分析，他认为技术创新是以其构思新颖性和成功实现为特征的有意义的非连续性事件。英国著名学者弗里曼（C.Freeman）从经济学角度对技术创新进行了思考。他认为，技术创新在经济学上的意义只是包括新产品、新过程、新系统和新装备等形式在内的由技术向商业化实现的首次转化。在这一阶段，研究的具体对象开始逐步分解，出现了对创新不同侧面和不同层次内容的比较全面的探讨，包括对技术创新的定义、分类、起源、特征、过程机制与决策、经济与组织效应等。并逐步将组织管理行为理论、决策理论等多种理论和方法应用到技术创新研究中。

第三阶段为 20 世纪 80 年代初至今。我国学者从企业的角度开展了技术创新方面的研究。傅家骥将技术创新定义为企业家抓住市场的潜在盈利机会，以获取商业利益为目标，重新组织生产条件和要素，建立起效能更强、效率更高和费用更低的生产经营方法，从而推出新的产品、新的生产（工艺）方法、开辟新的市场，获得新的原材料或半成品供给来源或建立企业新的组织，它包括科技、组织、商业和金融等一系列活动的综合过程。这一阶段，技术创新的研究呈现出研究综合化、重点专题深入研究、注重研究内容和成果对社会经济技术活动的指导作用三个特征。诸如技术创新的预测和创新活动的测度评价、创新组织建立的策略和规范、政府创新推动政策的跟踪分析、对某一行业的技术创新或某一项技术创新发生与发展的全过程的分析等实用性强的研究课题受到普遍关注，人们并且注重技术创新研究成果的转化。

可见，在相当长的一段时间内，人们常常将技术创新当作是创新的所有内容。但是，技术创新不能代表所有的创新，技术创新只是创新的一种表现形式，是众多创新中的一种。我们认为，创新是指以现有的知识和物质，在特定的环境中，改进或创造新的事物（包括但不限于各种方法、元素、路径、环境等等），并能获得一定有益效果的行为，而不仅仅包括工艺方法等技术创新。简单来说，创新有三层含义，一是更新；二是创造新的东西，三是改变现状，即对原有的东西进行改造、改革和发展。创新的本质是突破，即突破旧的思维定式，旧的常规戒律。创新活动的核心是"新"，它或者是产品的结构、性能和外部特征的变革，或者是造型设计、内容的表现形式和手段的创造，或者是内容的丰富和完善。

二、创新的特征

创新是突破性的实践活动，它不是一般的重复劳动，更不是对原有内容的简单修补，具有目的性、变革性、新颖性、超前性、价值性五个特征。

一是目的性。任何创新活动都有一定的目的，这个特性贯彻于创新过程的始终。创新特别强调效益的产生，它不仅仅要知道"是什么""为什么"，还要知道"有什么用"

"怎样才能产生效益"。所以，创新是一个创造财富、产生效益的过程。

二是变革性。创新是对已有事物的改革和革新，是一种深刻的变革。创新是一个动态的过程。在知识经济条件下，唯一的不变就是一切都在变，而且变化得越来越快。因此，任何创新都不可能是一劳永逸的，而只有不断地变革和创新，才能适应时代的要求。

三是新颖性。创新是对现有的不合理事物的摒弃，革除过时的内容，确立新事物。创新不是模仿、再造，因此，新颖性是创新的首要特征。具体来说，新颖性又包括三个层次：一是世界新颖性或绝对新颖性；二是局部新颖性；三是主观新颖性，即只是对创造者个人来说是前所未有的。

四是超前性。创新以求新为灵魂，具有超前性。这种超前是从实际出发、实事求是的超前。所以创新可能成功，也可能失败，这种不确定性就导致了创新的风险。因此，在创新过程中，只准成功、不许失败的要求实际上是不切实际的，只能通过科学的设计与严格的实施来尽量降低创新的风险。

五是价值性。创新有明显、具体的价值，对社会具有一定的经济效益。创新可以重新组合生产要素，从而改变资源产出，提高组织价值。而对于企业来说，创新利润是最重要、最基础的部分，只有创新利润才能够反映出企业的个性。

第二节　创新的类型

基于不同的视角，可以把创新分为不同类型。

一、根据创新表现形式分类

创新虽有大小、层次之分，但无领域、范围之限。创新的种类是无穷尽的，但按不同属性可划分为不同类别，根据创新的表现形式将它分为知识创新、技术创新、管理创新、方法创新和商业模式创新五大类。

扩展阅读 1-1：鲁班造锯

1. 知识创新

知识是人们在探索、利用或改造世界的实践中所获得的认识和经验的总和。知识创新是指通过科学研究，包括基础研究和应用研究，获得新的基础科学和技术科学知识的过程。知识创新的目的是追求新发现、探索新规律、创立新学说、创造新方法、积累新知识。知识创新是技术创新的基础，是新技术和新发明的源泉，是促进科技进步和经济增长的革命性力量，它可以为人类认识世界、改造世界提供新理论和新方法，为人类文明进步和社会发展提供不竭动力。

知识创新具有以下特征：（1）独创性。知识创新是新观念、新设想、新方案及新工艺等的采用，它甚至破坏原有的秩序。知识创新实践常常表现为勇于探索、打破常规，知识创新活动是各种相关因素相互整合的结果。（2）系统性。知识创新可以说是一个复杂的"知识创新系统"，在实际经济活动中，创新在企业价值链中的各个环节都有可能发生。（3）风险性。知识创新是一种高收益与高风险并存的活动，它没有现成的方法、程序可以套用，投入和收获未必成正比，风险不可避免。（4）科学性。知识创新是以科学理论为指导、以市场为导向的实践活动。（5）前瞻性。有些企业，只重视能够为当前带来经济利益的创新，而不注重能够为将来带来利益的创新，而知识创新则更注重未来的利益。

对企业而言，知识创新一般有两种形式：累积式知识创新和激进式知识创新。累积式知识创新是企业学习在原有知识的基础上结合外部资源进行持续创新，这种创新是在原有知识基础上的创新。创新的累积性还意味着学习过程必须是连续的，学习过程依赖的主体是不能随时间的流逝而解体的企业组织。激进式知识创新是指企业突破惯性思维，发现现有知识中没有的全新知识，这一创新的来源既有科技创新给企业带来的根本性变革，也有企业效仿竞争对手引进的新知识、新技术与新理念。无论是累积式知识创新，还是激进式知识创新，企业都需要具备包容新知识的素质和才能。

2. 技术创新

技术创新，是对生产要素、生产条件、生产组织进行重新组合，以建立效能更好、效率更高的新生产体系，获得更大利润的过程，包括开发新技术，或者将已有的技术进行应用创新。科学是技术之源，技术是产业之源，技术创新建立在科学发展的基础之上。技术创新是一个从产生新产品或新工艺的设想到市场应用的完整过程，它包括新设想的产生、研究、开发、商业化生产到扩散一系列的活动，本质上是一个科技、经济一体化的过程，是技术进步与应用创新共同作用催生的产物，它包括技术开发和技术应用这两大环节。

技术创新既可以由企业单独完成，也可以由高校、科研单位和企业协同完成，但技术创新过程的完成是以产品的市场成功为重要标志。因此，技术创新的过程少不了企业参与。具体从某个企业看，企业选择何种方式进行技术创新，要根据技术创新的外部环境、企业自身的实力等有关因素而定。从大企业来看，技术创新的要求具体表现为：企业要建立自己的技术开发中心，提高技术开发的能力和层次，建立技术开发成果有效利用的机制。从中小企业看，主要是深化企业内部改革，建立承接技术开发成果并有效利用的机制。对政府而言，就是要努力营造技术开发成果有效转移和企业充分运用的社会氛围，确立企业在技术创新中的重要地位。至于提供技术开发成果的科研院所和高校，需要强化科技成果转化意识，加大技术开发成果面向市场的力度，使企业有可能获得更多的、更有用的技术开发成果。

3. 管理创新

管理创新是指企业把新的管理要素（如新的管理方法、新的管理手段、新的管理模式等）或要素组合引入企业管理系统，以更有效地实现组织目标的活动。管理创新是不同于一般的"创新"，其特点来自于创新和管理两个方面。管理创新具有创造性、长期性、风险性、效益性和艰巨性。

创造性表现在以原有的管理思想、方法和理论为基础，充分结合实际工作环境与特点，积极地吸取外界的各种思想、知识和观念，在汲取合理内涵的同时，创造出新的管理思想、方法和理论，其重点在于突破原有的思维定式和框架，创造具有新属性的、增值的东西。长期性表明管理创新是一项长期的、持续的、动态的工作。风险是无形的，对管理进行创新具有挑战性。管理创新并不总能获得成功，创新作为一种具有创造性的过程，包含着许多可变因素、不可知因素和不可控因素，这种不确定性使得创新存在着许多风险，导致创新的过程会付出一定的代价。但是存在风险并不意味着要一味地冒险，去做无谓的牺牲，要理性地看待风险，要充分认识不确定因素，尽可能地规避风险，使成本付出最小化，成功概率最大化。

创新并不是为了创新而创新，而是为了更好地实现组织的目标，取得效益和效率，因此管理创新具有效益性。通过技术创新提高产品技术含量，使其具有技术竞争优势，获取更高利润。通过管理创新，建立新的管理制度，形成新的组织模式，实现新的资源整合，从而建立起企业效益增长的长效机制。管理创新因其综合性、前瞻性和深层性而表现出艰巨性。个人观念、知识和经验以及组织目标、结构和制度等方面，关系到人的意识、权力、地位、管理方式和资源的重新配置，这必然牵涉到各个层面的利益，使得管理创新在设计与实施中遇到诸多"麻烦"。

4. 方法创新

方法创新主要是指企业经营方式的创新。在现实经营管理活动中，有时很难对这些概念进行严格的区分。企业经营方式创新，是指企业经营观念的根本转变以及对企业运行方式的整体变革。资本经营、精益生产是当今企业经营方式创新中比较突出的表现形式。

资本经营亦称资产经营，是把企业所拥有的一切资产，包括有形资产和无形资产、流动资产和固定资产等，变为可以增值的活化资本，通过流动、裂变、组合、优化配置等各种方式进行有效运营，盘活存量资产，用好增量资产，以少量自有资本带动大量社会资本，实现资产的保值、增值。

精益生产是美国麻省理工学院国际汽车计划组织召集了 14 个国家的专家、学者，花费五年时间，耗资 500 万美元，以汽车工业这一开创大批量生产方式和准时化生产方式（just in time，JIT）的典型工业为例，经理论化后总结出来的，是对日本丰田 JIT 生产方式的赞誉称呼。精，即少而精，不投入多余的生产要素，只是在适当的时间生产必要数量的市场急需产品（或下道工序急需的产品）；益，即所有经营活动都要有益、有效，具有经济效益。精益生产是当前工业界最佳的一种生产组织体系和方式。精益生产的特点是消除一切浪费，追求精益求精和不断改善，去掉生产环节中一切无用的东西，每个工人及其岗位的安排原则是必须增值，撤除一切不增值的岗位。精简是它的核心。精简产品开发、设计、生产、管理中一切不产生附加值的工作，旨在以最优品质、最低成本和最高效率对市场需求做出最迅速的响应。

5. 商业模式创新

商业模式是指企业价值创造的基本逻辑，即对企业在一定的价值链或价值网络中如何向客户提供产品和服务并获取利润的概括。商业模式是一个系统，由不同组成部分、各部分间的连接关系以及系统的"动力机制"三方面组成。商业模式创新是通过改变企业价值创造的基本逻辑，以期提高客户价值、创造企业竞争优势的活动。具体而言，商业模式创新可分为定位创新、业务系统创新、关键资源能力创新、盈利模式创新和现金流结构创新五个维度。

数字经济时代，以互联网、大数据、人工智能为代表的数字技术与各传统产业行业的深度融合有效推动着经济社会转型和居民消费水平升级，对企业赖以生存的营商环境产生了深刻的影响。在这一背景下，越来越多的企业将传统商业模式与新技术、新需求相结合，期望以此获得竞争优势。商业模式创新也因此成为理论研究的热点。不同于技术创新，商业模式创新可以用快速、高质量的方式满足客户多样化需求，通过新的价值增长点，助力企业实现价值创造；或以再造资源交易的方式，重塑产业链，帮助企业降低交易成本，并获取竞争优势。

相对于这些传统的创新类型，商业模式创新有以下三个显著的特点。

（1）注重从客户角度出发。企业在进行商业模式创新时会从根本上思考设计自身行为，其更为外向和开放地关注企业经济方面的因素。商业模式创新的出发点是探究从根本上为客户带来价值增长的具体渠道，其逻辑思考的起点为客户需求。因而商业模式创新与技术创新形式存在明显差异。技术创新常是从技术特性与功能出发，探究其潜在的市场用途。而商业模式创新既包括在原有技术或产品上所做的改进，也包括系统地、主动地创造一种以前不存在的产品、服务或者技术。商业模式创新即便涉及技术方面，但更多关注的是技术的经济方面因素，与技术所蕴含的经济价值及经济可行性有关，而不是纯粹的技术特性。

（2）更为系统和根本的表现形式。商业模式创新常常涉及商业模式多个要素同时发生较大程度的变化，是一种集成创新，而非单一因素的变化。因而商业模式创新需要企业组织较大的战略调整。相对于单一的技术创新，商业模式创新表现得更为系统和根本。商业模式创新往往伴随产品、工艺或者组织的创新，否则难以称之为商业模式创新。例如，开发出新产品或者新的生产工艺，就通常被认为是一种技术创新。此外，技术创新的对象往往是有形实物产品的生产，而在这个以服务为主导的时代，无论在任何行业，服务水平均提高到了前所未有的地步。因此，商业模式创新也常表现为服务创新，即服务内容、方式以及组织形态等多方面的创新变化。

（3）更为持久的盈利能力和竞争优势。从绩效表现看，如果企业选择提供全新产品或服务的商业模式创新，则企业有可能开创一个全新的可盈利产业领域。此外，企业即便提供已有的产品或服务，商业模式创新也能给企业带来更持久的盈利能力与更大的竞争优势。传统的创新形态通常仅能给企业带来局部效率的提高、成本的降低，且容易被其他企业在较短时期内模仿。而商业模式创新虽然也表现为企业效率提高、成本降低，但由于涉及多个要素的同时变化，其更为系统和根本，因此更难被竞争者模仿，常给企业带来战略性的竞争优势，而且优势常可以持续数年。

二、根据创新程度分类

根据创新性的程度，可以把创新分为根本型创新、适度型创新和渐进型创新三种类型。

1. 根本型创新

根本型创新是企业首次向市场引入的、能对经济产生重大影响的创新产品或技术，包括根本型产品创新与根本型工艺创新。根本型产品创新包括全新的产品或采用与原产品技术完全不同技术的产品；根本型工艺创新是指以全新的方式生产产品和提供服务。

虽然大多数根本型创新仍被企业应用于现行市场和顾客,但是它们可能会造成现有的技术和生产的核心能力过时。这类例子有真空管、机械式计算器、机械式打字机等,它们都被革命性的创新所推翻,引起市场巨变。根本型创新常常能主导一个产业,从而彻底改变竞争的性质和基础。由于它改变了产品的基本特征,因此决定了以后的竞争格局和技术创新格局。这类创新要求全新的技能、工艺,以及贯穿整个企业的新的系统组织方式。

根本型创新与科学上的重大发现相联系,创新过程往往要经历很长时间,并经受其他各种程度创新的不断充实和完善,同时它也会引发出大量的其他创新。根本型创新能以某种方式使某一落后的产业重新成长,充满活力,也能以类似的方式创造新的产业,从而对经济产生较大的溢出效应和外部性。无论是产生新产业还是改造旧产业,根本型创新都是引起产业结构变化的决定性力量。然而,对企业来说,并非所有的根本型创新都能产生深刻的竞争影响。有些根本型创新,由于创新者没能把握住竞争格局,结果给创新者带来了较大损失,反而使创新模仿者坐收渔利。

福斯特(R.Foster)的技术 S 型曲线可以用来识别根本型创新,描述根本型技术创新的起源和演变。S 型曲线中以研究/市场努力作为横轴,以技术绩效作为纵轴,分析研究/市场努力对技术绩效的影响。从图 1-1 中可知,技术产品的绩效与研究/市场努力之间呈现出 S 型的移动轨迹,技术绩效随着研究/市场努力的投入变大而沿着 S 型曲线移动变化,直到遇到技术"瓶颈",研究/市场努力才会无效,从而导致回报的减少。一旦新的创新取代旧的技术,就会产生新的 S 型曲线。

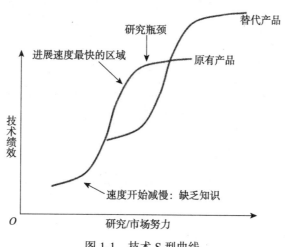

图 1-1　技术 S 型曲线

福斯特(R.Foster)对技术演变的过程进行了描述,"在研发项目的早期,需要进行知识积累,在缺乏知识的情况下,由于技术开发带来的绩效增长会很慢,但是随着技术的积累,技术进步将会飞速提高。但经过一段时间后,技术的发展会开始受到技术'瓶颈'的限制,绩效提高的速度开始下降"。技术 S 型曲线就是用以描述这一过程。首先在市场形成初期,需要进行知识积累,必须明确规定并检验成长路径和与市场相关的所有问题。企业也同样需要调查并放弃一些无效的方法。支持新技术的新市场开始演变,新竞争者进入市场,采取新技术的新合作者和分销渠道出现,等等。因此,在知道市场如何运作之前，朝着市场"瓶颈"进展的速度很慢。随后，当市场中存在大量竞争者和同类产品时，回报开始下降。

因此，根本型创新可以通过新技术和新市场的S型曲线的产生来识别。对根本型创新进行计划，需要了解如何战略性地计划全球市场的技术不连续性（中断）和市场不连续性。很多企业都不能改变驱动它们沿着特殊轨道演进的惯性力量，所以不可能根据宏观层面的变革计划重大的战略性变革，这并不是说敏捷并具有创造性的公司或缺乏活力的公司偶遇奇迹就不能带来根本型创新，但基于它们的性质，根本型创新会很少。

根本型创新的另一个检验标准是判断公司的内部营销和技术S型曲线是否受到影响。如果不能找到企业内技术和市场战略中断，那么产品创新就不可能是根本型的。技术S型曲线上的一个微小移动，是根本型创造性的必要但不充分条件，也是适度型创新的一个标志。

2. 适度型创新

适度型创新是指"由公司的原有产品线组成，但产品并不是创新性的，即市场对于它并不陌生，它只是企业当前产品线上的新产品"。我们称这种适度创新产品为适度型创新。当前，绝大多数创新都属于适度型创新。要理解适度型创新，首先要明白"度"的概念。"度"的概念最早出现在我国古代的法家"不以规矩，无以成方圆"的思想中，用法律规范来约束人们的行为，这个法律规范就是我们说的"度"，超过了这个"度"就会受到惩罚。在宏观层面上，一个适度型产品将带来市场或技术的中断，但并不会同时带来两者的中断（如果两者同时发生，这将成为一种根本型创新；而如果两者都没发生，那将是一种渐进型创新）。从微观层面上，市场中断和技术中断的任何组合都会发生在企业中。适度型创新很容易被识别，它的标准是在市场或技术宏观层面上发生中断，并且这个中断是轻微程度上的。它们能够演变成新的产品线，如索尼的随身听；基于新技术扩张原有的产品线，如佳能的激光打印机；或现有技术的新市场，如早期的传真机。

通常情况下，适度型创新和根本型创新很容易混淆，但可以通过评估创新的技术和S型曲线来进行分类。一个适度的产品是指：①依赖于产业中从未使用过的技术；②引起了整个产业重大变革，或对产业重大变革有影响；③是该类产品的首创产品，对市场而言是新的。因此，我们可以根据根本型创新和适度型创新的定义，来区分这两种创新与不连续型创新。

3. 渐进型创新

渐进型创新是指通过渐进的、连续的小创新，最后实现管理创新的目的。比如，针对现有产品的元件作细微的改变，强化并补充现有产品设计的功能，至于产品架构及元件的连接则不作改变。日本的企业多采用这种渐进式管理创新策略，日本政府在公务员改革过程中也采用了这种策略，通过有计划地每年逐渐减少公务员数量的办法，加以编制法定化的配套措施，使日本的公务员改革取得了一定的成功，值得我国在制订机构改革的方案时加以学习借鉴。"一项渐进型新产品涉及对现有或/和生产和传输系统的改善和提高"，渐进型创新只会在微观层面上影响技术S型曲线，并不会带来巨大中断（巨大中断一般只有在根本型创新和适度创新中才会出现）。"渐进型创新很重要，首先，它可以作为技术成熟市场的有利竞争武器；其次，基于当前技术的流线型流程能够帮助组织迅速抓住企业进入新的技术高原过程中的威胁和机会"，所以对于很多企业来说，渐进型创新是组织的血液。

渐进型创新根据创新流程的循环本质进行演变。在概念化阶段，研发会运用现有技术来改善原有产品设计。在产品生命周期的成熟阶段，生产的扩张会带来渐进型创新，从其他产业"借来"的技术对现有市场而言也可能是适度的。如果这项技术没有使技术S型曲线产生重大变化，或没有对技术S型曲线产生微小变革，则这项借来的技术可以看作是一项渐进型创新。

除此之外，从创新主体的视角出发，创新可分为政府创新、企业创新、团体创新、大学创新、科研机构创新、个人创新等。根据创意的来源渠道，创新可分为封闭式创新与开放式创新等。

第三节　创新的模式

创新过程涉及因素较多，这些因素组合、配置方式及其结构上的差异构成了创新的不同模式。根据创新方法的不同，创新可分为自主创新模式、模仿创新模式和合作创新模式三种模式。

视频1-2：中微突破5纳米蚀刻机，超强助力中国芯片，自主创新彻底打破西方技术封锁

一、自主创新模式

自主创新模式是指创新主体以自身的研究开发为基础，实现科技成果的商品化、产业化和国际化，获取商业利益的创新活动。自主创新具有率先性，其核心技术来源于企业内部的技术积累和突破，如美国英特尔公司的计算机微处理器、我国北大方正的中文电子出版系统就是典型的例子，这是它区别于其他创新模式的本质特点。自主创新作为率先创新，具有一系列优点：一是有利于创新主体在一定时期内掌握和控制某项产品或工艺的核心技术，在一定程度上左右行业的发展，从而赢得竞争优势；二是在一些技术领域的自主创新往往能引发一系列的技术创新，带动一批新产品的诞生，推动新兴产业的发展，如美国杜邦公司通过在人造橡胶、化学纤维、塑料三大合成材料领域的自主创新，牢牢控制了世界化工原料市场；三是有利于创新企业更早积累生产技术和管理经验，并获得产品成本和质量控制方面的经验；四是自主创新产品初期都处于完全独占性垄断地位，有利于企业较早建立原料供应网络和牢固的销售渠道，从而获得超额利润。

当然，自主创新模式也存在一些不足：一是需要巨额的资金投入和实力雄厚的研发队伍。自主创新模式不仅要投巨资用于研究与开发，还必须拥有实力雄厚的研发队伍，具备一流的研发水平；二是高风险性，自主研究开发的成功率相当低。在美国，基础性研究的成功率仅为5%，在应用研究中有50%能获得技术上的成功，30%能获得商业上的成功，只有12%能给企业带来利润；三是时间长，不确定性大；四是市场开发难度大、时滞性强，市场开发投入收益较易被跟随者无偿占有；五是在一些法律不健全、知识产权保护不力的地区，自主创新成果有可能面临被侵犯的危险，"搭便车"现象难以避免，

因此，自主创新模式主要通用于少数实力超群的大型跨国公司。

案例1-1

<h3 style="text-align:center">科大讯飞自主创新案例</h3>

1999年，恰同学少年，风华正茂。出于对语音产业前景的信心，以及"中文语音技术应当由中国人做到全球最好，中文语音产业要掌握在中国人自己手中"的激情，以刘庆峰为首的一群大学生创业建立了安徽科大讯飞信息科技股份有限公司（下称"科大讯飞"）。然而，其创业生存与发展面临着许多现实难题。2000年以前中文语音技术、应用、市场几乎全部为国外IT巨头所垄断，国内语音技术人才流失严重。如何在竞争激烈的语音技术市场中抢得发展先机？如何扭转国内语音应用市场被国外IT巨头垄断的不利局面？如何克服大学生创业者自身的短板，实现技术与产业的突破？答案只有一个，那就是自主创新。

对于自主创新，科大讯飞有着自己的理解。源头技术的创新始终被摆在最重要的位置。"顶天立地"是其一贯坚持的路径，科大讯飞始终强调源头创新和应用创新的双轮驱动。科大讯飞的源头创新分为两部分，一是跟应用研究有关的创新，从市场中来；二是更前瞻性的源头创新，在整个源头技术创新的大波浪中，秉持战略耐性，实现厚积薄发。科大讯飞每年总收入的25%都投入技术研发当中，如此力度的技术创新投入不仅有利于获得各类高层次技术角逐的绝对优势，也为产品在市场应用推广提供了良好的环境氛围。2014年，科大讯飞首次参加国际口语机器翻译评测比赛（International Workshop on Spoken Language Translation），在中英和英中互译方向以显著优势荣获第一；2016年，科大讯飞先后斩获全球人工智能比赛WinogradSchema Challenge第一名以及国际多通道语音分离和识别大赛（CHiME）赛事全部3个项目的冠军，并在2016年国际知识图谱构建大赛（NIST TAC Knowledge Base Population）中，一举包揽了赛事核心任务的冠、亚军。在Blizzard Challenge 2018比赛中，科大讯飞报送的参赛系统摘得10个测评打分项目中的9项第一，成为"最全能的冠军"。2020年，科大讯飞在DCASE挑战赛的声音事件定位与检测（Sound Event Localization and Detection）任务中摘得桂冠。这些成就充分展示了科大讯飞的技术储备与研发能力，展示了中国人工智能领域的强大科研力量。基于这些高阶技术，科大讯飞已孵化出的一系列成果也成了中国人工智能产业领域的主流产品。

目前，科大讯飞是国内唯一以语音技术为产业化方向的"国家863计划成果产业化基地""国家规划布局内重点软件企业""国家高技术产业化示范工程"，并于2003年、2011年先后两次荣获"国家科技进步奖"，于2005年、2011年先后两次获得中国信息产业自主创新最高荣誉"信息产业重大技术发明奖"，于2019年荣获"世界制造业大会创新产品金奖"，2020年入选了"2020福布斯中国最具创新力企业榜"。

案例分析思路

（案例改编于：淦凌云，卫萌，王竹梅. 科大讯飞：顶天立地，自主创新[J]. 安徽科技，2017(3)：26-28.）

2018 年 7 月，美国商务部发布了一条关于禁止美国企业向中兴通讯销售元器件的禁令，一时引发国内热议。中国如何提升自主创新能力、摆脱核心技术受制于他人的局面瞬间成为各界关注的焦点。党的十八大报告中明确提出：科技创新是提高社会生产力和综合国力的战略支撑，必须摆在国家发展全局的核心位置。要坚持走中国特色自主创新道路，以全球视野谋划和推动创新，提高原始创新、集成创新和引进消化吸收再创新能力，更加注重协同创新。自主创新模式的重要性不言而喻。

二、模仿创新模式

模仿创新模式是指创新主体通过学习模仿率先者创新的方法，引进、购买或破译率先创新者的核心技术和技术秘密，并以其为基础进行改进的做法。模仿创新是各国企业普遍采用的创新行为，日本是模仿创新最成功的典范，日本松下公司、三洋电机等都依靠模仿创新取得了巨大成功。纵观世界各国，当今市场领袖大多并非原来的率先创新者，而更多的恰恰是模仿创新者，模仿创新并非简单抄袭，而是站在他人肩膀上，投入一定研发资源，进行进一步的完善和开发，特别是工艺和市场化研究开发。因此模仿创新往往具有低投入、低风险、市场适应性强的优点，其在产品成本和性能上也具有更强的市场竞争力，成功率更高，耗时更短。

模仿创新模式的主要缺点是具有被动性，在技术开发方面缺乏超前性。当新的自主创新高潮到来时，就会处于非常不利的地位，如日本企业在信息技术革命中就处于从属地位。另外，模仿创新往往还受到率先创新者技术壁垒、市场壁垒的制约，有时还面临法律、制度方面的障碍，如专利保护制度就被率先创新者使用作为阻碍模仿创新的手段。

案例1-2

比亚迪模仿创新案例

在汽车行业，比亚迪一直被质疑为"模仿国外车型"。只要仔细观察，不难发现比亚迪的一个车型中，的确可能包含了好几种国外知名车型的"特征"。不过它们一起出现在比亚迪身上，却完全没有突兀感，这也是比亚迪在模仿中的一种学习和创新，资深汽车评论人钟师认为"每一个品牌的汽车，都经历一个从模仿到改进，再到自主设计的过程，日韩汽车工业就正是从对欧美汽车的模仿中成长起来的。另外，我们也要看到，即将上市的车型中，比亚迪模仿的成分已经开始越来越少"。

比亚迪专门建立了上百人的团队专门研究全球的专利技术，大量使用非专利的技术，并在此基础上进行组合集成和创新。比亚迪的"技术"，并不是人们通常所理解的"高深的、尖端的、颠覆性的技术"。它最擅长的是结合公司情况准确选择模仿对象，然后踩在"巨人"的背上往上跳。因此，比亚迪数款新车在机身设计方面借鉴了丰田等跨国车型因素，同时规避了侵权问题。比如，当比亚迪的 F3 上市时，被外界称为"超 A 版丰田花冠"。F3R 与上海通用的凯越 HRV 相似，F6 像是本田雅阁与丰田凯美瑞的混合体。

比亚迪的模仿并不是简单、被动的模仿，而是在原有的专利基础上再集成创新。靠这个方法，比亚迪在中国申请了大量的专利。2020 年，发明专利授权量按自主整车集团 TOP10 中，比亚迪排名第一。同时，比亚迪加大研发投入，2020 年比亚迪的研发投入为 85.56 亿元，研发投入占营业收入比为 5.46%。

案例分析思路

模仿创新以模仿为基础，但其本质特征在于创新。世界上很多国家的汽车行业都经历了模仿创新的过程，模仿创新是迅速地提高这些国家自主研发的能力、生产及工艺水平的捷径。比亚迪正是通过模仿创新快速进入市场并不断发展突破。

（案例来源：https://www.docin.com/p-193503616.html）

三、合作创新模式

合作创新模式是指企业间或企业与科研机构、高等院校之间联合开展创新的做法。合作创新一般集中在新兴技术和高级技术领域，以合作为主进行研究开发。由于全球技术创新的加快和技术竞争的日趋激烈，企业技术问题的复杂性、综合性和系统性日益突出，依靠单个企业的力量越来越困难。因此，在企业技术创新资源不足的情况下，以合作创新来提升自主创新能力更具有重要的现实意义。合作创新一般集中在新兴技术和高

视频 1-3：《开放创新 合作共赢》——中国航天科工集团

新技术产业，以合作进行 R&D 为主要形式。合作创新通常以合作伙伴的共同利益为基础，以资源共享或优势互补为前提，有着明确的合作目标、期限和规则。合作各方在技术创新的全过程或某些环节共同投入，共同参与，共享成果，共担风险。

合作创新具有以下优点：一是合作创新能节约企业在创新过程中获取研发成果的费用。合作创新同时发生研发费用和交易费用，但能实现合作者对研发资源的整合和信息的有效沟通，保证获取研发成果的总体费用降低。二是合作创新能实现创新资源的互补和共享。很多企业拥有的创新资源不能满足投资的要求，通过实施合作创新可实现企业自身与其他组织的技术创新资源互补和共享，能使新开发的技术成果超越企业依靠自身力量能够达到的水平，将企业的技术水平推向一个新的高度。三是合作创新是企业获得技术能力的重要途径。通过建立合作创新组织，企业可以利用大学或科研机构的研发设备和人员，并通过研发活动实现对技术能力的获取、传递和整合，使企业能够得到能力发展和组织学习的机会，实现合作创新组织内部知识的传递与整合，为企业提供知识创新与传递的平台与机制。四是合作创新可以提高企业新技术进入市场的速度。知识的快速贬值、技术的迅速发展以及现代技术的高度复杂性和整合性使产品的生命周期不断缩短，产品不断向高级化、复杂化方向发展，单个企业的经营资源已不足以保证企业在飞速发展的时代继续生存和发展，要求企业能够跟踪外部技术的发展，并有能力充分利用和整合这些新技术为己所用。而技术创新具有高成本、高风险的特点，企业一般很难胜任独立开发的使命，只有开展合作创新，才能加快技术研究与产品的市场化进程。合作创新模式的局限性在于企业不能独占创新成果，获取绝对垄断优势。同时，在进行合作创新时，还需注意合作创新组织要有明确的目标，合作创新组织成员必须有自己的专长，成员之间必须能有效地进行沟通，并建立完善的合作创新信息交流网。

以上三种创新模式各有优缺点，采用这些模式也需要有不同的条件和要求。自主创

新要求创新主体有强大的经济实力、雄厚的研发力量和大量的成果积累,在技术上具有领先优势,起点和要求较高;相对来说,模仿创新和合作创新起点和要求较低。因此,自主创新模式更多地为少数发达国家和大型跨国公司所采用;而模仿创新则是后进国家实现快速创新、缩小与技术领先的发达国家差距的一种有效途径,如日本、韩国就是靠模仿创新发展起来的,实践证明经济发展较为成功的其他新兴工业化国家和地区也是通过这种模式发展起来的。当然,上述三种模式也不是完全排斥的,而是可以互相结合的。首先,具有不同实力和研发水平的企业可以根据自身情况选择适宜的创新模式,少数有实力的大企业可以在某些有优势的领域选择自主创新,而大多数中小企业则适宜选择模仿创新和合作创新模式。其次,从时间上看,模仿创新往往是自主创新的过渡阶段,一个新建企业只有通过模仿创新才能逐步积累自己的技术、资金实力、管理经验和人才队伍,为进行自主创新创造条件。最后,即使是一些大型跨国公司,在其不同发展阶段和不同产品、不同技术领域,也可以同时分别采取三种不同的模式,从而做到扬长避短,改善创新效果。

章 末 小 结

1. 创新是指基于现有的思维模式提出的有别于常规或常人思路的见解为导向,利用现有的知识和物质,在特定的环境中,本着理想化需要或为满足社会需求,而改进或创造新的事物、方法、元素、路径、环境,并能获得一定有益效果的行为。具体来说,创新包括哲学内涵、社会学内涵和经济学内涵。

2. 创新是突破性的实践活动,它不是一般的重复劳动,更不是对原有内容的简单修补,它具有目的性、变革性、新颖性、超前性、价值性五个特征。一是目的性。任何创新活动都有一定的目的,这个特性贯彻于创新过程的始终。二是变革性。创新是对已有事物的改革和革新,是一种深刻的变革。三是新颖性。创新是对现有的不合理事物的摒弃,革除过时的内容,确立新事物。四是超前性。创新以求新为灵魂,具有超前性。五是价值性。创新有明显、具体的价值,对经济社会具有一定的效益。

3. 根据创新的表现形式可将创新分为知识创新、技术创新、管理创新、方法创新和商业模式创新五大类。而根据创新的程度可将创新分为根本型创新、适度型创新和渐进型创新三种类型。自主创新模式是指创新主体以自身的研究开发为基础,实现科技成果的商品化、产业化和国际化,获取商业利益的创新活动。模仿创新模式是指创新主体通过学习模仿率先创新者的方法,引进、购买或破译率先创新者的核心技术和技术秘密,并以其为基础进行改进的做法。合作创新模式是指企业间或企业与科研机构、高等院校之间联合开展创新的做法。

课后习题

1. 请简要描述创新的含义,它具有哪些特征?
2. 我们应该如何区分适度型创新与根本性创新?
3. 创新有几种模式?请分别阐述每种创新模式的优缺点。

答案解析　　扫描此码

4. 请解释三种创新模式分别适用于何种情形？

5. 创新的作用是什么，你认为企业是否有必要创新，为什么？

即测即练题

自学自测  扫描此码

参 考 文 献

[1] BOWDEN E M, JUNG-BEEMAN M Z. Methods for investigating the neural components of insight [J]. Methods, 2007, 42(1): 87-99.

[2] FINK A, BENEDEK M, GRABNER R H, et al. Creativity meets neuroscience: experimental tasks for the neuroscientific study of creative thinking[J]. Methods, 2007, 42(1): 68-76.

[3] GASSMANN O, ZESCHKY M, WOLFF T, et al. Crossing the industry-line: breakthrough innovation through cross-industry alliances with "non-suppliers"[J]. Long Range Planning, 2010, 43(5-6): 639-654.

[4] ZHENG Y, YANG H. Does familiarity foster innovation? the impact of alliance partner repeatedness on breakthrough innovations[J]. Journal of Management Studies, 2015, 52(2): 213-230.

[5] 布莱克斯利. 右脑与创造[M]. 傅世侠，夏佩玉，译. 北京：北京大学出版社，1992.

[6] 阿曼德，谢泼德. 创新管理——情境、战略、系统和流程[M]. 陈劲，等译. 北京：北京大学出版社，2014.

[7] 笛德，本珊特，帕维特. 管理创新——技术变革、市场变革和组织变革的整合[M]. 王跃红，李伟立，译. 北京：清华大学出版社，2008.

[8] 陈劲，黄淑芳. 企业技术创新体系演化研究[J]. 管理工程学报，2014（4）：219-227.

[9] 陈劲，阳银娟. 管理的本质以及管理研究的评价[J]. 管理学报，2012，9（2）：172-178.

[10] 陈劲，郑刚. 创新管理——赢得持续竞争优势[M]. 北京：北京大学出版社，2009.

[11] 陈劲. 技术创新的系统观与系统框架[J]. 管理科学学报，1999，2（3）：66-73.

[12] 陈劲. 创新管理及未来展望[J]. 技术经济，2013，32（6）：1-9；84.

[13] 冯立杰，杜靖宇，王金凤，等. 颠覆式创新视角下后发企业价值网络演变路径[J]. 科学学研究，2019，37（1）：175-183.

[14] 孔庆新，孔宪毅. 试论创造性思维的定义、特点、分类、规律[J]. 科学技术与辩证法，2008（2）：25-31，111-112.

[15] 缪晨. 300 个创新小故事[M]. 上海：学林出版社，2007.

[16] 李喜先. 创新战略丛书：知识创新战略[M]. 北京：科学出版社，2014.

[17] 李伟，茹少峰，张宸璐. 马克思的技术创新观及其时代价值[J]. 人文杂志，2019（5）：62-68.

[18] 李俊江，彭越. 日本中小企业技术创新模式的演变分析[J]. 现代日本经济，2015（1）：86-94.

[19] 罗仲伟，任国良，焦豪，等. 动态能力、技术范式转变与创新战略——基于腾讯微信"整合"与"迭代"微创新的纵向案例分析[J]. 管理世界，2014（8）：152-168.

[20] 宋刚，唐蔷，陈锐，等. 复杂性科学视野下的科技创新[J]. 科学对社会的影响，2008（2）：28-33.

[21] 宋刚，张楠. 创新 2.0：知识社会环境下的创新民主化[J]. 中国软科学，2009（10）：60-66.

[22] 孙笑明，陈毅刚，王雅兰，等. 国家主导技术创新组织模式研究——技术创新选择视角[J]. 科技进步与对策，2021，38（5）：19-28.

[23] 唐未兵，傅元海，王展祥. 技术创新、技术引进与经济增长方式转变[J]. 经济研究，2014，49

（7）：31-43.

[24] 托尼·达维拉，等. 创新之道——持续创造力造就持久成长力[M]. 刘勃，译. 北京：中国人民大学出版社，2007.

[25] 王方瑞，陈劲. 技术变革与创新：一个演化经济学视角的文献述评[J]. 演化与创新经济学评论，2010（1）：47-83.

[26] 王黎萤，陈劲. 国内外团队创造力研究述评[J]. 研究与发展管理，2010（4）：62-68.

[27] 吴佩，姚亚伟，陈继祥. 后发企业颠覆性创新最新研究进展与展望[J]. 软科学，2016，30（9）：108-111.

[28] 吴晓波，陈小玲，李璟琰. 战略导向、创新模式对企业绩效的影响机制研究[J]. 科学学研究，2015，33（1）：118-127.

[29] 肖挺. 制造企业服务化、产品技术创新与组织变革[J]. 中国科技论坛，2021（5）：46-56.

[30] 张越，赵树宽. 基于要素视角的商业模式创新机理及路径[J]. 财贸经济，2014（6）：90-99.

第二章

创新思维与创新管理

学习目标

 ◇ 识记创新思维与创新管理的定义；
 ◇ 区别创新管理与管理创新；
 ◇ 掌握创新思维与创新管理的内在联系；
 ◇ 运用理论知识指导创新实践。

坚持实事求是，就要不断推进实践基础上的理论创新。

——毛泽东

引例

民族品牌崛起：立白集团数字化转型三步曲

2019 年，立白集团洗涤剂销量排名全国第一、世界第四，获得"2019 中国品牌影响力 100 强"称号。目前，立白集团在全国拥有九大生产基地、30 多家分支机构、1 万多名员工，营销网络遍布全球。随着新兴技术的高速发展，数字化浪潮席卷全球。民族日化领军企业立白集团，深度融合信息技术与企业发展，进行管理创新，帮助企业实现数字化转型。

IT 助力，应声而战。1998 年，立白集团实施产品多元化战略，产品类别从单一的洗衣粉延伸至洗洁精、香皂、牙膏等产品。然而，随着全国配送中心的不断增多，订单量激增，手写订单常常出现记载错误，因而导致产品错配的问题。于是，立白集团引入全公司的第一台计算机，将原本杂乱无序的信息转换成"0-1"格式的二进制，将订单变成了可记录、存储、传输的数据，全面实现财务电算化。为了进一步推进公司全面信息化，立白集团引入小型营销系统对各地的销售数据进行统一管理，并形成业务所需的分析报告。同时，该系统通过将总部的订单管理与外地仓库发货联动实现了自动化计算。在小型营销系统的助力下，立白集团的市场规模不断扩大。为了便于管理当地的销售团队，截至 2004 年，立白集团已在全国各地成立了数家分公司。但由于地理位置的限制，集团总部无法及时了解各分公司的运营情况，且分公司运营流程不规范，市场反应迟滞，销售额日渐下滑。针对这种问题，立白集团决定引入灵狐 ERP 系统，将销售、财务和制造集中到一个系统之中。在灵狐 ERP 系统的助力下，公司数据处理日渐规范化，实现了数据的实时共享和信息的互联互通。2008 年，立白集团的销售额首次突破 100 亿元大关，还相继收购了"蓝天六必治"牙膏、"奥妮"洗发水、"高姿"化妆品等品牌，一举跻身国内日化企业"前三强"。随着集团高速成长，业务规模日渐庞大，小型的灵狐 ERP 系统已无法支撑集团正常运转，升级 ERP 系统势在必行。最终项目组决定选择具有国际日化成功实践案例的 SAP 公司进行合作。2017 年 SAP ERP 项目历经两期，最终建成，该项目细化和梳理了公司 185 项业务流程，有机集成销售、财务等环节，加快了供应链上下游合作伙伴的协作效率。2019 年，立白集团与阿里巴巴 A100 达成战略合作，立白集团转型迈入全新的阶段。

顺势而为，谋求思变。2018 年，国务院发展研究中心发布的《传统产业数字化转型的模式和路径》提出，随着互联网、大数据、云计算等新技术的不断成熟，数字化正成为管理、业务、商业模式创新的变革工具，而传统产业必须利用信息技术，加速数字化转型，构建创新型的数字经济体系。在这一背景下，我国日化行业的零售额和利润总额增速均放缓，消费结构不断改变，更加追求个性化和快捷消费体验的"80 后""90 后"逐渐成为消费主体。虽然立白集团在 2019 年取得了显赫的成绩，但是立白集团的数字化水平在全球日化行业中仅处于中游，其缺乏整体战略布局和发展规划，且数字化覆盖水平尚不均衡。立白集团必须借助信息技术进行创新管理，深入推进业务、组织、文化等层面的数字化转型。

破局之道，"三台架构"。2018 年以来立白集团投入大量资源，建设并持续优化了众多工具，但是这并没有带来业务的敏捷，反而多系统重复建设形成了"烟囱式"的架构。由于各个系统数据及数据架构不统一，商务平台的新功能无法及时上线，运营需求得不到有效满足。此外，相同数据需要备份到多个系统中，造成数据冗余和人力资源的浪费。经过充分的市场调研，立白集团建设中台，打破现有的"烟囱式"架构，消除数据壁垒，减少数据冗余。随后，立白集团与北交联合云计算有限公司展开合作，同时邀请阿里巴巴提供技术支持，利用最新的设计理念和技术，加速立白集团的数字化进程。经过不断打磨，由"前台、中台、后台"组成的"三台"架构逐渐成熟。

案例分析思路

立白集团利用信息技术来对公司的管理模式进行创新，不断优化改进公司目前存在的问题，一步步向数字化转型，使得公司能够持续获得竞争优势，逐渐成为中国民族日化的领军企业。

（案例改编自：王玮，芦莹，杨洁，等. 民族品牌崛起：立白集团数字化转型三步曲. 中国管理案例共享中心案例库. 2020-09.）

第一节 创新思维

一、创新思维的定义

思考2-1

我们先来看一些有趣的运算，测试一下你的创新思维能力。

$$1+1=1 \qquad 2+1=1 \qquad 3+4=1$$
$$4+9=1 \qquad 5+7=1 \qquad 6+18=1$$

怎么会这样呢？它们完全不符合运算原则！你可能会这样说。其实，如果你的思维敢于发散，那么，只要给这些数字加上适当的单位名称，其结果就可以成立：

$$1（里）+1（里）=1（公里）；$$
$$2（月）+1（月）=1（季度）；$$
$$3（天）+4（天）=1（星期）；$$
$$4（点）+9（点）=1（点）（即下午 1 点）；$$
$$5（月）+7（月）=1（年）；$$
$$6（小时）+18（小时）=1（天）$$

当我们进行创造性想象时，往往需要天马行空、不受拘束的思考方式。通过开阔的思路、充实的知识储备和张扬的想象力，问题才能柳暗花明，从不寻常中找到解决问题的方法和途径。

扩展阅读 2-1：刘秀巧妙脱身

什么是思维？思维是人脑对客观现实概括的和间接的反映，它反映的是事物的本质和事物间规律性的联系。思维的概括性反映表现在它对一类事物非本质属性的摒弃和对其共同本质特征的反映。思维的间接性反映是指通过其他媒介作用认识客观事物，并借助于已有的知识和经验、已知的条件推测未知事物的过程。因此，思维是以感知为基础又超越感知界限的对现实的一种反映，其目的在于探索与发现事物内部或事物之间的本质联系和规律性，是认识过程的高级阶段。

英国剑桥大学认知基金会主席波诺（E.D.Bono）根据思考的出发点不同，将思维活动的方式分为垂直思考法和水平思考法。垂直思考法，又称习常性思维，是从固定的前提出发，遵照思考者惯常的推论定式，一直往下推衍，直至获得结论的方法。水平思考法则无固定的推论前提，当思考者从原有的观点出发，推不出所期望的结论时，便尝试以其他观点为推论前提，探寻认识事物、解决问题的新途径、新角度。这种变换观点、变换前提为特征的思维就是创新性思维。也有人根据生理结构把人类思维划分为左脑思考法和右脑思考法，认为左脑的功能主要在于语言性的逻辑思考、推论能力；右脑的功能则主要在于语言性的直觉、创造想象力等。因此，创新性思维又可称为右脑思维，习常性思维称为左脑思维。

事实上，习常性和创新性是人类思维的两个基本属性。习常性思维是指有既定方法可借鉴、利用，存在确定规则可遵循的日常思维。创新性思维是指无有效方法可供直接利用，不存在确定规则可遵循的思维。两种思维既有共性又有差异。差异性体现在：第一，两者性质不同。习常性思维是常规性思维，追求确定规则、方法、进程；创新性思维是开拓性思维，追求独到、新颖性。第二，两者思维形态不同。习常性思维是平稳不息的思维，创新性思维是时断时续的思维。然而，创新性思维与习常性思维又有着密切联系。其一，它们是同一思维的两个侧面，不可分离。其二，两者互为前提，习常性思维是创新性思维的基础，创新性思维是习常性思维的升华。在现实生活中，人类的大量思维活动多属于习常性思维，创新性思维是对习常性思维的突破，没有持之以恒的习常性思维，就不会产生创新性思维。其三，两者相互渗透，创新性思维往往渗透于习常性思维活动中，而创新思维过程也离不开习常性思维。

此外，创新性思维还有广义和狭义之分。广义的创新性思维是经常可见的、面广、量大的思维，常见于人们日常的思维活动中。只要对确定的规则有所突破、对已有的思路有所更新、对以往的方法有所改善，都可称作某种意义的创新。诸如技术上的革新、工作思路的改善、产品的完善、学习和工作方法的改进，以及种种新观念、新点子、新想法的提出等。其特征或是"二度创造"，或是对某个体具有新颖性。狭义的创新性思维以优见长，属高级、尖端的思维活动，是创新性思维中的精华，其特征或是"前所未有"，或是具有重大社会价值和社会影响。广义的创新性思维与大多数人有缘，每个正常的人，都或多或少地具有程度不同的创新思维能力，而狭义的创新性思维则为少数人具有。

二、创新思维的基本特征

创新思维的本质在于"新"，离开"新"，就谈不上创造力，当然也就无所谓创新思维。同其他思维类型相比，创新思维以"奇""异"制胜，是人类智慧的集中体现。求异性、整体性、灵活性是创新思维的基本特征。

求异性体现在与其他常规思维活动形式不同的独到创新意义。也就是说，它表现为无论是思考问题的方式和方法，还是思维活动的结果等方面，都与传统思维活动存在着不同的新颖之处。这个特征贯穿于创新思维活动的始终，并为众多论者所认同。

整体性具体表现在创新思维结构的层次性，包括脑生理结构、心理结构、构成要素结构、能力结构与形式结构。脑生理结构是创新思维赖以发生的基础结构，如果没有正常健全的人脑生理结构，是不可能形成人的思维运动的，更不用说高级的创新思维活动形式了。心理结构同样是创新思维赖以生存的前提和基础结构。创新思维作为人最具有自觉能动性的高级复杂活动，并不是一种简单的、片面的、孤立的思维活动形式，而是建立在心理结构运动基础之上，又高于这种心理运动的特殊活动过程。构成要素结构是建立在良好生理活动和心理活动基础之上的创新思维活动。创新思维是由思维问题、思维观念、知识、语言、思维成果等基本要素构成，这些思维要素在思维能力的驱动下，遵循某种特殊的运动方式而相互联结、相互作用、协同建构，从而形成创新思维的功能运动。思维要素结构是创新思维结构的核心层次，是形成创新思维价值成果的直接生长层或思维"土壤"。思维能力结构则属于驱动、调控思维诸要素活动的动态结构层次，反映了创新思维的内在动力。形式结构是创新思维活动结构的直观表层，反映创新思维诸要素在其内在的思维能力的运作支配下而形成的运动表现状态。

灵活性体现在创新思维作为一种能动活动绝不是静止的，相对于传统思维活动来讲，创新思维也不是僵化封闭的，是处在不断的运动变化状态中的。具体而言，创新思维的灵活性主要体现在：一是能及时变换思维的角度和方位，如举一反三、触类旁通，从一个思路或方向变通到另一个思路或方向，从而形成多视角、多方位的思维活动态势。二是能及时摒弃一些旧的思维观念和旧的思维方式，转向新的思维方式、新的思维观念，调整思维活动趋向；三是能主动摒弃一些无效的思维方法和无效的思维材料，而运用新的思维方式、新的思维材料。

重视创新思维一直以来都是马克思主义的优良传统，马克思与恩格斯十分重视创新，人们的思维需按照"如何改变自然界"的方向而发展，最终实现思维创新。党的十八大以来，以习近平为核心的党中央坚持创新思维，不断推进理论创新、实践创新和制度创新。习近平总书记指出：问题是创新的起点，也是创新的动力源。他强调创新思维要以问题为导向，彰显出强烈的"问题意识"。推动创新必须坚持问题导向，通过发现问题、筛选问题、研究问题、解决问题，不断推动社会发展进步。习近平新时代中国特色社会主义思想是马克思主义中国化的最新成果，这一思想的形成深刻体现了创新思维的运用。

第二节　创 新 管 理

一、创新管理的定义

创新管理是以创新活动为管理对象，通过计划、组织、领导、控制等管理职能，确保整个组织创新活动得以实现的过程。具体可以从以下几个方面来理解创新管理的定义。

视频 2-1：华为公司宣传片

（1）创新管理的对象是创新活动的全过程。创新管理通过对创新整个过程的管理行为，促使创新活动的顺利实施。一般而言，创新过程包括发现问题、提供创意、实施反馈三个阶段。

要想进行创新，首先要能够发现问题。发现并提出正确的问题比解决问题更重要。"发现问题"需要感知和认知能力，还需要确定的创新思想和目的。如何才能发现问题呢？一般是从当前的各种产品、生产方式、生活方式中发现存在的问题，从人类的行为需要中发现新的概念产品。发现问题是创新过程的实际开端，发现问题是创新过程的灵魂。善于发现问题，以及强烈的怀疑精神、批判精神和敏锐的经验直觉、理论直觉都是创新过程中必不可少的一部分。古往今来，人海茫茫，真正做出重大创造性贡献的人凤毛麟角，其中一个重要原因就是普通人往往缺乏发现问题的能力。

发现问题后，就要提供创意来解决这个问题，而创意的产生要培养高度的创新敏感。首先要养成在学习和实践中用寻觅与审视的眼光看问题的习惯。有意的搜寻比无意的泛览更容易发现问题。在搜寻过程中要注意消除思维的盲区和禁区，克服各种扼杀创造性意念的心理障碍。创新往往是从质疑开始的，没有经过缜密思考的东西，即使它是公认的成熟理论，也不能无条件接受。在科学史上已经有许多曾被认为是匪夷所思的观点打破了经典理论的一统天下而赢得生存权利，比较著名的有大地球形说、日心说、生物进化论、大陆漂移说、相对论、非欧几何等，甚至数学公理和形式逻辑规则也被证明是具有相对性的。

所有创新思维的心理障碍都有一个共同特点，就是把某种东西有意无意地神圣化、绝对化，如把传统观念、既有理论、权威见解、流行观点、自身经验、思维程式、直观感觉、事实材料等看作是绝对可以信赖的，从而无法产生与之相左的创造性意念或在产生出与之相左的创造性意念后又将其扼杀掉。如何对待已有知识？应当采取辩证态度，批判性地继承。首先在前人的引领下用最快的速度到达前沿，然后在此基础上既充分尊重前人积累的知识成果，以此作为前进道路上的指示牌；同时又保持清醒头脑，不把已有成果看作绝对不可突破的金科玉律。总之，只有正确处理继承与创新的辩证关系，才能形成科学意义上的创新敏感。

同时，要培养高度的创新敏感，还要在学习和实践中练就敏锐的直觉。所谓直觉，就是直接洞察事物本质的能力。它不是显意识领域的自觉推理，而是潜意识领域中快速进行的浓缩兼并的自发推理。直觉不是凭空产生的，而是建立在一定的经验基础和理论基础上的。一个孤陋寡闻、闭目塞听的人不会有什么敏锐的直觉。直觉是在一定经验和理论的指导下对事物本质的一种猜测，虽然不一定准确，但却有极重要的价值，它指出一种成功的可能性较大的方向，有直觉指引的探索，效率比盲目探索要高得多。

实施反馈阶段是创新过程的核心，在这个阶段中的投入要素是明晰的战略概念和实现这种概念的初步思想，而产出要素是已开发出来的创新和有准备的市场（内部和外部），为将新产品最终推向市场做好准备。其中实施相应措施是推进项目落实、获取创新成效的保障。措施要注意节奏性，把握阶段落实的重点和重点活动落实的时序与环节。同时要注意针对性，要着眼于关键部位和重要时段，体现重点重抓、重点突破；针对具体责任部门、责任人，开展相应的协调、促进、支持等工作。长效性和连续性也是重点，要善于做好工作的统筹。要针对创新项目实施过程中可能出现的关键问题，制定相对具体、完备的推进措施。

（2）创新管理的目的在于对组织的创新活动与行为进行有效管理，确保创新活动转化为实际的经济效益。

市场经济的发展迅速，企业在市场经济的大潮中如逆水行舟，不进则退。企业竞争日趋激烈，市场经济的法则是优胜劣汰。企业在竞争中要想占据优势地位，就需要提升管理水平，实现管理创新。企业只有尽快创新自身的管理体制，适应现代企业管理制度的要求，才能在竞争中站稳脚跟，在竞争中求得发展。创新是一种理念，更是企业生存发展的内在要求，只有通过管理创新，才能使企业的管理体制和运行机制更加规范合理，从而实现人、财、物等资源的有效配置。着眼企业的管理体制和运行机制，给企业插上腾飞的翅膀。

（3）创新管理的职能要素包括计划、组织、领导、控制等。创新管理在本质上是一种管理活动，具有与基本管理活动相同的职能要素。

计划职能是指管理者对将要实现的创新目标和应采取的行动方案做出选择及具体安排的活动过程，简而言之，就是预测未来并制定创新行动方案。其主要内容涉及：分析内外环境、确定组织创新目标、制订组织发展战略、提出实现既定目标和战略的策略与作业计划、规定组织的决策程序等。任何组织的管理创新活动都是从计划出发的，因此，计划职能是创新管理的首要职能。

组织职能是指管理者根据既定的创新目标，对组织中的各种要素及人们之间的相互关系进行合理安排的过程。简而言之，就是建立组织的物质结构和社会结构。其主要内容包括设计组织结构、建立管理体制、分配权力、明确责任、配置资源、构建有效的信息沟通网络等。

领导职能是指管理者为了实现组织创新目标而对被管理者施加影响的过程。管理者在执行领导职能时，一方面要挖掘组织成员的潜能，使之在实现组织目标过程中发挥应有的创新作用；另一方面要促进组织成员之间的团结协作，使组织中的所有活动和努力统一和谐，包括激励下属、对他们的活动进行指导、选择最有效的沟通渠道解决组织成员之间以及组织与其他组织之间的冲突等。

在执行计划的过程中，由于环境的变化及其影响，可能导致人们的活动或行为与组织的要求或期望不一致，出现偏差。为了保证组织工作能够按照既定的计划进行，管理者必须对组织绩效进行监控，并将实际工作绩效与预先设定的标准进行比较。如果出现了超出一定限度的偏差，则需及时采取纠正措施，以保证组织工作在正确的轨道上运行，确保组织目标的实现。管理者运用事先确定的标准，衡量实际工作绩效，寻找偏差及其产生的原因，并采取措施予以纠正的过程，就是执行管理的控制职能的过程。简而言之，控制就是保证组织的一切活动符合预先制订的计划。

二、创新管理与管理创新

管理是指在一定的环境和条件下，管理主体为了达到一定的目的，运用一定的管理职能和手段，对管理客体施加影响和进行控制的过程。而管理创新是管理活动的一个显著特征。管理创新是对管理理论、模式、方法等管理活动进行创新的过程，是指创造一种新的更有效的资源整合模式，它既可以是新的有效整合资源以达到企业目标和责任的全过程式管理，也可以是新的具体资源整合及目标制定等方面的细节管理。本质上，管理创新是发生在管理领域中的创新活动，是创新活动的一种，主要包括以下几个方面。

视频 2-2:《崛起中国》徐峻华 健康管理新概念

（1）管理理念的创新。管理理念是指管理者或管理组织在一定的哲学思想支配下，由现实条件决定的经营管理的感性知识和理性知识构成的综合体。特定的管理理念体现或折射在管理的各种活动中，并且还制约着企业的经营战略及其实现方式。在管理理念方面的创新是管理创新的方式之一。自 20 世纪 80 年代以来，西方优秀企业家提出了许多新的思想与管理观念，例如，知识增值观念、全球经济一体化观念、持续学习观念、战略管理观念、知识管理观念等，极大地丰富与补充了现代管理思想。

（2）管理目标的创新。企业是在一定社会环境中从事经营管理和经济活动的，特定的环境要求企业按照特定的方式提供特定的产品或服务。一旦环境发生变化，便要求企业对自身的经营方向、管理目标以及企业在经营过程中同其他社会经济组织的关系进行调整。因此，企业等社会组织根据外部环境和内部条件的变化，及时对原定目标加以调整，已成为非常必要的创新活动，是管理创新的重要内容。

（3）管理制度的创新。管理制度是受企业制度亦即企业财产制度决定的一整套管理行为规范，包括企业领导制度、经济责任制及内部管理制度。在信息社会中，市场信息复杂多变，人类知识日益增长。企业要根据管理的基本原则，结合企业自身的特点，对企业原有的一些内部制度进行创新，以适应企业在信息多变的环境中生存发展的需求。

（4）组织结构的创新。组织结构是指各管理部门之间，特别是不同层次的管理部门之间的关系形态，它涉及诸如组织的设计、职权分配、分权化程度和职务层次等内容。

发达国家的现代企业为对付日益变化多端的环境和市场需求,纷纷着手企业管理组织结构的重新设计与构造。

创新管理是对创新活动进行管理的具体实践,起点于创新,落脚于管理,与管理创新具有本质差别,主要表现在创新管理是一种管理行为,而管理创新是一种创新行为。创新管理是组织通过计划、组织、领导、控制等管理职能对创新活动进行管理的过程,其目的在于保障创新活动的实现;而管理创新则是指对组织现有的管理理念、管理方法、组织结构等进行创新的一种行为,旨在形成新的管理理念、方法、思路、结构等。两者在本质上存在差别,前者注重"管理",后者强调"创新",是不同的范畴。

第三节　创新思维与创新管理的比较

一、创新思维与创新管理的关系

创新思维培养是组织进行创新管理的前提,创新管理是创新思维得以实现的保障,两者以创新为纽带,相互影响。

一方面,创新思维与创新管理的最终目标都是为了创新活动的顺利实施。培养创新思维的目标在于创新实践,为组织的发展提供新方法、新思路,解决组织的具体问题,提升组织的竞争力。但创新能力并不是与生俱来的,需要后天的训练与培养,其关键就在于创新思维的培养。思维是人脑对客观事物所进行的概括和间接的反映,不是天生的和一成不变的,而是在实践中逐步形成的。通过大量的训练与实践,逐渐形成创新思维,这样在面对用传统方法难以解决的问题时,创新思维才可以有效地帮助组织从新的角度、根据新的思路、运用新的方法来解决问题。可见,创新思维是形成创新活动的前提保障。同时,创新管理的目标也是保障创新活动的实现,两者目标一致。

另一方面,创新管理是通过计划、组织、领导、控制等管理职能,对创新活动全过程进行管理的行为。也就是说,创新管理是通过管理手段,对从创意产生到创新实现的整个过程进行管理的活动。从这个意义上来说,创新思维的培养也是创新管理的重要内容。具体而言,一项具体的创新活动包括创新思维的培养、具体创意的提出、创新的执行、最终的反馈与总结四个阶段。只有形成创新思维,才能更好地提出创意,为了保证创意得以实现,对组织的整个创新过程进行管理变得尤为重要。由此可见,创新思维是形成创意的前提,创新管理则是保证创意得以实现的基础。创新思维与创新管理两者以创新为纽带,相互影响。

二、创新管理的内容

创新管理实质上是运用管理手段对创新活动进行有效管理的行为。基于此,根据创新管理的计划、组织、领导、控制四大职能,同时将创新思维作为创新管理的重要内容,将创新管理主要分为以下几大内容。

（1）培养组织的创新思维

创新管理的主要目标在于实现创新,这就包括两部分的内容:一是确保创意的提出,即引导组织重视与培养员工的创新意识与创新思维，保证创意的来源；二是确保创新的实施，有了创意只是成功了一半，如何保证创新活动能够顺利实施，转化为经济利益实现价值，创造价值是创新管理的另一部分工作。因此，培养组织的创新思维是创新管理的重要内容之一。

（2）制定组织创新战略

创新管理战略目标的制定是管理计划职能的重要内容。创新管理战略制定的核心问题是重新确定企业创新活动的目标。企业确定的目标会决定企业如何确定自己的顾客、竞争对手、竞争实力，也会决定企业对关键性成功因素的看法，并最终决定企业的竞争策略，成功的战略创新者会采用与所有竞争对手完全不同的竞争策略和经营目标。

（3）建设创新型组织

创新管理职能部门的建设是管理组织职能的重要内容。团队建设一直被认为是一种组织发展的干预手段，其目标是帮助工作单位适应环境的变化，满足群体成员需求，顺利高效完成群体任务。建立专门的创新管理部门，对有效实现创新管理活动具有重要的作用。

（4）沟通

创新管理团队的沟通是管理领导职能的重要内容。沟通的行为和过程在团队建设中相当的重要。所有的管理工作都需借助沟通才能顺利进行，沟通是实施各项管理职能的主要方式、方法、手段和途径。沟通不仅存在于横向管理活动的全部过程，而且存在于纵向管理活动的各个层次。可以说，沟通是管理的核心和灵魂。没有沟通，就没有管理上的创新，就没有良好的人际关系；没有沟通，管理就是空中楼阁，是呆板和迟疑的过程。显然，沟通是维持团队良好状态、保证团队正常运行的关键过程与行为。

（5）创新绩效的评估

创新管理的绩效评估是管理控制职能的重要内容。创新的效果如何，评估非常关键，评估恰当，有利于激励创新的良性发展。建立创新的绩效评估体系有利于创新决策合理化，有利于减少创新风险，有利于正确度量创新的实施效果，对激励企业进行创新活动具有重要意义。

章 末 小 结

1. 求异性、整体性、灵活性是创新思维的基本特征。求异性体现在与其他常规思维活动形式所不同的独到的创新意义；整体性具体表现在创新思维结构的层次性；灵活性体现在创新思维作为一种能动活动绝不是静止的，而且相对于传统思维活动来讲，创新思维也不是僵化封闭的，而是处在不断的运动变化状态中的。

2. 创新管理以创新活动为管理对象，通过计划、组织、领导、控制等管理职能，确保整个组织创新活动得以实现的过程。一般而言，创新过程包括发现问题、提供创意、实施反馈三个阶段。

3. 创新思维培养是组织进行创新管理的前提，创新管理是创新思维得以实现的保障，两者以创新为纽带，相互影响。一方面，创新思维与创新管理的最终目标都是为了创新活动的顺利实施；另一方面，创新管理是通过计划、组织、领导、控制等管理职能，对创新活动全过程进行管理的行为。

课后习题

1. 描述习常性思维和创新性思维的定义，并指出二者之间有何差异。

2. 创新思维的基本特征有哪些，并描述每个特征所体现的内容。

3. 创新管理的含义是什么，企业为什么要进行创新管理？

4. 管理创新的含义是什么，主要包括哪几个方面？

5. 创新管理与管理创新二者之间有何差异？

答案解析　　扫描此码

课堂小游戏

回形针的用途

即测即练题

自学自测　扫描此码

参考文献

[1]　BOWDEN, E M, JUNG-BEEMAN M. Methods for investigating the neural components of insight[J]. Methods, 2007, 42(1): 87-99.

[2]　FINK A, BENEDEK M, GRABNER R H, et al. Creativity meets neuroscience: experimental tasks for the neuroscientific study of creative thinking[J]. Methods, 2007, 42(1): 68-76.

[3]　布莱克斯利. 右脑与创造[M]. 傅世侠，夏佩玉，译. 北京：北京大学出版社，1992.

[4]　阿曼德，谢泼德. 创新管理——情境、战略、系统和流程[M]. 陈劲，等译. 北京：北京大学出版社，2014.

[5]　德博诺. 创新思维训练游戏[M]. 钟玲，译. 北京：中信出版社，2009.

[6]　笛德，本珊特，帕维特. 管理创新——技术变革、市场变革和组织变革的整合[M]. 王跃红，李伟立，译. 北京：清华大学出版社，2008.

[7]　陈劲，黄淑芳. 企业技术创新体系演化研究[J]. 管理工程学报，2014（4）：219-227.

[8]　陈劲，阳银娟. 管理的本质以及管理研究的评价[J]. 管理学报，2012（2）：172-178.

[9]　陈劲，郑刚. 创新管理——赢得持续竞争优势[M]. 北京：北京大学出版社，2009.

[10]　陈劲. 技术创新的系统观与系统框架[J]. 管理科学学报，1999（3）：66-73.

[11]　迟维东. 逻辑方法与创新思维[M]. 北京：中央编译出版社，2005.

[12]　崔淼，李鑫，苏敬勤. 管理创新研究的国内外对比及其启示[J]. 管理学报，2015，12（7）：948-956.

[13]　荆树伟，牛占文. 企业管理创新的概念及内容界定[J]. 中国管理科学，2014，22（S1）：654-658.

[14]　韩晨，高山行. 战略柔性、战略创新和管理创新之间关系的研究[J]. 管理科学，2017，30（2）：16-26.

[15]　贺善侃. 创新思维概论[M]. 上海：东华大学出版社，2011.

[16]　孔庆新，孔宪毅. 试论创造性思维的定义、特点、分类、规律[J]. 科学技术与辩证法，2008（2）：25-31，111-112.

[17]　刘春雷，王敏，张庆林. 创造性思维的脑机制[J]. 心理科展，2009（1）：106-111.

[18]　刘卫平. 创新思维[M]. 杭州：浙江人民出版社，1999.

[19]　缪晨. 300 个创新小故事[M]. 上海：学林出版社，2007.

[20]　苏中锋，孙燕. 不良竞争环境中管理创新和技术创新对企业绩效的影响研究[J]. 科学学与科学技术管理，2014，35（6）：110-118.

[21]　宋刚，唐蔷，陈锐，等. 复杂性科学视野下的科技创新[J]. 科学对社会的影响，2008（2）：28-33.

[22]　孙笑明，陈毅刚，王雅兰，等. 国家主导技术创新组织模式研究——技术创新选择视角[J]. 科技进步与对策，2021，38（5）：19-28.

[23]　沈梓鑫. 美国的颠覆性技术创新：基于创新型组织模式研究[J]. 福建师范大学学报（哲学社会科学版），2020（1）：91-100，172.

[24]　宋刚，张楠. 创新 2.0：知识社会环境下的创新民主化[J]. 中国软科学，2009（10）：60-66.

[25]　达维拉，等. 创新之道——持续创造力造就持久成长力[M]. 刘勃，译. 北京：中国人民大学出版社，2007.

[26]　谢洪明，刘常勇，陈春辉. 市场导向与组织绩效的关系：组织学习与创新的影响——珠三角地区企业的实证研究[J]. 管理世界，2006（2）：80-94，143，171-172.

[27]　王方瑞，陈劲. 技术变革与创新：一个演化经济学视角的文献述评[J]. 演化与创新经济学评论，2010（1）：47-83.

[28]　王黎萤，陈劲. 国内外团队创造力研究述评[J]. 研究与发展管理，2010（4）：62-68.

[29]　王跃新. 创新思维学[M]. 长春：吉林人民出版社，2010.

[30]　许庆瑞，郑刚，陈劲. 全面创新管理：创新管理新范式初探——理论溯源与框架[J]. 管理学报，2006（2）：135-142.

[31]　张丽华，白学军. 创造性思维研究概述[J]. 教育科学，2006（5）：86-89.

第三章

打破常规思维

学习目标

◇ 理解思维定式的含义、类型；

◇ 理解偏见的含义、类型；

◇ 掌握破除思维定式、偏见的方法；

◇ 了解创新思维的主要方式。

> 掌握新技术，要善于学习，更要善于创新。
>
> ——邓小平

引例

大国重器"盾构机"的工业互联网平台——中铁工服的数字化创新之路

中铁工服的前身是中铁装备机电公司，于 2010 年成立，其主营业务是从事盾构机的安装业务，但由于机电公司当时并没有安装一级资质的问题，无法参与盾构机安装项目的投标，只能以劳务分包的形式接揽项目，使中铁工服业务进展困难。此外，中铁工服当时做的机电安装属于工程类别，而不是制造类别，与中铁装备盾构机产业链关联不大，导致中铁工服游离于中铁装备的主营业务之外，无法利用母公司的技术能力和业务资源。因而在 2012 年中铁工服亏损近 500 万元。在这一严峻情形下，是继续深入开展机电安装业务还是重新介入中铁装备的产业链开拓新的业务？如果介入中铁装备的产业链开拓新的业务，那么突破口又是什么呢？

总经理牟松带领团队经过调研后决定打破常规模式，即通过"以租促售"的方式开展业务。2013 年年初，中铁工服基于中铁装备集团生产的国产盾构机，正式开展经营性租赁和以租代购业务，并在该业务上线后得到很多施工企业的欢迎，同时国产盾构机销售也逐渐打开了局面。除此之外，中铁工服在业内提出"盾构银行"的概念，创立以资产管理理念开展盾构代租经营的业务模式。中铁工服借助盾构机租赁业务，拓展盾构机施工技术和管理咨询服务，并通过技术上的创新和管理上的针对性咨询对施工企业提供全套的施工技术服务。

另外，中铁工服也开始从技术上实施创新战略。首先，中铁工服打造盾构远程在线实时监测大数据云平台——"盾构云"。该平台可实现盾构机运数据采集和实时监控、报警管理、掘进进度与安全风险管控等应用。其次，2016 年，为了推动盾构资源的高效配置，中铁工服依托原有的"盾构银行"业务搭建了线上平台"盾构掘进机租赁平台"，线上打通盾构所有者和需求者的供需信息，再通过线下合同落地达到平台线上线下联动，以盾构机租赁为中心，辐射吊装运输、维修保养等 11 项辅助业务，实现平台服务实体、实体支撑平台的运行模式，真正构造了盾构上下游全产业链的生态圈。2018 年，中铁工服还打造了"共享工程师平台"和"工服 MALL 电商平台"，提供一站式综合解决方案。中铁工服搭建的四大平台很好地解决了盾构行业长期以来存在的难题，构建了盾构工程工业互联网，推动了盾构产业从传统施工方式向智能化、数字化的新经济形态转变，也帮助中铁工服从传统的机电安装劳动密集型向平台型高科技服务公司转型。中铁工服在不断完善盾构行业四大互联网平台的同时，也通过全员创新、产学研联合创新和盾构产业链知识分享来打造全方位技术创新能力，进一步提升公司的施工技术服务创新能力以及盾构机研制和零部件设备的研发设计能力。还通过创立中铁工服设计研究院研究跨界技术创新，来提升盾构工程施工技术和盾构装备制造技术。

短短 10 年间，中铁工服形成了"装备技术+土木技术+信息化技术"的跨界技术创新格局，探索出一条融合物联网、大数据和云计算等前沿技术的数字化创新路径，成为国内工业互联网平台的典范，推动着地下施工行业的数字化、智能化创新与转型。

案例分析思路

（案例改编自：李强，刘玉焕，蒋玉石，等. 大国重器"盾构机"的工业互联网平台——中铁工服的数字化创新之路，中国管理案例共享中心案例库. 2020：10.）

第一节　思维定式与偏见

创新思维不同于常规思维，强调"新"，包括新的思路、新的方法、新的技术等。如何才能培养创新思维，首先就需要打破常规思维的束缚。常规思维是指存在确定规则可遵循的日常思维，主要表现为思维定式或对事物存在偏见。

视频 3-1：《创新中国》大型工程：港珠澳大桥

中国是一个打破思维定式典型的例子。在改革开放的过程中，中国破除了"个人崇拜""计划经济崇拜""所有制崇拜"等思维定式，确立了真理检验标准，以社会主义市场经济体制为目标，"公有制为主体、多种所有制经济共同发展"的基本经济制度，才有了我们今天改革开放的巨大成就。党的十九大报告强调，全党要解放思想、实事求是、与时俱进、求真务实。进入新时代，继续解放思想、推进改革全面深化，已成为全党全社会的共识。

一、思维定式

思维定式，也称为"惯性思维"，原是心理学概念，最早由德国心理学家缪勒（G.E. Muller）于 1889 年提出，是指思维主体在思维活动中形成的一种稳定性的倾向或习惯性的思维方式。思维定式的形成通常与社会环境、文化传统和个人的生活经历、个人偏好有很大的关系。而习惯化一旦形成，就很难改变，会以极大的惯性约束和规范我们的思维，形成条条框框。

思维定式对于问题解决具有极其重要的意义。在问题解决活动中，思维定式可以帮助人们根据面临的问题迅速联想起已经解决的类似问题，然后将新问题的特征与旧问题的特征进行比较，抓住新旧问题的共同特征，将已有的知识和经验与当前问题情境建立联系，利用处理过类似旧问题的知识和经验处理新问题，或把新问题转化成一个已解决的熟悉的问题，从而为新问题的解决做好积极的准备。因此，在环境不变的条件下，思维定式可以提高思维活动的便捷性、敏捷性，提升思维效率，帮助人们运用已掌握的方法迅速解决问题。在日常生活中，思维定式可以帮助我们解决每天碰到的90%以上的问题。思维定式对问题解决不仅有积极的一面，也有消极的一面，它容易使我们产生思想上的惰性，养成一种呆板、机械、千篇一律的解题习惯，不利于创新思考和创造。尤其在情境发生变化时，若把思维定式绝对化、固定化，势必束缚思维创新，妨碍人采用新的方法。

阻碍创新的思维枷锁有许多，最常见的有从众型思维枷锁、权威型思维枷锁、经验型思维枷锁、书本型思维枷锁和自我中心型思维枷锁五种。

从众型思维枷锁。从众型思维枷锁源于从众心理。在社会互动中，人们无不以不同的方式影响那些与他们互动的人。个人往往易受别人的诱惑而不相信自己的认知成果，旁人能促进或阻碍某人完成某项任务，遵从的压力能迫使个人接受大多数人的判断。不但在模棱两可的情况下如此，而且即使在明确无误的情况下也会出现类似现象，因为在心理上人们更倾向于相信大多数人，认为大多数人的知识和信息来源更多、更可靠，正确的概率更多，在个人与大多数人的判断发生矛盾时，个人往往跟从大多数，从而怀疑、修正自己的判断。从众心理往往容易扼杀创新，这与创新求异的基本特征相违背。一个社会越强调遵从传统，从众型思维枷锁越稳固。在"枪打出头鸟"的传统观念影响下，人们往往选择"多一事不如少一事"，宁肯"太平"，也不愿"鹤立鸡群"，免得"生出事端"。

权威型思维枷锁。一个社会需要权威，没有权威就没有社会秩序，没有法规、没有行为规范，社会就要乱套。社会的稳定有序往往基于人们对权威的崇敬之情以及对权威的必要服从。如恩格斯在《论权威》中所说："这里所说的权威，是指把别人的意志强加于我们；另外，权威又是以服从为前提的。"从恩格斯的权威定义中，我们可以看出权威在社会生活中是必要的。他指出，能最清楚地说明需要权威，而且需要最专断的权威的，要算是在汪洋大海上航行的船了。那里，在危险关头，要拯救大家的生命，所有的人就得立即绝对服从一个人的意志。然而，如果把权威绝对化、神圣化，对权威的崇敬之情就会变成对权威的迷信、盲目推崇，权威型思维就会变成遏制创新的枷锁。不恰当地引用权威的观点、不加思考地以权威的观点论是非、一切以权威的观点为最高原则、不敢越权威的"雷池"一步，这都将不利于创新的实现。

经验型思维枷锁。人的一生会积累大量的经验，诸如生活的亲身感受、实践的直接知识、传统的习惯与观念等。经验在人们的实践活动中起着重要作用，人们可以凭借经验指导在相同条件下的相同实践活动，提高某些习常性的实践活动的效率。同时，经验也是理论的基础。理论思维必须建立在经验的基础上才有生命力，离开了经验，理论思维就无法进行。但经验又具有极大的局限性，它只能在一定的实践水平上、在一定的条件下对一定的实践活动有指导意义。而且，即使在适当的范围内，它对实践活动的指导意义也是有限的。恩格斯说过，单凭观察所得的经验，是不能充分证明必然性的。黑格尔也指出，经验并不提供必然性的联系。因此，一旦拘泥于狭隘的经验，势必极大地限制个人的眼界，从而阻碍思维创新。在这种情况下，经验就成了创新思维的枷锁。

书本型思维枷锁。书本型思维定式是人们不顾实际，一味从书本出发，书本上怎么说就怎么做。事实上，书本知识同经验一样也具有两面性。一方面，人类社会离不开书本知识，创新思维也要基于必要的书本知识；另一方面，如若迷信书本，唯书本是从，无视活生生的现实生活，甚至用书本知识去裁剪活生生的现实，那就会禁锢思想，此时，书本就会成为创新思维的枷锁。尽管书本知识是创新思维的基础，但创新思维源于知识的灵活运用，而非单纯源于知识的积累，如若没有运用知识的智慧，只是单纯的积累，那最多成为知识的"活辞典"，而不会成为创造者。此外，书本知识也是创新思维的起点，但如若拘泥于某个领域的知识，陷于其中而不能自拔，就会限制眼界，束缚视野，不利于创新思维的产生。

自我中心型思维枷锁。在日常思维活动中，人们自觉或不自觉地按照自己的观念、站在自己的立场，用自己的目光去思考别人乃至整个世界。在自我模式为中心这个概念中，个人的思考以自己为中心，一个团体的思考以团体为中心，一个国家或民族的人思考以本国本民族为中心，等等。特定的主体总是以其自身为中心去观察、认识客观世界。任何主体所理解的客观世界都是基于该主体所处的时空上的。对于同样的客体，由于特殊的瞬间和特殊的方位，可导致特殊的认识角度，形成特殊的认识中心，从而获取特殊的信息。

不同的主体总是从自身的需要、兴趣和利益出发，去认识客观世界。例如，对"古松"这一事物客体，不同的主体就往往从不同的侧面去反映：木材商人观察到的是一段价值多少元的木材；植物学家观察到的是一种叶为针状、果为球状、四季常青的显花植物；画家观察到的则是一棵苍翠挺拔的古树。一旦把这种以自我为中心的现象绝对化，凡事一概站在自身的立场，用自身的眼光去思考别人乃至整个世界，并一味排斥他人的立场、他人的观点、他人的利益，便形成了自我中心型思维枷锁，就会产生固定的思维定式，阻碍创新思维的形成。因此，必须跳出自我中心型思维枷锁，理解自我之外的许多观念和事物，提升创造性思维的水平。

二、偏见

偏见是束缚创新思维的另一因素。偏见是指根据一定表象或虚假的信息做出判断，从而出现判断失误或判断本身与判断对象的真实情况不相符合的现象。

从哲学角度而言，偏见是一种本体性的存在。人们在观察和理解事物时，必须借助一定的工具，这些工具包括物质的和精神的，客观的和主观的。从客观而言，根据海森堡测不准原理，任何观察工具对观察对象的介入都将在一定程度上使对象改变，从而达不到"绝对"准确；从主观而言，观察受制于选择，选择取决于价值，价值却存在历史和现实的局限。弗格姆（E.Fromm）认为人在社会化的过程中逐渐形成了特定的逻辑、语言和经验，三者构成了网状系统，只有那些能透过网状系统的事实和知识才能被我们看到和理解，因此不同的网就形成了不同的偏见。这与解释学提出的"一切理解都受制于前结构","理论先于观察"不谋而合,所以,伽达默尔(Gadamer)的"偏见是理解的前见"似乎定下了人类的宿命。

偏见有许多种类型,从产生偏见的原因来看,偏见可以分为利益偏见、位置偏见、文化偏见三种类型。

利益偏见,是指一种无意识的偏斜——对公正的微妙偏离。利益偏见的常见情况是所谓的"鸡眼思维",也就是马克思(K. H. Marx)所说的,愚蠢庸俗、斤斤计较、贪图私利的人总是看到自以为吃亏的事情。譬如,一个毫无修养的粗人常常只是因为一个过路人踩了他的鸡眼,就把这个人看作世界上最可恶和最卑鄙的坏蛋。他把自己的鸡眼当作评价人们行为的标准。再如,大多数的恋人都认为自己找到了世上最好的人,大多数孩子也都会说自己的父母是世界上最好的父母。所谓"王婆卖瓜,自卖自夸"其实就是一种典型的利益偏见思维模式。

位置偏见,是指因所处的位置、生活状况而无意识产生的微妙偏离,而对事物作出不同的判断。在现实生活中,人们因为所处的位置不同,看问题的角度不同,得出的结果也就不同。每个人都生活在一定的社会坐标体系中,各种思想无不打上其鲜明的烙印,连黑格尔(Hegel)也不忘说:"同一句格言,出自青年人之口与出自老年人是不同的,对一个老年人来说,也许是他一辈子辛酸经验的总结。"同样,处于不同的年龄位置也会导致不同的见解,这与站在不同的物理位置会引起不同的认知是一样的。例如,在创新过程中,在同一个课题组里,课题组成员都会强调自己完成的那部分是多么重要,并且过高的评价其在创新项目中的创造性贡献。再比如,某些企业会出现部门间相互计较职能高低,在工作沟通中,埋怨别人不配合其工作等情况。这些其实都是因为双方所处的位置不同导致的偏见思维的现象。

文化偏见,是指每个人都受到自己所在地域、国家、民族长期积淀的文化的影响,对事物会作出不同的判断。著名华裔人类学家许烺光在《美国人与中国人》一书中十分严肃地举了一个例子:"在一部小国电影中,一对青年夫妇发生了争吵,妻子提着衣箱怒冲冲地跑出公寓。这时,镜头中出现住在楼下的婆婆,她出来安慰儿子:'你不会孤独的,孩子,有我在这儿呢。'看到这儿,美国观众爆发出一阵哄笑。但中国观众却很少会因此发笑。"这两种截然不同的反应所透出的文化差异是明显的,在美国人的观念中,婚姻是两个人的私事,夫妻感情是任何别的感情无法替代的,而中国观众却能恰当地理解母亲所说的意思。

每个人都受到自己所在地域、国家、民族长期积淀的文化的影响,看待问题的角度不可避免地打上文化、宗教、习俗的烙印。因此,要突破传统思维的局限,站在新的视角去看待问题,形成新的思路与方法,就需要破除文化偏见。

思考3-1

村子中有 50 个人,每人有一条狗。在这 50 条狗中确定有病狗(这种病不会传染)。于是人们就要找出病狗。每个人可以观察其他的 49 条狗,以判断它们是否生病,只有自己的狗不能看。观察后得到的结果不得交流,也不能通知病狗的主人。主人一旦推算

出自己家的是病狗，就要枪毙自己的狗，而且每个人只有枪毙自己的狗的权利，没有打死其他人的狗的权利。第一天、第二天都没有枪响。到了第三天传来一阵枪声，问有几条病狗，如何推算得出？

答案解析：

第一种推论：

A. 假设有 1 条病狗，病狗的主人看到其他狗都没有病，那么就知道自己的狗有病，所以第一天晚上就会有枪响。因为没有枪响，说明病狗数大于 1。

B. 假设有 2 条病狗，病狗的主人会看到有 1 条病狗，因为第一天没有听到枪响，是病狗数大于 1，所以病狗的主人会知道自己的狗是病狗，因而第二天会有枪响。既然第二天也没有枪响，说明病狗数大于 2。

由此推理，如果第三天枪响，则有 3 条病狗。

第二种推论：

1. 若病狗数为 1 条，第一天那条狗必死，因为狗主人没看到病狗，但病狗存在。

2. 若病狗数为 2 条，令病狗主人为 a、b。a 看到一条病狗，b 也看到一条病狗，但 a 看到 b 的病狗没死，故知病狗数不为 1，而其他人没病狗，所以自己的狗必为病狗，故开枪；而 b 的想法与 a 一样，故也开枪。由此，病狗数为 2 时，第二天 2 条狗必死。

3. 若病狗数为 3 条，令病狗主人为 a，b，c。a 第一天看到 2 条病狗，若 a 设自己的狗不是病狗，由推理 2，第二天看时，那 2 条狗没死，故病狗数肯定不是 2，而其他人没病狗，所以自己的狗必为病狗，故开枪；而 b 和 c 的想法与 a 一样，故也开枪，由此，病狗数为 3 时，第三天 3 条狗必死。

4. 若病狗数为 4 条，令狗主人为 a，b，c，d。a 第一天看到 3 条病狗，若 a 设自己的不是病狗，由推理 3，第三天那三条狗没死，故病狗数肯定不是 3，而其他人没病狗，所以自己的狗必为病狗，故开枪；而 b 和 c，d 的想法与 a 一样，故也开枪。由此，病狗数为 4 时，第四天必有 4 条狗死。

由此递推，狗是在第三天死的，故答案是 3 条病狗。

第二节　破除思维定式与偏见

要形成创新思维，第一步便是要打破思维定式、偏见等常规思维对我们思想的束缚。但基于不同常规思维的特点，打破常规思维的方式也不尽相同。

一、破除思维定式

破除从众型思维枷锁。破除从众型思维枷锁，需要提倡"反潮流"精神。"反潮流"精神，就是在认识和思考问题的时候，相信自己的理性判断能力，能够顶住周围多数人的压力，敢于坚持自己的观点，不轻易附和其他人。一般来说，创新思维能力强的人，大都具有思维反潮流的精神；而思维从众倾向比较强的人，创新思维能力相对较弱。从人类历史的发展来看，真理往往首先被极少数

扩展阅读 3-1：广立电梯：打破传统思维，创新驱动发展

人所发现，然后才会慢慢地被传播、普及，最终成为普通民众都接受的"常识"。所以要想破除人们的从众心理要从以下做起：当面对新情况进行创新思维的时候，就不必顾忌多数人的意见，不必以众人的是非为是非，这样才能真正打破封闭、开阔思路，获得新观念。

破除权威型思维枷锁。要破除权威型思维枷锁，需要学会审视权威。首先，要审视是否是本专业的权威。社会上有一种"权威泛化"现象，即把某个专业领域中的权威不恰当地扩展到社会的其他领域。其实，权威一般都有专业局限，某专业领域中的权威，一旦超出本专业领域，就不一定能成为权威。其次，要审视是否是本地域的权威。权威除了有专业性，还有地域性。适用彼时彼地的权威性意见，不一定适用于此时此地。因此面对某种权威性论断时，不能不加分析地盲目套用。再次，要审视是否是当今的权威。权威是具有时间性的，不存在永久的权威。随着社会的发展，知识更新的速度在不断加快，不能与时俱进的权威也将被时代淘汰。最后，要审视是否是真正的权威或权威结论。有两种情况需要注意：一是借助某种力量包装出来的权威，如靠政治地位、经济力量、媒体炒作等"渲染"而登上权威"宝座"的，并非真正的权威；二是即使真的是权威，但其结论的得出是出于某种利益需要，这种结论也未必具有真实性。

破除经验型、书本型思维枷锁。破除经验型思维枷锁的关键是冲破经验的狭隘眼界，把经验思维上升到理论思维。理论思维又称为逻辑思维，是依据一定的理论知识、遵循特有的逻辑顺序而进行的思维活动。理论思维是建立在经验基础之上的一种较为高级的思维类型。我们要掌握事物的一般辩证本性、深层全面本质和普遍规律，只靠经验思维是不行的。因为经验思维具有局限性，如经验思维只坚持事物的个性和事物固定的特性，多停留在事物的表面联系上，实际上并未了解事物的内在规律与本质特征。而理论思维可以了解事物的内在本质和发展趋势，因而较之经验思维更深刻、更全面，能更有效地指导人们的实践活动。因此，破除书本型思维枷锁的途径在于增长运用知识的智慧；在于尊重实践，注重在实践中学习；在于善于超越有限的专业领域，开阔视野，拓展思维空间。

破除自我中心型思维枷锁。破除自我中心型思维枷锁的根本途径在于"跳出自我"，多与人交流，试着站在他人的立场考虑问题，理解自身之外的事物和现象，在"自我"与"非我"的跨越中开阔视野。许多新思想、新观念的提出，归功于自我中心型思维枷锁的破除。例如，"可持续发展战略"和"地球伦理观念"的提出，归功于跳出"人类中心主义"的眼界；国际"和平共处原则"的提出，归功于跳出民族主义和以意识形态为中心处理国家关系的眼界。

思考3-2

据说在古代一个王国里，有一条奇怪的法律条文。按照这条法律条文，被处以极刑的犯人，在临刑前仍然有一次选择生命的机会。即在一个箱子里放两个纸阄，其中一个写有"生"，另一个写有"死"。然后让临刑的犯人任意从箱子里摸出一个纸阄，并当众验证。如果犯人所摸出的是"生"阄，则立即释放：如果犯人所摸出的是"死"阄，则即刻处死。

有一位大臣遭人诬陷，被判处死刑。但诬陷他的人仍然担心他在临刑前的生死选择中摸出"生"阄。于是便贿赂有关官吏，将箱子里的两个纸阄全部写上"死"。这个阴谋家以为这样一来，无论这位大臣摸出哪一个纸阄，都是必死无疑。

但这个阴谋被这位大臣的一个好友探知了，于是他想办法把秘密面告这位大臣，要求他在临刑前的生死选择中，当场戳穿这个阴谋家的丑恶嘴脸。然而，当这位大臣得知这个消息后，竟谨慎地嘱咐好友将消息封锁，认为这一下自己可以必生无疑了。

结果是，这位大臣在临刑前的生死选择中，从容不迫地摸出一个纸阄，重新获得了生命。

你知道这位大臣是如何如愿以偿的吗？

答案解析：

按正向思维，大臣好友的担忧在于，按照正常的选择，会形成如下的推理：

要么摸出"生"阄，要么摸出"死"阄；

摸出"生"阄（"死"阄）；

所以，没有摸出"死"阄（"生"阄）。

这个推理，是一个演绎推理形式中的不相容选言推理的肯定否定式。

但是，由于坏人的从中捣鬼，这种正常的选择结构被破坏了，从而形成了如下的推理：

如果两个纸阄上都写有"死"，则无论摸出哪一个纸阄都必死无疑；

两个纸阄上都写有"死"；

所以，必死无疑。

因此，在箱子里有两个"死"阄的情况下，无论摸出哪一个，其验证的思维过程就由正常情况下的不相容选言推理的肯定否定式，变成了假言推理肯定前件继而肯定后件的形式了。大臣好友的担心即在于此。

但这种最必然的分析，将注意力放在了"无论摸出哪一个"的纸阄上。这种思维方法是正向的、垂直的、没有变通的。

可是这位大臣并不这样想，他打破常规思维的逻辑流程，以逆向思维的形式，从"不可能有'生'"的情况分析中，用直觉判断出隐藏在"必死无疑"这种情况背后的另一种可能："必生无疑"。亦即，按照情况的变化，改变思维形式，将符合一般情况下的检验的肯定否定式，改变为符合特殊情况下的检验的否定肯定式：

要么没摸到"死"阄，要么没摸到"生"阄；

"死"阄没被他摸到；

所以，他摸到的必然是"生"阄。

由于在验证所摸纸阄的情况是什么时，只需要验证一个即可；又由于纸阄中只有"生""死"两种可能，因此，问题的关键在于所验证的纸阄是哪一个。这位大臣就是巧妙地利用了这一点，从容不迫随意摸出任何一个纸阄，并立即把它吞咽到肚子里。此时，如果要验证他究竟摸到的是什么纸阄，就只能依据剩下的那一个纸阄来判断了。

于此，"不可能有'生'"的心理状态，在创新性地灵活运用推理形式，从而按照事物变化的新情况改变验证的推理形式过程中，得到了解脱。这种断的解释就是凭借"感觉"开始，并在潜意识中进行了创新性的逻辑理性分析。这位大臣就是这样通过灵活地分析、运用不同的推理形式，以水平思考的方法，将注意力由"无论摸出哪一个"的纸阄上集中在"所剩下的那一个"纸阄上，从而可以水平展开思维，尽可能地用不同的方法去观察分析事物，以"吞咽纸阄"的奇思妙想，自己拯救了自己的生命。

所以这位大臣从容不迫地随意摸出一个纸阄，并立即把它吞咽到肚子里。

（摘自《聪明人玩的 118 个创新思维游戏》）

二、破除偏见

弗兰西斯·培根曾把人的认知看成是某种受控行为，即人们往往被一些自己并未察觉的假象（或称偶像）所干扰，从而作出错误的判断，这些假象主要有四种：一是种族假象，由于人们的本性而产生的谬误看法，人总是从自己的感知和思维方式出发去判断事物。二是"洞穴假象"，人总是在自己个性和环境的影响下观察和理解事物，类似于柏拉图的"洞穴假象"，即人所看到的常常只是洞穴中自己的影子。三是市场假象，人在交往中所使用的语言就像市场中的交易一样被滥用了，由此便会生出诸多谬误。四是剧场假象，各种貌似真理的权威思想搅乱了人们的思想。无论今天的哲学再对假象做何种归纳，有一点是肯定的，即由假象所导出的观察和判断会失真，从而产生偏见。

虽然从哲学上我们无法彻底超越偏见，但在具体方法上，我们并不会放弃寻求公正的努力。对于创新而言，从思维方法上，寻求对偏见的有限超越是有益的。

虽然偏见有不可超越性，但是可以在一定程度上减轻偏见的影响，以下就是消除偏见的几种方法。

1. 超越有限经验

超越有限经验是消除偏见的有效方法之一。你手里有一张报纸，看完之后将它对折，第二天再对折一次，以后每天对折一次，两个月后，你能想象一下报纸大概有多厚吗？

这个问题看似简单，却是超越我们日常经验的。对于这个问题，人们脑子里浮现的是一张薄薄的纸和 60 天有限的时间，因此，当要求大家具体想象一下多次对折后的厚度时，有的人回答说大概有桌子这么高，有的说也许有四层楼那么高，有一个人说："我知道，这和印度人将谷粒放入棋盘的原理是一样的，所以它的厚度说不定能达到喜马拉雅山那么高呢。"

到底有多厚呢？我们知道对折 60 次后的层数为 2 的 60 次方，如果按 100 层纸厚 1 厘米计算，对折 30 次的厚度大概是 107 374 米，已经相当于 12 座珠峰，再对折 30 次，将是什么样的厚度呢？看来只有上帝知道了。

这样我们就看到，大多数人总是习惯于凭自己的经验做出判断，这种经验一般而言是感性的、朦胧的、自闭的。其最大的特点是局限性。个人的经验永远只能是具体的，而一切的具体都是有限的。经验无法达到完全归纳，一切有限的经验在归纳无限的事实面前其比值永远趋向于零。问题在于人们总是用近乎"零"的经验来臆断，建立在有限归纳基础的演绎可以是科学的，但是将偏于一隅的经验强迫性地放大为"放之四海而皆准"的真理，却只能是愚昧的。

2. 摆脱经验干扰

年轻人更容易出重大原创性成果，其原因可能非常复杂，但其中一个重要的因素必定是——年轻人不受传统经验的干扰，因而更倾向于颠覆。

（1）缺乏经验的年轻人往往比老年人在原创性上更锐利。牛顿、爱因斯坦都是在 26 岁时做出了人类历史上最重要的贡献。事实上，历史上许多重大的发明都是年轻人所为。我国科学家赵红洲曾对 1500—1960 年全世界 1 249 名杰出科学家和 1 228 项重大科研成果做了统计，发现发明创造的最佳年龄是 15～45 岁。也有人统计了 301 位诺贝尔奖获得者，其中大约 40%的人是在 35～45 岁获奖的，而且绝大多数获奖者的科研成果是在获奖前 4～10 年完成的。

（2）在科学上有一个不可否认的事实：一些半路出家的冒险者闯入一个多年徘徊不前的新领域，往往能够给这个科学领域带来新的突破。

房地产经纪人恩德发现了试管中培养小儿麻痹症的病毒的简便方法，伽利略发现钟摆原理时还是个医生。美国著名的创新学专家奥斯本也佐证说："历史证明，许多伟大的思想都是由那些对有关问题没有进行过专门研究的人所创造出来的。电报是由莫尔斯发明的，他仅是一名肖像画家；蒸汽船为另一艺术家富尔顿所发明；惠特尼是一位小学老师，却发明了轧棉机。"

3. 控制社会化过程

儿童和青少年的偏见主要通过社会化过程形成，因而通过对这一过程的控制可以减少或消除偏见，而在社会化过程中尤其要注意父母与周围环境以及媒体的影响。

4. 受教育水平

接受的教育越多，人们的偏见将越少。有时候人们的偏见更多地来源于自己的无知和狭隘，所以通过让人们接受更多的教育来减少偏见是一种很有效的方法。

5. 直接接触

接触假设（contact hypothesis）认为在某些条件下，对立团体之间的直接接触能够减少它们之间存在的偏见。这里所指的条件包括地位平等、有亲密的接触、团体内部有合作，并有成功的机会、团体内部有支持平等的规范。基于这一假设，举办国际性的学术会议、奥运会等都可以克服人们之间的偏见。

第三节　创新思维的主要方式

一、发散性思维

创造性思维就是不断用猜想和反驳去寻找和接近可能的真理。然而，这种猜想在多样化选择的大自然面前却是低概率的。于是，发散性思维便成了一切创造的最初条件。正如两次诺贝尔奖获得者莱纳斯·鲍林说的那样："要想产生一个好的设想，最好的办法是先激发大量的设想。"这句话一针见血地指出了创造性思维的本质。所以，美国心理学家吉尔福特才坚持说："发散思维是创新思维的核心。正是在发散思维中，我们才看到了创新思维最明显的标志。"发散性思维的概念早在 1918 年已经由伍德沃斯提出，经由奥斯本具体分类，直至科学史专家库思

视频 3-2:《崛起中国》邹海：塑料变枕木，垃圾处理新思路

在其重要著作《必要的张力》中进一步地阐述，经过无数创新学者的研究，已经成为一门显学。根据发散性思维的形式，可以分为结构发散、因果发散、属性发散、关系发散、功能发散五种类型。

思考3-3

让我们先思考下面的问题：用 8 根火柴做 2 个正方形和 4 个三角形（火柴不能弯曲和折断）。除了图 3-1 所示方式还有哪些方式？（思考 10 分钟）

答案解析：

关于上题当然还有别的分法，但一般人首先想到的一定是两个正方形的重叠。但看看图 3-2 的分法，你仍会发现 2 个正方形和 4 个三角形。图 3-2 的分法与对角线分法相比较，有何共同之处呢？首先，都在外部构成了一个大正方形。那么现在请你试一试平移正方形内部的 4 根火柴，你会发现有更多的方式解决这个问题。图 3-2 画出的只是其中一例，可以看出，一旦用了发散性思维，便可以让我们进入无穷分割的境界。

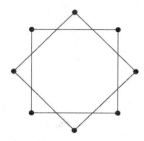

图 3-1 方法一

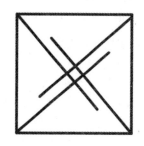

图 3-2 方法二

结构发散同样可以是多元的。如联合国儿童公约，同样一段文字，仅在结构发生一点变化，立意顿时大为不同：

一切为了孩子／为了孩子的一切／为了一切孩子

这与世界卫生组织的口号具有同样的意境：

给生命以时间（自然生命的延长）／给时间以生命（精神生命的充实）

1. 结构发散

结构发散是指以某事物的结构为发散点，设想出利用该结构的各种可能性。

2. 因果发散

因果发散是指用发散思维的方法寻找事物间逻辑上的因果关系，强调以事情既成的"果"为辐射源，以"因"为半径，全面进行思维发散，以果溯因推出产生某一结果的

可能原因，找出解决问题的突破口。

3. 属性发散

属性发散是以某种事物的属性（如形状、颜色、声音、味道、明暗等）为发散点，设想出利用某种属性的各种可能性。

4. 关系发散

关系发散就是尝试思考某一特定事件所处的复杂关系，从中寻找出相应的思路。在发散性思维面前，事物不存在唯一的解释，所有我们认为天经地义的事件和关系，都有可能存在另一种解，即使附庸，也不失一种调侃之趣。

5. 功能发散

发散性思维不仅要求将事物的关系、属性、结构等看成是一个多元开放的系统，更希望在系统的功能上进行发散性思考。

扩展阅读 3-2：炸弹嫌疑犯画像

二、联想思维

世界是普遍联系的，我们要探索、发展、创新，就需要以一种能够由此及彼、由无到有，由一到无限的思维方式来对这个世界进行思考，联想思维正是我们解开这盘根错节的关系的"尖利"工具。生理学家巴甫洛夫认为，联想是由两个或两个以上刺激物同时地或连续地发生作用而产生的暂时神经联系，是在头脑中由一事物想到另一事物的心理活动。通过联想，每个人都能把输入大脑的信息串联起来，构建出独特的思考网络。也就是说，联想可以克服两个概念在意义上的差距，把它们联结起来，其生理机制和心理机制是暂时的神经联系，也就是神经元模型之间的暂时联系。

联想思维作为探索未知的一种创造性思维活动，它是关于事物之间存在普遍联系观点的具体体现和实际运用。没有存在于事物之间的客观联系，联想就很难发生，离开事物之间客观联系的联想只是幻想。联想与想象的最大差别在于联想是有迹可循的，而想象则比较随机，没有明显的思维轨迹。一般而言，存在相似联想、接近联想、对比联想与自由联想四种联想的方式。

1. 相似联想

在生活中，不同事物之间可能存在着相似点或相同点。相似联想可以把不同的事物联系起来，联系的纽带是不同事物的相同点或共同点。简单来说，相似联想是一种类推性联想，是指由一事物想起性质、特点、功能等相似的另一事物。事实上，相似联想是暂时联系的泛化或概括化的表现。泛化是对相似事物还未完全分辨清楚时所做的反应。客观世界发展过程中的相似现象，经常会反映到人们的头脑中来。所以，人们总是在自觉或不自觉地按照相似的规律，不断地去认识世界和改造世界。总结人们在认识世界和改造世界过程中的有效活动，探索客体和主体在发展过程中的相似现象之间的内在联系和基本规律，无疑能够增强我们对事物发展方向的预见性，使我们在认识过程中少走弯路。相似联想不仅在我们探索世界的活动中扮演"领航员"的角色，它在创意的形成过程中也发挥着独特的魅力。

2. 接近联想

世界上没有任何真正孤立的存在，也没有事物能脱离自身生存系统独立于世界。无论什么都摆脱不了时间的羁绊，我们总是在时间或空间上保持一定的联系。时空上接近的事物在我们的经验或潜意识中总是很容易形成联结，比如：提到肯德基，就会想起麦当劳；提到美国，就会想起夏威夷和拉斯维加斯；提到《西游记》，就会想起孙悟空的神通；提到金庸，不可能不想起他的武侠小说；提到武侠，自然想起快意江湖；提到江湖，就不得不谈谈英雄与红颜……这一切就像一条蛇形链，环环相扣，接踵而至。

3. 对比联想

对比联想亦称相反联想，是指从一事物联想到性质、特点相反的另一事物，是由对某一事物的感知或回忆引起和它具有相反特征的事物的回忆而形成的联想规律。

4. 自由联想

自由联想虽然会占去人相当多的时间，但也绝不是在浪费时间，虽然是无意识控制时的单纯思维，但它却是有目的思维的基础。自由联想是没有规律和逻辑的。但"乱想"也不是没有任何联系的事物的堆砌，它与平时工作、学习时的思维相比，仅在于它没有很强的目的性和功利性，其内容经常表达我们内心的深层愿望，而这些愿望平时不被我们所意识。如果将有意志控制的、有目的的思维比作冲刺的话，那么自由联想则是散步。大脑在自由联想时可以变得异常活跃，可以从眼前的具体事物中摆脱出来充分展现出内心的愿望，让自己看到平时所忽略的内心真实面貌。因此，经常进行自由联想会使我们的大脑更具有创造力，产生许多出奇的设想，往往会使我们收到意想不到的创造效果。

三、形象思维

最抽象的东西往往也是最形象的东西，最抽象的宇宙图景常常需要借助最形象的物象来思维，在具象性的思考中一步步建构起无限抽象的帝国。"形象"这个概念是 19 世纪以俄国的别林斯基为代表的文艺理论家在研究文学创作问题时提出的，"形象思维"这一术语最

视频 3-3：《中国品牌故事》爱司凯：颠覆想象 打印未来

早的应用者为苏联著名作家法捷耶夫。形象思维又称"直感思维"，是指以具体的形象或图像为思维内容的思维形态，是人的一种本能思维，人一出生就会无师自通地以形象思维方式考虑问题。

形象思维顾名思义以"形象"为载体，"形象"的表现需要借助各种各样的方式以及手法，在这里我们把这些方式、手法等称为形象思维媒介。眼睛是五官中对事物反应最直接快捷的，因此我们对于视觉形象总是最容易接受理解，具有强烈震撼力和冲击力的图像总是能够在我们的心中引起一片波澜。人类早在有文字之前就已经开始用简单的绘画以及象形文字来表达和交流。图像再现了我们内心的情感以及我们的眼睛看到的世界是怎样的，甚至是我们的精神世界。人类的视觉、听觉，嗅觉，触觉，味觉是可以通过形象思维的作用而互相兑换的、然后以不同的形式表现出来。因此，触感变得可以尝出味道，声音变得可以摸得到、看得到，颜色和光亮变得可以听得见。正是有了形象思

维，我们才可以让很多无形的、抽象的东西变得鲜活可感，我们就能够利用这些"形象"来进行创新。

形象思维具有形象性、非逻辑性、粗略性、想象性四个特征。

（1）形象性。形象性是形象思维最基本的特点。形象思维所反映的对象是事物的形象，思维形式是意象、直感、想象等形象性的观念，其表达的工具和手段是能为感官所感知的图形、图像、图式和形象性的符号。形象思维的形象性使它具有生动性、直观性和整体性的优点。

（2）非逻辑性。非逻辑性强调，形象思维不像抽象（逻辑）思维那样，对信息的加工是一步一步首尾相连地、线性地进行，而是可以调用许多形象性材料，一下子合在一起形成新的形象，或由一个形象跳跃到另一个形象。它对信息的加工过程不是系列加工，而是平行加工，是平面性的或立体性的。它可以使思维主体迅速从整体上把握住问题。形象思维是或然性或似真性的思维，思维的结果有待于逻辑的证明或实践的检验。

（3）粗略性。粗略性指形象思维对问题的反映是粗线条的反映，对问题的把握是大体上的把握，对问题的分析是定性的或半定量的。形象思维通常用于问题的定性分析，而抽象思维则可以给出精确的数量关系。因此，在实际的思维活动中，往往需要将抽象思维与形象思维巧妙结合，协同使用。

（4）想象性。想象性是思维主体运用已有的形象形成新形象的过程。形象思维并不满足于对已有形象的再现，它更致力于追求对已有形象的加工，而获得新形象产品的输出。所以，形象性使形象思维具有创造性的优点。这也说明了一个道理：富有创造力的人通常都具有极强的想象力。

四、系统思维

人的生命是完整的，客观的世界是系统的，我们面对的世界也是变化的、整体的，因此，必须从整体上把握世界，而要从整体上认识原事物相互间的关系，就需要综合，需要系统思维。所谓系统，是指由若干相互区别、相互作用、相互联系的要素按一定方式组成的有机统一整体。简单来说，系统是由两个以上要素组成的整体，系统各要素之间，要素与整体之间，以及整体与环境之间都存在着一定的有机联系。系统具有集合性、相关性、整体性、结构性、开放性等特点。系统思维的基本着眼点是整体性、综合性。系统思维是一种开放、动态、互动的思维方式，它将各种现象事物都看成互相牵连、彼此相关的。在整个系统中，往往一个不易察觉的小小的行动或要素，也可以"牵一发而动全身"，产生巨大的影响。系统思维是常用的创新思维方式，具有整体性、结构性、立体性、动态性、综合性的特点。

系统思维的整体性是由客观事物的整体性所决定的，整体性是系统思维方式的基本特征，它存在于系统思维运动的始终，也体现在系统思维的成果之中。坚持系统思维方式的整体性，首先必须把研究对象作为系统来认识，即始终把研究对象放在系统之中加以考察和把握。其次还必须把整体作为认识的出发点和归宿。也就是说，思维的逻辑进程是这样的：在对整体情况充分理解和把握的基础上提出整体目标，然后提出满足和实现整体目标的条件，再提出能够创造这些条件的各种可供选择的方案，最后选择最优方案实现之。

系统思维方式的结构性，就是把系统科学的结构理论作为思维方式的指导，强调从系统的结构去认识系统的整体功能，并从中寻找系统最优结构，进而获得最佳系统功能。

系统思维方式是一种开放型的立体思维。它以纵横交错的现代科学知识为思维参照系，使思维对象处于纵横交错的交叉点上。在思维的具体过程中，系统思维方式把思维客体作为系统整体来思考，既注意进行纵向比较，又注意进行横向比较；既注意了解思维对象与其他客体的横向联系，又能认识思维对象的纵向发展，从而全面准确地把握思维对象的规定性。

系统的稳定是相对的。任何系统都有自己的生成、发展和灭亡的过程。因此，系统内部诸要素之间的联系及系统与外部环境之间的联系都不是静态的，都与时间密切相关，并会随时间不断地变化。这种变化主要表现在两个方面：一是系统内部诸要素的结构及其分布位置不是固定不变的，而是随时间不断变化的；二是系统都具有开放的性质，总是与周围环境进行物质、能量、信息的交换活动。因此，系统处于稳定状态，并不等同于系统没有什么变化，而是始终处于动态之中，处在不断演化之中。

任何思维过程都包含着综合的因素，然而，系统思维方式的综合性，并不等同于思维过程中的综合方面，它是比"机械的综合""线性的综合"更为高级的综合。它有两方面的含义：一是任何系统整体都是这些或那些要素为特定目的而构成的综合体；二是任何系统整体的研究，都必须对它的成分、层次、结构、功能、内外联系方式的立体网络作全面的、综合的考察，才能从多侧面、多因果、多功能、多效益上把握系统整体。

扩展阅读 3-3：皇家翠羽衣服的故事

五、逆向思维

思考3-4

什么是逆向思维？为什么要逆向思维？怎样才能做到逆向思维？让我们先来思考下面两道题：

题1：国会议员的竞选开始之前，米勒先生为自己是否参选的问题头疼了很久，最后决定去问问算命先生 A 和 B，他们分别作了回答。

A 讲完后说："我说的有 60%是正确的。"

B 讲完后说："我所说的只有 30%正确。"

假设他们说的都是事实，而且他们的判断很被米勒看中，应该按照谁说的结果去办，为什么？

题2：一个退休的老人在某学校附近买了一栋房，可让他烦恼的是，有三个年轻人天天在他家旁边的垃圾桶上练脚功，把垃圾桶踢得乒乓作响，炸雷般的声音让老人无法忍受。然而，这可是三个不好惹的主，一般的劝说无济于事。请问老人有什么好办法使他们不再踢桶？

这两道题目有相似之处，解决的途径也具有异曲同工之妙。（请先思考再看答案）

答案解析：

题 1：米勒选择算命先生 B 说的结果去做。虽然算命先生 B 说的只有 30% 正确。然而，有 30% 的正确，那么就有 70% 的不正确。但是米勒如果按照算命先生 B 所说的反面去做，就有 70% 的正确率。这个数字是高于算命先生 A 所说的 60% 正确率的，所以这种选择是更加周全的。

题 2：老人去跟这三个人谈判："你们帮我一个忙，我每天给你们 1 元钱，条件是你们必须每天来踢这只桶，我特别喜欢这踢桶的声音"年轻人哪有不踢之理，当然是踢得更欢了。几天以后，老人来到正在踢桶的年轻人处，一脸抱歉地对年轻人说："最近因为通货膨胀，我的开支有点紧，能否少一点，每次我就给你们 0.5 元吧"。年轻人想了一想，还是同意了，但是踢的热情明显下降了。一星期后，老人对几个年轻人说："需要用钱的地方很多，今后我每次只能结你们 0.25 元了。""什么？0.25 元，你以为我们会为了区区 0.25 元而浪费我们的时间为你踢吗？不行，我们不干了。"从此，老人过上了安稳日子。

这两条解决方案的共同点是：逆向思维，也就是从事物的非常规方向去思考。

逆向思维，是指对现有事物或理论相反方向的一种创新思维方式，它是创新思维中最主要、最基本的方式。运用逆向思维，可以从以下三点把握。

（1）面对新的问题，我们可以将通常思考问题的思路反过来，用常识看来是对立的、似乎根本不可能的办法去思考问题。

（2）面对长期解决不了的问题或长久困扰着我们的难题，我们不要沿着前辈或自己长久形成的固有思路去思考问题，而应该"迷途知返"，即转换现有的思维，从与其相反的方向来寻找解决问题的办法。

（3）面对那些久久解决不了的特殊问题，我们可以采取"以毒攻毒"的办法，即不是从其他问题中来寻找解决特殊问题的办法，而是从特殊问题本身来寻找解决办法。

逆向思维是一种科学复杂的思考方法。因此，在运用它时，一定要对所思考的对象有全面、深入、细致的了解，依据具体情况具体分析的原则。绝不能犯简单化的毛病，简单化只能产生谬误，它同需要严密科学的创新思维是没有缘分的。

逆向思维本质上是反向思维，它是人类思维的一种特殊形式，具有普适性、新奇性、叛逆性的特点。

（1）普适性。逆向思维几乎在所有领域都具有适用性，从本质上讲，它是世界的对立统一性和矛盾的互相转化规律在人类思维中的表现。当常态思维"山重水复疑无路"时，将思路反转，有时会意外地"柳暗花明又一村"。逆向思维是一种辩证思维，它不同于一般的形式逻辑思维，思路发生剧烈变化要求人们跳出单向的线性推导路径，在逻辑推理的尽头突然折返、思路急转直下。

（2）新奇性。逆向思维作为一种特有的生存智慧，处处能产生出奇制胜的效果。逆向思维的最大特点就在于改变常态的思维轨迹，用新的观点、新的角度、新的方式研究和处理问题，以求产生新的思想。

（3）叛逆性。逆向思维的叛逆性，是指在思想的深处运用一种"对立的方法"透彻地思考某一特定难题，以便获得一种与众不同的解决难题的新途径。逆向思维就是能从相互矛盾的事物中，从矛盾事物的多重属性中分辨出利弊，将其转化。

章 末 小 结

1. 思维定式，亦称"心理定式"。美学上指主体预前特定审美心理准备状态及其对审美中后期类似心理活动施加影响的趋势。思维定式具有两面性，一方面，它能提高思维活动便捷性、敏捷性，提高思维效率；另一方面，如若把它绝对化、固定化，势必束缚思维创新的条条框框。

2. 从众型思维枷锁指在心理上人们更倾向于相信大多数，认为大多数人的知识和信息来源更多、更可靠，正确的概率更大，在个人与大多数人的判断发生矛盾时，往往跟从大多数而怀疑、修正自己的判断。

3. 权威型思维枷锁表现为不恰当地引用权威的观点，不加思考地以权威的观点论是非，一切以权威的观点为最高原则，不敢越权威的"雷池"一步。

4. 经验型思维枷锁表现为人们拘泥于狭隘的经验，极大地限制了个人的眼界，从而阻碍思维创新。

5. 书本型思维枷锁是指迷信书本，唯书本是从，无视活生生的现实生活，甚至用书本知识去裁剪鲜活的现实，从而禁锢思想，阻碍思维创新。

6. 人类的思维活动必然有以思维主体的"自我"为中心的一面。这是一种规律性现象。然而，一旦把这种以自我为中心的现象绝对化，凡事一概站在自身的立场，用自身的眼光去思考别人乃至整个世界，并一味排斥他人的立场、他人的观点、他人的利益，便形成了自我中心型的思维枷锁，就会产生固定的思维定式，阻碍思维创新。

7. 人们往往被一些自己并未察觉的假象（或称偶像）所干扰，从而作出错误的判断，这些假象主要有四种：种族假象、洞穴假象、市场假象和剧场假象。由假象所导出的观察和判断会失真，从而产生偏见。偏见的类型包括利益偏见、文化偏见、位置偏见和经验偏见。

8. 破除从众型思维枷锁，需要提倡"反潮流"精神；破除权威型思维枷锁，必须学会审视权威；破除经验型思维枷锁的关键是冲破经验的狭隘眼界，把经验上升到理论；破除书本型思维枷锁的途径在于增长运用知识的智慧，尊重实践，注重在实践中学习，善于超越有限的专业领域，开阔视野，拓展思维空间；破除自我中心型思维枷锁的根本途径在于"跳出自我"，多参与别人的思绪，试着站在别人的立场考虑问题，试着理解自我之外的事物和现象，在"自我"与"非我"的跨越中开阔视野。

9. 破除偏见思维要认识到偏见的不可超越性和超越有限经验及摆脱经验的干扰。

10. 阻碍创新思维的思维枷锁还包括迷信标准答案的唯一性；求稳，怕失败；求有序，怕乱。

11. 发散思维是创新思维的核心。就其形式而言，发散思维通常表现为如下类型：

结构发散、因果发散、属性发散、关系发散、功能发散。

12. 联想思维是关于事物之间存在普遍联系观点的具体体现和实际运用。它包括相似联想、接近联想、对比联想、自由联想四种类型。

13. 我们依靠形象来区分、认识不同的东西，形象思维是我们进行认知的基本思维方式。形象思维是一个整体性思维活动的过程，在这个过程中整体形象和个体形象的思考是同时进行的。

14. 系统思维是一种开放、动态、互动的思维方式，它将各种现象事物都看成是互相牵连，彼此相关的。并且系统思维具有整体性、结构性、立体性、动态性、综合性的显著特点。

15. 逆向思维，是指对现有事物或理论相反方向的一种创新思维方式，它是创新思维中最主要、最基本的方式。面对新的问题、长期解决不了的问题、久久解决不了的特殊问题，我们可以将通常思考问题的思路反过来，用常识来看是对立的、似乎根本不可能的办法去思考问题。

课后习题

1. 思维定式是什么，它具有哪些优点和缺点？

2. 阻碍创新思维的枷锁有哪些？我们应该如何破除这些枷锁？

3. 偏见的定义是什么，偏见的分类有哪些？

4. 有哪些方法可以有效消除偏见？

5. 创新思维有几种方式？请简要描述每种方式是如何创新思维的。

答案解析  扫描此码

课堂小游戏

打破常规思维

即测即练题

自学自测  扫描此码

参 考 文 献

[1]　德博诺. 创新思维训练游戏[M]，钟玲，译. 北京：中信出版社，2009.

[2]　阿曼德，谢泼德. 创新管理——情境、战略、系统和流程[M]，陈劲，等译. 北京：北京大学出版社，2014.

[3]　毕克贵. 试析营销策划中的发散思维[J]. 辽宁广播电视大学学报，2007(1)：89-90.

[4]　曹莲霞. 创新思维与创新技法新编[M]. 北京：中国经济出版社，2011.

[5]　曹希波. 聪明人玩的118个创新思维游戏[M]. 北京：企业管理出版社，2009.

[6]　陈劲，郑刚. 创新管理——赢得持续竞争优势[M]. 北京：北京大学出版社，2009.

[7]　陈劲，童亮，徐忠辉.移动电话业创新源和领先用户研究[J]. 科研管理，2003，24(3)：25-31.

[8]　陈劲. 从技术引进到自主创新的学习模式[J]. 科研管理，1994(2)：32-34，31.

[9]　戴凌燕，陈劲. 产品创新的新范式：用户创新[J]. 经济管理，2003(12)：16-20.

[10]　樊华. 创新思维与方法导论[M]. 南京：南京大学出版社，2019.

[11]　冯爱红，刘翠兰. 可持续发展系统思维模式初探[J]. 系统科学学报，2011，19(3)：14-17.

[12]　冯国瑞. 论形象思维[J]. 中国高校社会科学，2015(2)：92-104，158.

[13]　高建平. "形象思维"的发展、终结与变容[J]. 社会科学战线，2010(1)：163-177.

[14]　高柯. 创新基础知识十思维障碍：阻隔创新思维动力对接的那面墙[J]. 华东科技，2011(2)：46-47.

[15]　贺善侃. 创新思维概论[M]. 上海：东华大学出版社，2011.

[16]　胡飞航. 市场营销中的逆向思维[J]. 商业研究，2007(9)：173-174.

[17]　胡婉莹，王淼，康戈莉. 发散思维、敛聚思维与科学创新[J]. 中国成人教育，2007(6)：127-128.

[18]　黄真，敦鹏. 形象思维与科技创新[J]. 机械工程学报，2013，49(15)：1-8.

[19]　贾虹. 创新思维与创业[M]. 北京：北京大学出版社，2011.

[20]　罗玲玲，武青艳，代岩岩. 创新思维与创新方法[M]. 北京：机械工业出版社，2020.

[21]　李琛. 孕育无限创意的联想法[J]. 发明与创新(综合版)，2008，(12)：15.

[22]　刘卫平. 创新思维[M]. 杭州：浙江人民出版社，1999.

[23]　苗东升. 论系统思维(三)：整体思维与分析思维相结合[J]. 系统辩证学学报，2005，13(1)：1-5；11.

[24]　苗东升. 论系统思维(一)：把对象作为系统来识物想事[J]. 系统辩证学学报，2004，12(3)：3-7.

[25]　缪晨. 300个创新小故事[M]. 上海：学林出版社，2007.

[26]　王健，等. 王者的智慧——新经济时代的创新思维方法[M]. 太原：山西人民出版社，2008.

[27]　王跃新. 创新思维学[M]. 长春：吉林人民出版社，2010.

[28]　吴进国. 打破常规，创新思维[M]. 北京：中国青年出版社，2003.

[29]　杨雁斌. 创新思维法[M]. 上海：华东理工大学出版社，2005.

[30]　张宝荣. 创新思维及其培养[M]. 石家庄：河北教育出版社，2008.

[31]　张国华. 大国崛起的创新思维[M]. 北京：线装书局，2009.

[32]　张杰，王云裳. 从"洛克菲勒卖珠宝"看如何破除思维定式[J]. 政工学刊，2014(10)：59-60.

[33]　张正华. 创新思维、方法和管理[M]. 北京：冶金工业出版社，2013.

[34]　张志胜. 创新思维的培养与实践[M]. 南京：东南大学出版社，2012.

第四章

创新思维开发工具

学习目标

◇ 掌握基本的创新思维开发工具类型；

◇ 熟练运用头脑风暴法、思维导图法、六项思考帽法、世界咖啡法、九屏幕法和金鱼法及其规则。

> 破除一切制约科技创新的思想障碍和制度藩篱，坚持科技创新和制度创新"双轮驱动"优化和强化技术创新体系顶层设计。
>
> ——习近平

引例

神奇的曲别针

在一次有许多中外学者参加的旨在开发创造力的研讨会上，日本一位创造力研究专家应邀出席了这次活动。

在这些创造思维能力很强的学者同人面前，风度潇洒的村上幸雄先生捧来一把曲别针："请诸位朋友，动一动脑筋，打破条条框框，看谁说出这些曲别针的多种用途，看谁创造性思维开发得好、多而奇特！"

不久来自河南、四川、贵州的一些代表踊跃回答着："曲别针可以别相片""可以用来夹稿件、讲义""纽扣掉了，可以用曲别针临时钩起"……七嘴八舌，大约说了20分钟，其中较奇特的是把曲别针磨成鱼钩去钓鱼，大家一阵大笑。

这时中国的一位以"思维魔王"著称的怪才许国泰先生向台上递了一张纸条，人们对此十分惊奇。他走上了讲台，拿着一支粉笔，在黑板上写了一行字：村上幸雄曲别针用途求解。"大家讲的用途可用四个字概括，这就是钩、挂、别、连。要启发思路，使思维突破这四种格局，最好的办法是借助简单的形式思维工具——信息标与信息反应场"。

他把曲别针的总体信息分解成重量、体积、长度、截面、弹性、直线、银白色等10多个要素。再把这些要素，用根标线连接起来，形成一根信息标。然后，再把与曲别针有关的人类实践活动要素相分析，连成信息标，最后形成信息反应场。这时，现代思维之光，射入了这枚平常的曲别针，它马上变成了孙悟空手中神奇变幻的金箍棒。他从容地将信息反应场的坐标，不停地组切交合。

通过两轴推出一系列曲别针在数学中的用途，如曲别针分别做成1、2、3、4、5、6、7、8、9、0，再做成＋、－、×、÷的符号，用来进行四则运算，运算出数量，就有1 000万、1亿……在音乐上可创作曲谱；曲别针可做成英、俄、希腊等外文字母，用来进行拼读；曲别针可以与硫酸反应生成氢气；可以用曲别针做指南针；串起来导电；曲别针由铁元素构成，以不同比例与几十种金属元素分别化合，生成的化合物则有成千上万种……实际上，曲别针的用途，几乎近于无穷！他在台上讲着，台下一片寂静。与会的人们被思维"魔球"深深地吸引着。

案例分析思路

这种思维特点，包含严肃的美学思考内容和经济学内容，对于创造者可提供一种全新的思维方式。

（资料来源：http://www.360doc.com/content/20/1130/16/52480146_948727505.shtml）

我们每个人的大脑深处都隐藏有一定的创新意识和思维，只是很多人并不善于去开发它、利用它。思维创新要求我们打破常规思维的桎梏去发散地思维，另寻新的角度来联想、探索、思考问题，然后提出与众不同的解决方法。可以说创新思维的开发在我们的日常生活、学习和工作中都非常重要，可以提高我们的创造力、创新能力，帮助我们另辟蹊径地解决难题，是提高我们学习和工作效率的一种重要手段。

如何才能开发人们的创新思维呢？创新思维的开发方法有很多种，传统的方法包括头脑风暴法、思维导图法、六顶思考帽法、世界咖啡法等，近几年也出现很多新的方法，如九屏幕法、金鱼法、智能小人法、STC算子、IFR法等。

第一节　头脑风暴法

头脑风暴法出自"头脑风暴"一词。头脑风暴最早是精神病理学上的用语，指精神病患者的精神错乱状态，如今转而为无限制的自由联想和讨论，其目的在于产生新观念或激发创新设想。在群体决策中，由于群体成员心理相互作用影响，易屈于权威或大多数人意见，形成所谓的"群体思维"。群体思维削弱了群体的批判精神和创造力，损害了决策的质量。为了保证群体决策的创造性，提高决策质量，管理上发展了一系列改善群体决策的方法，头脑风暴法是较为典型的一个，该方法有利于捕捉瞬间的思路，激发创造性思维。

一、头脑风暴法的概念

头脑风暴法，又称智力激励法，1939年，由美国创造学家奥斯本（A.F. Osborn）首次提出，原指精神病患者头脑中短时间出现的思维紊乱现象，病人会产生大量的胡思乱想。奥斯本首次将这个概念用于比喻思维高度活跃，打破常规的思维方式而产生的大量创造性设想的

视频4-1：头脑风暴法

状况。头脑风暴法经各国创造学研究者的实践和发展，已经形成了一个发明技法群，如奥斯本智力激励法、默写式智力激励法、卡片式智力激励法等。一般认为，头脑风暴法是一种通过会议形式，让所有参加者在自由愉快、畅所欲言的氛围中自由交换想法或点

子，对一个问题进行有意或无意的争辩的民主议事方法。为了保障头脑风暴法的有效性，在使用头脑风暴法时，要注意坚持以下几条原则。

（1）禁止批评，鼓励表扬。奥斯本认为，对现有观点的批评不仅占用时间和脑力资源，还会使与会者人人自危，从而发言更加谨慎，影响新观点的诞生。所以，不要去暗示别人你的想法不正确或者这些想法会有消极作用。相反，如果对与会者的观点不断进行表扬，那么会在很大程度激发他的创造力和想象力，有利于新观点的诞生。

（2）重在数量。在这里"越多越好"成为讨论的目标，质量是需要的，可是数量更为重要。如果单纯追求观点的质量，则容易拘泥于一个有创意的观点，不免有点吹毛求疵，导致大部分的时间用在对这个观点的完善上，而忽视了其他观点的思路开发的可能。

（3）观点不可雷同，强调建立新观点。重复和模仿是很要命的障碍，思维在重复下会变得越来越懒散。要尽量将他人和自己的看法进行比较、融合，由此产生新的思维成果。

二、头脑风暴法的过程

头脑风暴法过程包括准备、热身、明确问题、重新表述问题、畅谈、筛选六个阶段。

1. 准备阶段

策划与设计的负责人要事先对所议问题进行一定的研究，弄清问题的实质，找到问题的关键，设定解决问题所要达到的标准。同时选定参加会议人员，一般 5～10 人为宜，不宜太多。然后将会议的时间、地点、所要解决的问题、可供参考的资料和设想、需要达到的目标等事宜一并提前通知与会人员，让大家做好充分的准备。

2. 热身阶段

这个阶段的目的是创造一种自由、放松、祥和的氛围，使大家得以放松，进入一种无拘无束的状态。主持人宣布开会后，先说明会议的规则，然后随便谈点有趣的话题或问题，让大家的思维处于轻松、活跃的状态。

3. 明确问题

主持人简要地介绍有待解决的问题，但不可过分展开想象。主持人在介绍时须简洁、明了，否则过多的信息会限制人的思维，干扰思维创新的想法。

4. 重新表述问题

经过一段时间讨论后，大家对问题已经有了较深程度的理解。这时，为了使大家对问题的表述能够具有新角度、新思维，主持人或记录员要记录大家的发言，并对发言记录进行整理。通过记录的整理和归纳，找出富有创意的见解以及具有启发性的表述，供下一步畅谈时参考。

5. 畅谈阶段

畅谈是头脑风暴法的创意阶段。为了使大家能够畅所欲言，需要制定的规则是：第一，不要私下交谈，以免分散注意力。第二，不妨碍及评论他人发言，每人只谈自己的想法。第三，发表见解时要简单明了，一次发言只谈一种见解。主持人首先要向大家宣布这些规则，随后引导大家自由发言，自由想象，自由发挥，使彼此相互启发，相互补充，真正做到知无不言，言无不尽，然后将会议发言记录进行整理。

6. 筛选阶段

会议结束后的一两天内，主持人应向与会者了解大家会后的新想法和新思路，以补充会议记录。然后将大家的想法整理成若干方案，并根据需要进行筛选。经过对方案进行多次反复比较，最后确定 1～3 个最佳方案。这些最佳方案往往是多种创意的优势组合，是大家集体智慧的结晶。

三、头脑风暴法与创新思维

头脑风暴法有利于培养人们的创新思维，主要体现在：

（1）联想反应。联想是产生新观念的基本过程。在集体讨论问题的过程中，每提出一个新的观念都能引发他人的联想。从而产生连锁反应，相继产生一连串的新观念，形成新观念堆，为创造性地解决问题提供了更多的可能性。

（2）热情感染。在不受任何限制的情况下，集体讨论问题能激发人的热情。人人自由发言、相互影响、相互感染，能形成热潮。突破固有观念的束缚能最大限度地发挥创造性的思维能力。

（3）竞争意识。在有竞争意识的情况下，人人争先恐后，竞相发言，不断地开动思维机器，力求有独到见解、新奇观念。心理学的原理告诉我们，人类有争强好胜心理，在有竞争意识的情况下，人的心理活动效率可增加 50%或更多。

（4）个人欲望。在集体讨论解决问题的过程中，营造了一种自由不受任何干扰和控制的环境，其中个人的欲望是非常重要的。头脑风暴法有一条原则，不得批评仓促的发言甚至不许有任何怀疑的表情、动作、神色。这就能使每个人畅所欲言，提出大量的新观念。

第二节 思维导图法

人类从一出生即开始累积庞大且复杂的数据库，大脑惊人的储存能力使我们累积了大量的资料，经由思维导图的放射性思考方法，除了加速资料的累积量外，更多的是将数据依据彼此间的关联性分层分类管理，使资料的储存、管理及应用因系统化而增加大脑运作的效率。同时，思维导图最善于用左右脑的功能，即颜色、图像、符号的使用，不但可以协助我们记忆、增进我们的创造力，也让思维导图更轻松有趣，且具有个人特色及多面性。

一、思维导图的概念

以整合、发散性和有组织的方式学习和收集数据，容易学习到更多。在现实中，人们常常强调这样的思维方式，即放射性思考，这种思维方式可以帮助人们由点及面、举一反三。但如何实现这种思维方式呢？思维导

视频 4-2：思维导图法

图法是一种有效的方法，它是放射性思考的外部表现。

思维导图可以应用于生活的各个方面，根据它改进后的学习能力和清晰的思维方式会改善人的行为表现。思维导图从一个中心点开始，每个词或者图像自身都成为一个子中心或者联想关联点，整个合起来以一种无穷无尽的分支链的形式从中心向四周发散，或者归于一个共同的中心，如图4-1所示。思维导图有四个基本的特征：一是注意的焦点清晰地集中在中央图像上；二是主题作为分支从中央图像向四周放射；三是分支由一个关键图像或者印在相关线条上的关键词构成，比较不重要的话题也以分支形式表现出来，附在较高层次的分支上；四是各分支形成一个相互连接的节点结构。

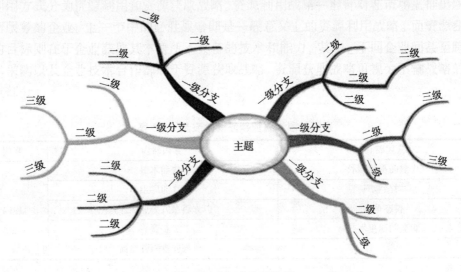

图 4-1　思维导图结构

思维导图最突出的一个特点是：它是一种图式笔记，与一般的线性笔记不同。思维导图可以用色彩、图画、代码和多维度来加以修饰，一方面使做笔记更加有趣，增强效果，以便使其显得更有趣味，更美，更有特性，另一方面也激活了处理图像的右脑，提高学习效率，增强创造力、记忆力，特别是有利于回忆信息。

二、思维导图法的过程

步骤1：写下中心主题——从图开始

从白纸的中心开始绘制，画一个独特且与所要表达的主题有关的图形。如果觉得这样的创作工作太过费神，也可以从其他地方找一个符合你想法的图形替代。花点时间来装点你的思维导图，并尽可能多地使用色彩，至少用三种颜色来画，让图形更具吸引力，重点突出，也更易记住。因为颜色和图像一样能让我们的大脑兴奋。越是独特的图形，越容易被大脑记住，这样，当我们回想时，就可以轻易地重现图的内容。中心主题不要用方框框起来，这样才能让我们自由地扩展分支。

步骤2：扩展层次——延伸分支

思维导图的分支通常是放射式层级的。越重要的内容越靠近中心，由内向外逐渐扩展。画分支时通常从时钟钟面 2 点钟的位置开始，顺时针画。阅读思维导图自然也是从这个位置开始。

步骤 3：专注关键词——采摘智慧的果实

关键词通常是名词，占总词汇量的 5%～10%。我们使用思维导图比传统的用笔记词汇量要少得多，这意味着无论是记忆还是阅读，我们将节约 90% 以上的时间。关键词用正楷字来书写，以便记忆时辨识，同时通过想象来帮助大脑将词汇"图形化"。

词汇写在线条的上面，每条线上使用一个单词或词语，这样可以触发更多的想象和联系。字体字形都可以根据需要多一些变化，这有助于我们按照一定的视觉节奏进行阅读，同时也有助于我们理解和记忆。

步骤 4：连线——记忆与联想的桥梁

连线与所写的关键词或所画的图形等长，太短显得过于拥挤且不美观，太长则浪费空间。保证每条连线都与前一条连线的末端衔接起来，并从中心向外扩散。如果连线之间不衔接，那么在回忆的时候，思维也会跟着"断掉"，从而导致记忆的断层。

连线从中心到边缘逐渐由粗变细，就像一棵树，树干比较粗，树枝比较细。从中心延伸出来的主干最好不要超过 7 个（大脑的短时记忆一次能记住 5～9 个信息片段），因为主干过多不利于记忆，而且理解起来也很困难。

连线用较自然的波浪状分支，这样能向外引导我们的视线进行阅读。同时，使用曲线也能更有效地利用纸上的空间，可以让我们的眼睛感受线条或内容的视觉节奏，而不易造成大脑的视觉疲劳。

步骤 5：增加颜色——增加视觉节奏

每个人天生就喜欢色彩，我们生活的周围同样也是一个五彩缤纷的世界。与其用白纸黑笔写一些单调的文字，不如用最好的纸张、水彩笔或彩色铅笔来创作。去文具店找些不同的笔——油性笔、荧光笔、香水笔等，用它们来标注我们的关键词，画不同的线条。不要小瞧这些小小的改变，不同类型的笔也能触发我们的记忆。

步骤 6：使用箭头和符号

思维导图是一种能帮助我们增强对事物理解的方法，使我们了解到信息是如何相互联系在一起的。普通和优秀、成功与失败的区别也就在于我们是否知道知识与事物之间的内在关联。

当同一个词出现在两个或更多的分支上时，说明这个词是一个新的主题贯穿在我们的笔记中。如果利用传统的线性笔记方式，就不容易发现。当我们发现一个词出现在不同的分支上时，用一个箭头连接它们，这样我们的记忆也随之连接了。

步骤 7：利用感官技巧触发更多的记忆和灵感

闭上眼睛，做一个深呼吸，想象我们最喜欢吃的水果，它是苹果、橘子，还是菠萝？它是什么形状？什么颜色？用手触摸它的表皮时手有什么感觉？它是什么味道？

三、思维导图法与创新思维

思维导图是一种以放射性思考模式为基础的收放自如方式，除了提供一个正确而快速的学习方法与工具外，运用在创意的联想与收敛、项目企划、问题解决与分析、会议管理等方面，往往产生令人惊喜的效果。它是一种展现个人智力潜能极致的方法，可提升思考技巧，大幅增进记忆力、组织力与创造力。它与传统笔记法和学习法有量子跳跃式的差异，主要是因为它源自脑神经生理的学习互动模式，并且开展人人生而具有的放射性思考能力和多感官学习特性。

思维导图为人类提供一个有效思维图形工具，运用图文并重的技巧，开启人类大脑的无限潜能。思维导图充分运用左右脑的机能，协助人们在科学与艺术、逻辑与想象之间平衡发展。近年来，在学习和工作方面，思维导图完整的逻辑架构及全脑思考的方法在中国乃至全世界被广泛应用，大量降低所需耗费的时间以及物质资源，对于每个人或公司绩效的大幅提升，必然产生令人无法忽视的巨大功效。

第三节　六顶思考帽法

从过去的经验中，我们创造出各种标准，并对每一种新情况做出判断，再划入相应的标准。这样的思维方式在一个稳定不变的世界中是行之有效的，但是在变化着的世界里，以往的俗套就行不通了。事实上，我们需要的是开辟而不是止步不前，我们需要思考"能够成为什么"，而不仅仅是"是什么"。六顶思考帽法为我们解决这一问题提供了思路。

一、六顶思考帽法的概念

作为一种象征，帽子的价值在于它指示了一种规则。人们总要戴一定的帽子，而帽子的一大优点则是可以轻易地戴上或者摘下，同时帽子也可以让周围的人看得见。正是由于这些原因，选择帽子作为思考方向的象征性标记。我们有六种颜色的帽子代表六种思考的方向，它们是白色、红色、黑色、黄色、绿色和蓝色。

视频 4-3：六顶思考帽法

白色思考帽：白色是中立而客观的。戴上白色思考帽，人们思考的是关注客观的事实和数据。

红色思考帽：红色代表情绪、直觉和感情。红色思考帽代表的是感性的看法。

黑色思考帽：黑色代表冷静和严肃。黑色思考帽意味着小心和谨慎，它指出了任一观点的危险所在。

黄色思考帽：黄色代表阳光和价值。黄色思考帽是乐观、充满希望的思考。

绿色思考帽：绿色是草地和蔬菜的颜色，代表丰富、肥沃和生机。绿色思考帽指向的是创造性和新观点。

蓝色思考帽：蓝色是冷色，也是高高在上的天空的颜色，蓝色思考帽是对思考过程和其他思考帽的控制和组织。

多年以来使用六顶思考帽法已经取得了越来越多的显著效果，主要取得了四个明显的效果。一是效力。通过运用六顶思考帽法，团队中所有人的智慧、经验和知识都得到了充分的运用，每个人都朝着同一个方向努力。二是节约时间。在水平思考中，每一时刻的思考者都向同一个方向看齐，所有的观点都平行排列出来。你不需要对最后一个人的看法做出回应，你只需要最后排列出你的观点。最后讨论的问题很快得到了全面的考察，由此可以节约大量时间。三是消除自我。人们总是倾向于在思考中维护自我，冲突和对立的思考加重了自我的问题，而六项思考帽法可以使思考者在每一项的帽子下面进行出色的思考，由此得出对事物的客观评价。四是一定时间做一件事情。六项思考帽法要求我们同一时间内只做同一件事情。不同的颜色将彼此区分开来，一个时间用一种颜色，最后所有颜色的效果都会达到。

二、六顶思考帽法的过程

下面是六顶思考帽法在会议中的典型的应用步骤。

扩展阅读 4-1：办公室个人电脑速度缓慢的解决

1. 陈述问题（白帽）；
2. 提出解决问题的方案（绿帽）；
3. 评估该方案的优点（黄帽）；
4. 列举该方案的缺点（黑帽）；
5. 对该方案进行直觉判断（红帽）；
6. 总结陈述，做出决策（蓝帽）。

在运用六顶思考帽法时，必须时刻谨记以下几点要求，以便更好地使用六顶思考帽法。

一是纪律。讨论组的成员必须遵循某一时刻指定的某一顶思考帽的思考方法。任何一个成员都不允许随便地说"这里我要戴上黑色思考帽"，否则就意味着又回到争论的模式。只有小组的领导、主席或者主持人才能决定使用什么思考帽。思考帽不能用来描述你想说什么，而是用来指示思考的方向。

二是计时。有限的时间能促使人们集中精力解决问题，减少无目的地耍嘴皮的时间，一般而言每个人讲 1 分钟比较合适。如果在规定时间过后还有很好的意见被提出来，可以延长一点时间。在计时方面，红色思考帽与其他思考帽不一样。红色思考帽只需要很短的时间，因为表达人的情感并不需要很多的解释，人们对情感的表达应该简单明了。

三是指南。六顶思考帽的序列使用并没有一定的模式，凡在合适你的情况下都可以使用。一般而言，蓝色思考帽在讨论开始和结束的时候都必须使用。用完蓝色思考帽以后需要接着用红色思考帽。这种情况下，一般是因为讨论组的成员已经对问题有了强烈的感觉，红色思考帽的使用在讨论一开始就有助于把每个人的感受表达出来。但是很多情况下红色思考帽并不适于一开始就使用。例如，如果老板首先表达了他的感觉，那么其他人就会趋于赞成老板。而如果讨论组成员事先没有对问题产生强烈的感觉，也不适宜先用红色思考帽，过早地询问人们对问题的情感态度是没有必要的。在进行评估的情况下，有必要先用黄色思考帽，再用黑色思考帽。如果戴上黄色思考帽不能发现问题的价值所在，那么讨论就不需要再进行下去。另外，如果黄色思考帽导致你发现了问题的很多价值，那么再运用黑色思考帽来找出困难和障碍之所在，这时你会被激励着去克服困难。

三、六顶思考帽法与创新思维

六顶思考帽法可以通过以下四个方面来激发人们的创新思维。

（1）培养不同的思考方式。人的思维有一些障碍和误区，很多都是由习惯性思维造成的。这种思考方式的第一个好处就是能克服习惯性思维，培养不同的思考方式。例如有的人生性比较谨慎，比较保守，考虑任何问题都会从最坏的可能性着手，这样形成习惯性思维的话，他看任何问题都将是灰色的。六顶思考帽法就是要培养一种积极向上的创新的思维方式，这个思考方式是培养出来的，不是天生的。

（2）引导注意力。不同的人思考的方向会不同。六顶思考帽法是一个集体性的思维，它最大的好处是引导注意力，使集体的思考注意力集中到同一个方向。

（3）便于思考。众人都朝着一个方向思考，想的都是一件事情，这样既便于思考，也便于交流。因为一开始就是在一个方向上努力，所以关键是怎样在这个方向上把问题看深、看透。

（4）计划性思考，而非反应性思考。这完全是一个主动的，按照计划有所安排的思考，而不是碰到一件事后的突然反应。所以说，这种思考方式更适合于为了某一个事实或事件而进行群体性、小组性或集体性的思考。

第四节　九 屏 幕 法

传统创新思维的方法抛开了不同领域中的基本知识，缺少系统的工具的支持，使得在实际运用中会受到使用者经验、技巧和知识积累水平的限制。同时，传统的创新方法过分依赖于非逻辑思维，其实际效果存在很大波动，不利于在大范围中进行推广，因而在运用传统方法解决创新问题时可能效率较低。基于 TRIZ 理论（发明问题解决理论）的新创新思维方法为解决创新性问题、创新性矛盾提供更好的创意和更合理的决策。本书将介绍两种基于 TRIZ 理论产生的新的创新思维开发方法，即九屏幕法与金鱼法。

一、九屏幕法的概念

TRIZ 理论包含着许多系统、科学而又富有可操作性的创造性思维方法和发明问题的分析方法。经过半个多世纪的发展，TRIZ 理论已经成为一套解决新产品开发实际问题的成熟理论体系。相较于头脑风暴法等传统创新思维方法，TRIZ 理论具有更鲜明的特点和优势，它是以技术发展进化规律为基础来研究整个产品的发展过程，为创新工作者揭示了创新发明的内在规律及原理，可以快速地确认并解决系统中存在的矛盾。因此，运用 TRIZ 理论可大大地提高创新活动的效率及产品或服务的创新水平。

九屏幕法是基于 TRIZ 理论创造的一项独特且有效的创新思维开发工具。它把问题视为一个系统来研究，重点关注系统的整体性、层级性、目的性，同时也关注系统之间各要素的结构，即系统的动态性、关联性。九

视频 4-4：九屏幕法

屏幕法以空间为纵轴，来考察"当前系统"及其"组成（子系统）"和"系统的环境与归属（超系统）"，以时间为横轴，来考察上述三种状态的"过去""现在"和"未来"，技术或者工艺前一项和后一项状态是什么。

- 技术系统

由多个子系统组成的总体，并通过子系统间的相互作用实现一定的功能，简称为系统。

- 子系统

构成技术系统之内的低层次系统，任何技术系统都包含一个或多个子系统。底层的子系统在上级系统约束下起作用，一旦发生改变，就会引起高级系统的改变。

- 超系统

技术系统之外的高层次系统。

- 当前系统

正在发生当前问题的系统（或是指当前正在普遍应用的系统）。

同时，超系统、当前系统、子系统是一个相对的概念，比如，如果当前系统研究的是汽车，那么子系统包括车轮、车体、车灯、座椅、悬挂等，超系统为交通系统、路面等。如果当前系统是车轮，那么超系统为汽车的其他部件和路面等，子系统为轮胎、轮毂等。

二、九屏幕法的过程

TRIZ 理论的核心思想之一是任何技术系统都是按照一定的客观规律向前进化的，在九屏幕图中也得到了体现。其基本框架如图 4-2 所示，即将任何一个具体问题视为系统的当前状态，往后看是系统的过去，往前看

扩展阅读 4-2：太空钢笔问题

是系统的未来，往下看是子系统的当前，子系统当前的前后，分别是子系统的未来和子系统的过去，往上看则是超系统的当前，超系统当前的前后分别是超系统的未来和超系统的过去。九屏幕也可以做成九宫格的形式。

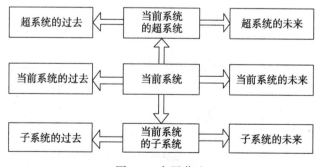

图 4-2　九屏幕法

具体步骤如图 4-3 所示。

（1）画出三横三纵的表格，将要研究问题作为系统填入格 1。

（2）考虑系统的子系统和超系统，分别填入格 2 和格 3。

（3）考虑系统的过去和未来，分别填入格 4 和格 5。

（4）考虑子系统和超系统的过去和未来，分别填入剩余格中。

（5）针对每个格里的内容，考虑可用的各类资源。

（6）利用资源规律，选择解决技术问题。

	过去	现在	未来
超系统		3	
系统	4	1	5
子系统		2	

图 4-3　九屏幕法步骤

三、九屏幕法与创新思维

九屏幕法作为 TRIZ 理论体系中拓展思维、打破思维惯性、寻找创新资源的重要工具。它按照系统、时间和空间三个维度对问题做系统分析，并从中发现克服系统缺陷所需且可利用的各种资源，强调系统思维，注重系统地、动态地、联系地看待问题，从而有效激发创新思维，解决问题。

运用九屏幕法考虑问题时，不仅考虑目前，还考虑过去和未来；不仅考虑问题本身，还考虑相关的宏观问题和微观问题，对产品开发、技术创造和商业价值创新都具有重大的启示作用。由于九屏幕法激发创新思维的使用条件和分析过程没有较为严格的条件，随着 TRIZ 理论的不断发展，九屏幕法的应用范围和领域也得到了逐步的扩大。目前除已运用到机械、制药、化工、冶金、材料等领域外，还逐步渗透到社会科学、管理科学等领域。

第五节　金　鱼　法

一、金鱼法的概念

金鱼法是基于 TRIZ 理论原理和方法提出的。源自俄罗斯普希金的童话故事《金鱼与渔夫》，故事中描述了金鱼把渔夫的愿望变成了现实，表明了金鱼法是可以让幻想变成现实的美好寓意。

视频 4-5：金鱼法

金鱼法是将创新过程中产生的幻想式解决构想区分为现实和幻想的部分。然后再从"异想天开"的部分里，再次划分现实和幻想的部分，从而找出可行的部分。这样的划分不断地反复进行，直到余下的不可行部分变得微不足道，并确定问题的解决构想能够实现为止。

二、金鱼法的过程

金鱼法是面对复杂系统、多参数问题，基于现状进行分解的思维方法。采用金鱼法，有助于将幻想式的解决构想转变成切实可行的构想。思维-排中-质疑-迭代为金鱼法的核心，在不断的迭代中明晰问题的解决方法，化繁为简，具体的步骤如图 4-4 所示。

步骤 1：将问题的解决方案分为两个部分：现实部分与幻想部分。

步骤 2：解释为什么幻想部分是不现实的。

步骤 3：找出在哪些条件下想法的非现实部分可变为现实的部分。

步骤 4：检查系统、超系统或子系统中的资源能否提供此类条件。

步骤 5：如果能，则可定义相关想法，从可利用的资源出发，应怎样对情境加以改变，提出可能的解决方案构思，实现看似不可行的部分。

步骤 6：如果不能，则可将"看起来不现实的部分"再次回到第一步，分解为现实与非现实部分，然后重复以上步骤。

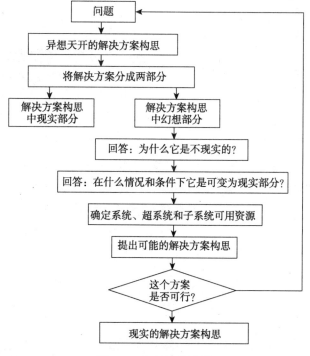

图 4-4　金鱼法的过程

案例4-1

用空气赚钱

问题描述：如何利用空气赚钱。

步骤 1：问题分解为现实部分和幻想部分。

（1）现实：空气、钱、赚钱的想法。

（2）幻想：买卖空气。

步骤 2：回答为什么买卖空气是不现实的。

因为空气存在于整个地球，处处都有，人们不用花钱去买空气。

步骤 3：回答在什么条件下人们要买卖空气。

（1）当空气不足时，如在矿井、深水、高山等情况下。

（2）当空气中存在有益成分，如芳香空气、富含负离子的空气等。

（3）当空气中含有稀缺成分，如稀有气体、惰性气体。

（4）从空气中分离出氧气，可用于工业用途。

步骤 4：确定系统、超系统和子系统的可用资源。

（1）超系统：地球表面、太空、动植物等。

（2）系统：空气。

（3）子系统：空气的各种成分（氮、氧）和空气中的杂质（微小灰尘及生物颗粒）。

步骤 5：可行的解决方案构想。

（1）向空气稀少的场所出售空气。

（2）出售空气中的氧气给需要吸氧的病人、高山运动员。

（3）出售空气净化装置。

（4）出售稀有气体给工厂。

案例分析思路 4-1

三、金鱼法与创新思维

金鱼法的本质，是将幻想的、不现实的问题求解构想，变为可行的解决方案。在寻找现实部分的过程中，很多时候不是一次性就能找准可行方法的，需要经过多次否定、重提，以求找到合适的解决方案。采用金鱼法，将思维惯性带来的想法重新定位和思考，有助于创新思维的开发与培养，将幻想式的解决构想转变成切实可行的构想，使人们勇于跳出思维惯性的深坑，具有重要的实践意义。

章 末 小 结

1. 创新思维开发工具根据使用的环境主要分为两种：一种是个人思维开发工具；一种是集体思维开发工具。思维导图法适用于个人思维训练；六项思考帽法既可以对个人进行思维训练，同时也适用于团体思维开发；头脑风暴法主要用于集体思维开发训练。九屏幕法和金鱼法主要用于克服思维惯性的方法，适用于个人和团体思维开发。

2. 头脑风暴法能够快速、显著地解决员工在工作中的实际困难以及提升员工的参与性，起到团队合作的作用和效果。但在使用的过程中要遵循头脑风暴法的三条原则：禁止批评，鼓励表扬；重在数量；观点不可雷同，强调建立新观点。

3. 思维导图是放射性思考的表达，是从线性（一维）、横向（二维）到发散性或多维思考进程中的下一个步骤。并且在运用思维导图法时，尽可能使用图像表达思想，而不是词汇。

4. 六项思考帽提供了"平行思维"的工具，避免将时间浪费在互相争执上。六种颜色的帽子代表六种思考的方向：白色是中立而客观的；绿色寓意创造力和想象力；黄色代表乐观的、满怀希望的、建设性的观点；黑色代表人们可以运用否定、怀疑、质疑的看法；红色代表人们可以表现自己的情绪；蓝色负责控制和调节思维过程。

5. 九屏幕法把问题视为一个系统，重点关注系统的整体性、层级性、目的性，并关注系统的动态性、关联性，其以空间为纵轴，考察"当前系统"及"组成（子系统）"和"系统的环境与归属（超系统）"，以时间为横轴，考察上述状态的"过去""现在"和"未来"，技术或工艺前一项和后一项状态是什么。

6. 金鱼法是将幻想的、不现实的问题求解构想，变为可行的解决方案。在寻找现实部分的过程中，很多时候并非一次性就能找到准可行方法的，需经过多次否定、重提，以求找到合适的解决方案。

课后习题

1. 简要描述头脑风暴法，它的使用原则是什么？
2. 绘制一幅思维导图的步骤有哪些？
3. 请分别描述头脑风暴法、思维导图法、六项思考帽法如何帮助我们创新思维？
4. 九屏幕法是怎样实施的？

答案解析　扫描此码

课堂小游戏

头脑风暴

即测即练题

自学自测　扫描此码

参　考　文　献

[1] 阿曼德，谢泼德. 创新管理——情境、战略、系统和流程[M]. 陈劲，等译. 北京：北京大学出版社，2014.

[2] 德博诺. 六顶思考帽[M]. 马睿，译. 北京：新华出版社，2008.

[3] 圣吉，郝耀伟. "世界咖啡"赠予的宝贵礼物[J]. 中国中小企业，2010(5)：74-75.

[4] 蔡达菲. "世界咖啡"在银行人力资源培训中的运用[J]. 中国人力资源开发，2015(8)：40-45.

[5] 陈劲，郑刚. 创新管理——赢得持续竞争优势[M]. 北京：北京大学出版社，2009.

[6] 陈劲，黄衡. 回溯创新：一类新的创新模式[J]. 科技进步与对策，2011，28(8)：1-4.

[7] 陈劲，王焕祥. 浙江大学公共管理学院浙江大学科教发展战略研究中心. 演化经济学：由经验实证走向逻辑实证[N]. 中国社会科学报，2011-06-23(009).

[8] 陈劲，朱凌. 面向创新型国家，推动中国工程教育改革[J]. 高等工程教育研究，2006(3)：4-7, 29.

[9] 博赞. 思维导图[M]. 北京：化学工业出版社，2014.

[10] 高倩. "世界咖啡式"会谈在企业决策中的应用——以 K 企业为例[J]. 中国石油大学胜利学院学报，2015(3)：91-94.

[11] 郭福平. 世界咖啡汇谈在课程教学改革当中的探索与实践[J]. 教育教学论坛，2015(33)：143-144.

[12] 江娅楠，贾仁甫. TRIZ 理论及其解决问题的方法研究[J]. 中国高新技术企业，2017(1)：68-69.

[13] 瑞奇. 头脑风暴[M]. 北京：金城出版社，2009.

[14] 况姗芸，周国林. 利用"六顶思考帽"促进 BBS 研讨的实证研究[J]. 现代教育技术，2010，20(1)：101-104.

[15] 罗玲玲，武青艳，代岩岩. 创新思维与创新方法[M]. 北京：机械工业出版社，2020.

[16] 李猛，龙潇. 思维导图大全集[M]. 北京：中国华侨出版社，2012.

[17] 林泉. 品尝变革，从"世界咖啡"开始[J]. 新远见，2013(7)：81-84.

[18] 吕立夏，曹金凤，杨文卓，等. TRIZ 创新思维对医学生创新创业教育的启示——以同济大学医学院为例[J]. 创新创业理论研究与实践，2018，1(9)：1-3.

[19] 门玉英，邓援超，吴德胜，等. 面向湖北重要创新主体的技术创新方法服务功能与模式研究[J]. 科技进步与对策，2019，36(19)：50-57.

[20] 钱程. 六顶思考帽在建设高层次人才薪酬环境中的应用研究[J]. 中国市场，2013(9)：28-29.

[21] 田本. 总裁室的头脑风暴[M]. 北京：华夏出版社，2003.

[22] 魏传贤. 创新思维方法培养[M]. 成都：西南交通大学出版社，2006.

[23] 吴睿，雷程亮，杨永刚. 创新思维方法——金鱼法在卓越工程师培养中的运用[J]. 创新与创业教育，2013，4(3)：84-86.

[24] 吴正豪. 图解大脑使用手册思维导图[M]. 北京：中国纺织出版社，2012.

[25] 徐斌，张帆，胡晖. 协同创新思维[M]. 北京：人民邮电出版社，2016.

[26] 於军，李迎，张嫚. TRIZ 创新法系列(六)TRIZ 之系统九屏幕法[J]. 企业管理，2019(2)：98-100.

[27] 左文明，陈华琼. 分享经济模式下基于 TRIZ 理论的服务创新[J]. 南开管理评论，2017，20(5)：175-184.

[28] 张世彤，陈舒，孙琳琳，等. 多种方法集成的商业模式创新研究[J]. 工业技术经济，2017，36(2)：80-86.

[29] 朱朝晖，陈劲. 3M 公司之全球创新[J]. 研究与发展管理，2005，17(2)：1-6+27.

第五章

制定创新战略

学习目标

- ✧ 了解创新战略的基本内容；
- ✧ 掌握影响创新战略选择的内外部因素；
- ✧ 掌握创新战略中的风险管理与风险态度；
- ✧ 学会制定创新战略。

有创新就有风险，但绝不能因为有风险，就不敢创新。

——任正非

引例

中国移动 20 年 稳中求进 创新发展

近 20 年来，全球通信行业风云变幻，中国移动以成为世界一流为目标，始终立足全球视野，经过四轮战略对标，实现了从双领先、新跨越、可持续到大连接的发展。2019年，中国移动实现营收 7 459 亿元，连接规模超过 20 亿元，《财富》500 强中排名第 65位。中国移动保持世界运营商第一梯队，收入增速明显高于世界一流运营平均水平。

1G 空白，2G 跟随，3G 突破，4G 同步，5G 引领——中国移动的成长史，就是一部中国通信企业在国际通信领域话语权不断提升的历史。当时，FDD 标准占有举足轻重的地位，我国主推的 TDD 技术支持者寡，标准化道路异常艰辛。但即便如此，我国TDD 产业链一路披荆斩棘，终于实现了 TD-SCDMA 在国内市场"三分天下有其一"，以及 TD-LTE 在全球市场三分天下有其一。到了 5G 时代，TDD 与 FDD 完全融合，6G时代则会继续延续融合的趋势。

从 1G 空白到 5G 引领这一翻天覆地的变化中，3G 是个转折点。作为我国通信史上第一个拥有自主知识产权的国际标准，TD-SCDMA 是我国通信行业自主创新的重要里程碑。但是在标准创立之初，由于技术尚待完善、产业链力量薄弱，TD-SCDMA 走上商用化道路异常艰难。而中国移动一路攻难关、立标准，扛起了 TD-SCDMA 的大旗。亲历 TD-SCDMA 发展历程的 TD 产业联盟秘书长杨骅，对当时的中国移动印象深刻："芯片和终端是产业发展的薄弱环节，其中上游芯片环节落后的影响尤甚。为破解TD-SCDMA 芯片难题，中国移动规模采购终端，并对终端商提出芯片技术要求，最终带动了芯片和终端的发展。"中国移动研究院副院长黄宇红介绍，在发展 TD-SCDMA的同时，中国移动启动了后续 TD-LTE 技术的研发，同时考虑到标准唯有走向国际市场才能走得广、走得远，前瞻性地成立了 GTI 组织。在全球 4G 标准竞争热潮中，中国移动联合产业界克服技术、产业、组网、测试、组织机制五大困难，突破重大核心技术，实现 TD-LTE 全产业链的群体突破，并在全球广泛应用。因为 TDD 创新突破成绩显著，中国移动屡获殊荣：TD-SCDMA 获得国家科学技术进步一等奖，TD-LTE 获得国家科技进步特等奖，这是通信领域第一个，也是目前为止的唯一一个。

有了 3G、4G 打下的基础，到了 5G 时代，中国移动继往开来，确定了引领 5G 技术、产业和应用发展的目标，发挥 5G 需求目标制定者、5G 国际标准推动者、5G 关键技术引领者、5G 端到端产业构建者、5G 赋能各行业开拓者的作用，注重产业引导和应用创新，通过成立 5G 联创中心，助力 5G 融入千行百业，服务经济高质量发展。

日拱一卒无有尽，功不唐捐终入海。自成立以来，中国移动把握了每一次技术升级换代的机遇，积极制定并调整创新战略，以市场带动技术、以技术驱动产业、以创新促进发展，实现了在标准、网络、设备、应用等领域的实力"硬核式"提升，不仅推动了新兴产业崛起，而且带动了人们生产生活方式乃至思维方式的变革。按照"移动通信使用一代、建设一代、研发一代"的节奏，中国移动已经开启了 6G 研究，并已发布了《2030+愿景与需求》《2030+网络架构展望白皮书》《2030+技术趋势白皮书》等报告。

案例分析思路

（案例改编自：http://www.elecfans.com/d/1404505.html）

第一节　创新战略的选择

创新战略的选择因企业而异。每个企业的管理团队都应根据实际情况，制定自己的创新战略，并选择合适的时间来实施。创新战略的选择应有利于经营战略的实施，并应根据经营战略和竞争环境来安排创新工作的数量和创新方式（渐进式、半突破性或突破性创新）。创新的时机很关键，同样，让全体员工了解创新战略也是至关重要的。如果员工不清楚创新战略的内容，创新战略执行的步调就会不一致，这样就无法实现成果创新。

视频 5-1：十九届五中全会
——创新驱动发展战略

一项调查显示，一些企业之所以能比其他企业获得更为显著的创新成果，是因为它们更热衷于创新。但是，仅有热情是不够的，还应制定切实可行的创新战略。根据资源投放的集中度和分散度，可以将创新战略分为两类：必胜战略和不输战略。

一、必胜战略

必胜战略的目标在于获得无法被竞争对手轻易、迅速模仿的极为重要的竞争优势。采用必胜战略的企业首先应该明确：对创新进行投资的目的不是为了获得短期竞争优势，而是使企业成为市场领导者，获得长久战略优势。必胜战略侧重于半突破性创新的战略，该战略可以改变整个企业，并且生产可以改变市场的新产品。采用必胜战略的企业工作重点是将新的技术或商业模式推向市场。坦白地说，他们将全部希望寄托在一项新技术或新的商业模式上。采用这一战术的小企业的失败率极高，因为这种战略具有极大的风险，这些风险取决于能否开发出可以产生价值的技术，是否可以开发出适用于这些技术的市场，管理者能否实施好这一战略。另一个导致极高失败率的原因是，小企业可能只对一两项创新进行投资，而没有对创新组合进行投资，这使企业的必胜战略极具风险性。

最初采用必胜战略的网络公司为我们提供了很多成功和失败的案例。网上货车公司（Webvan）就是一个失败的案例。该公司筹措了 7 亿多美元的资金，但是，为了采用一项新技术创建一个新的商业模式，该公司在不到 4 年的时间里将这笔资金全部耗尽，该公司的想法是用网络取代超市，让消费者可以像在超市里一样在网上挑选商品，它再将产品送到消费者的家中。该公司采用的技术是一种网络软件，当时该技术尚不成熟，还不能算是最新的技术。在创建商业模式时，它认为新的商业模式可以改变人们的购物习惯，消除商品占用货架的费用，使集中仓储的费用变得更低。尽管该战略可以带来较高的回报，最高的市值曾达到 88.1 亿美元，但也面临着极大的风险，因为它所采用的技术以及商业模式都是全新的。

与此相反，同样采用必胜战略的亚马逊公司就获得了成功。亚马逊公司也采用了新技术以及改变消费者购书习惯和图书供应链的新商业模式，因此它也面临着与网上货车相似的风险。在 20 世纪 90 年代初，因为不可能做到只配送一种图书，各个种类的图书都是被一起出售的。亚马逊创新设计出一种网络图书供应链模式，通过必胜创新战略来占有市场，基于这一战略成功地创造出一个通过网络销售图书和其他商品的成功的商业模式，并因此获得了成功。

多数的老企业不需要像新企业那样孤注一掷。庞大的资源优势使得它们可以投资于创新矩阵中的各个方面，从而有效地减少风险。很多大企业（如通用电气、苹果和索尼等公司）都会根据企业的整体战略来制定明确的必胜战略。为了通过不断创新来推动企业各项业务的发展，它们会投资于创新组合。丰田汽车创新的精益制造和所推出的普锐斯牌汽车就是必胜战略的产物。

对于多数企业来说，在某些时刻采用必胜战略是一种很不明智的做法。当时的内外部环境可能会使采用这一战略的风险变得很大。有时候，采用不输战略会更有利，因为企业可以通过大量的渐进式创新在适当的时机超过竞争对手。

二、不输战略

有时候，不尽如人意的内外部环境会使得企业无法选择必胜战略。一方面，外部竞争激烈或具有极高的不确定性（如有很多强大的竞争对手、政策法规，以及由于法规的变化和经济的不明朗而导致极高的不确定性），此时，企业应采用不输战略；另一方面，如果企业内部具有明确的局限性（如缺乏足够的资源和创新文化），采用必胜战略也不是明智之举。在这种情况下，采用必胜战略的成本和风险可能高于其所带来的收益。

采用不输战略的企业通常会进行比采用必胜战略的企业更多的渐进式创新，目的是可以快速但不至于太冒险地与竞争对手并驾齐驱，甚至超过他们。强生公司就很擅长采用不输战略，具体的方式为拓展产品线、降低成本，以及收购。在没有很多优势产品时，强生公司会以不输战略来控制竞争态势，直到有利的时机出现。现代集团最初采用的也是不输战略。

有时候只借助不输战略而不采用必胜战略，企业也能成为行业领导者。采用不输战略的企业所处行业的分散程度通常很高，鲜有技术创新和商业模式创新。在这种环境下，成功的企业往往是以不断地进行技术和商业模式的渐进式创新来击败竞争对手的。采用不输战略成了这种行业的一种定式，所以处于这种行业的企业就像是在跑马拉松，胜利者是那些能够坚持不断创新的企业，而不是那些有爆发力的企业，或许这样的企业也会投资于半突破性创新，但其投资的目的不是为了能够采用必胜战略，并依靠突破性创新来改变整个行业。

但是，采用不输战略的企业也会面临很大的风险。如果他们想从采用不输战略转为采用必胜战略，并将精力放在半突破性创新和突破性创新上，这将会对竞争对手有利。虽然他们决定这样做，但一般会缺乏进行半突破性创新和突破性创新的能力，以及在新环境中竞争的能力。还有一种危险是，认为自己所采用的不输战略是行之有效的。美泰公司（Mattel）就有过这方面的教训，2001 年推出的"闪电小天后"（Bratz）洋娃娃品牌（由 MGA 娱乐公司生产）使美泰生产的芭比娃娃销售额大幅下滑。

环顾某个行业，你会发现那些采用不输战略的企业似乎都是为了规避风险，不愿意第一个将风险极大的半突破性或突破性创新成果商业化。其实，这并不是这些企业管理者们的初衷。有时，企业之所以会采用不输战略，是因为管理者没有明确的必胜战略。于是，采用不输战略就成了企业的一种妥协。然而，这种做法是极其危险的，因为这会降低战略实施的有效性。如果员工们不清楚战略意图，就无法高效、快速地执行。所以管理者的任务就是制定明确的战略，并在企业内部广泛宣传。

有时人们会将不输战略称作"跟随者"战略，这种想法是错误的。不输战略不仅限于紧紧跟随竞争对手。要想通过采用不输战略获得成功，还要采用主动出击和迅速回击的组合方式，只有这样，才不至于损耗自己的优势，让竞争对手得到更多的好处。所以，在采用不输战略时，不应将全部精力都放在"跟随"上，以致无意中放弃了很多创新机会，最终不再想参与竞争，创新能力也所剩无几。而那些善于跟随的企业通常会比创新企业更成功，因为他们会利用自己能够快速模仿的能力，迅速地跟随创新企业，并利用这些创新企业在诸如营销、分销、产品研发或流程技术等方面的优势，击败创新企业。

近年来，美国电力行业的竞争和法规环境使得电力企业不得不采用不输战略。20世纪 90 年代，很多电力企业都试图进行创新，但是急剧变化的法规环境以及创新企业的失败使主要的电力企业不得不采用不输战略。在过去的 5 年甚至更长的时间里，主要的电力企业所采用的都是不输战略。

后来，电力行业发生了重大变化，一些企业开始考虑转为采用必胜战略。例如，安特吉公司（Entergy）的前任 CEO 约翰·怀尔德（John Wilder）于 2004 年年初成为得克萨斯公用事业公司（TXU）的总裁兼 CEO。在对投资人所讲的一番话里，他强调，得克萨斯公用事业公司采用不输战略的日子已经结束，他的目标是要让该公司成为行业领导者。紧接着，像联合能源集团（Constellation Energy Group）、领土资源公司（Dominion Resources）、桑普拉能源公司（Sempra Energy）和英国煤气（Centrica）这样的企业也纷纷树立了新的目标，并转为采用必胜攻略。

对于该行业的其他企业来说，如何应对这些主要电力企业转为采用必胜战略的局面，成了他们必须面对的主要问题之一。如果这些企业不能迅速地转为采用不输战略，或者缺乏安全地转为采用不输战略的能力，就会陷入不输战略的陷阱，此时选择采用不输战略固然是一个明智的选择，但如果被迫采用不输战略，那将意味着管理上的失败。

在另一个能源行业中，主要的石油企业在 2003—2004 年开始减少他们在开发新油田方面的投入。世界最大的能源集团埃克森美孚（Exxon Mobil）的 CEO 李·雷蒙德（Lee Raymond)说，他相信世界最大油田的绝大部分都已被开发了。石油开采正在减少的现实使像哈里伯顿（Halliburton）和斯伦贝谢（Schlum-berger）这样的石油服务行业的主要企业不得不对其创新战略重新考虑：此时是采用必胜战略的恰当时间吗？

当这两家大企业和规模次之的企业都在考虑这一问题时，该行业中诸如威德福（Weatherford）和 BJ Services 这样的小企业也在为此抉择：对于小企业来说，此时是否应当采取必胜战略，从而使企业得以发展成为行业领导者？在 2005 年做出的这些战略决策将会影响到未来几年石油服务行业的发展。

除了电力和石油服务行业之外，很多其他行业的企业也面临着该在何时转为采用必胜战略的抉择。例如，生产个人护理产品的企业一直都在为企业的生存而努力，整个行业都因采用了不输战略而陷于困境。很多企业关注的是降低成本，通过渐进式创新增加销售额和利润。例如，像萨特健康中心（Sutter Health）这样的一些企业的财务状况得到了明显改善。于是，一些盈利企业决定采用必胜战略，因为他们认为，这是获得竞争优势的好机会。由于该行业的几个重要企业决定转为采用必胜战略，因此该行业的竞争态势可能会发生重大改变。

案例5-1

金佰利和宝洁的厮杀

依靠不输战略击败必胜战略的案例出现在 20 世纪八九十年代的美国婴儿尿片大战中。金佰利和宝洁以及很多小型的独立制造商并不具备霸占市场的能力，尽管他们希望做到这一点。金佰利的 CEO 达尔文·史密斯（Darwin Smith）一直致力于为顾客创造价值，而最早的婴儿尿片制造商之一的宝洁却始终在为保持自己领先的市场份额和利润而努力，并为此做了大量的创新投入，借以告诫竞争对手，其地位是不可撼动的。

虽然金佰利无法依靠资源占据市场（他不可能比宝洁投入更多），但并未退却，而是对宝洁的每一个创新举措都发起了挑战。有时，宝洁公司甚至前行一步，推出备受顾客青睐的产品（如练习用纸尿裤），金佰利就会借助相似的或改进的特点及功能（如将婴儿尿片做成男婴用、女婴用两种），迅速而高效地应对宝洁的创新。就这样，金佰利采用主动出击和积极回应相结合的不输战略，始终未让宝洁占领市场。现在婴儿尿片大战已不再激烈，但硝烟并未散去，金佰利和宝洁仍在厮杀着。

案例分析思路 5-1

（资料来源：达维拉，等. 创新之道——持续创造力造就持久成长力[M]. 刘勃，译. 北京：中国人民大学出版社，2007.）

企业是采用必胜战略还是不输战略，并不完全取决于内外部因素，通常情况下还需要考虑一些介于内外部之间的因素。

第二节　影响创新战略选择的因素

面对快速发展的经济，任何商业模式和战略总是显得有些过时，因此企业应该及时调整和制定创新战略。影响企业进行创新战略选择的因素可分为内部因素与外部因素两类（见表 5-1），这些因素共同决定着企业的创新战略选择。为更好地阐述内外部因素对企业创新战略选择的重要意义，本节中企业创新战略采用新的分类方法，即根据对资源的利用方式分为资源利用和资源获取战略。资源利用战略一般针对在市场上推出新产品或新服务的企业。上一节中的必胜战略即是一般意义上的资源利用战略。而资源获取战略的目标则在于企业获取其本身所不具备的技术和能力，其中，不同企业间甚至跨国的技术采购以及企业技术合作都属于资源获取战略。资源获取战略可视为不输战略的重要组成部分。

表 5-1　选择创新战略时应考虑的因素

因素	内部因素	外部因素
内容	技术能力	外部网络的能力
	组织能力	产业结构
	现有商业模式是否成功	竞争态势
	资金	技术更新的速度
	高层管理者的愿景	

一、内部因素

内部因素包括如下几个方面。

1. 技术能力

技术创新的多少取决于企业现有的或可以通过其网络获得的技术能力，如果一个企业只拥有营销能力，且一直都在进行渐进式创新，那么它在转为进行半突破性创新时将会面临很多问题。企业的技术资源水平越高，越有可能同时采取资源利用战略和资源获取战略，即混合型战略。一般情况下，高新技术企业在竞争激烈的市场环境中生存主要取决于自身的创新能力，因此进行大量研发投资的企业更有可能在创新和技术突破方面参与竞争并获得竞争优势。研发投资会增加企业选择资源利用战略的可能性。另外，对知识创造和新产品开发非常积极的企业更有可能成为其他企业的合作伙伴，从而实现双向知识转移，企业从合作伙伴处获得的任何知识都有可能增加自身知识的多样性和加快知识的更新速度，从而提高企业的知识创造和创新能力。

2. 组织能力

能否进行创新还取决于企业是否具备进行创新的组织能力，如果不具备组织和管理能力，就不可能进行突破性创新。企业的组织能力越强，越有可能采用资源利用战略。

企业内部利用一系列复杂的组织技术，如质量管理系统、准时生产、持续改进、质量圈或质量小组、内部生产手册等，有助于企业的价值链管理，而价值链管理可以帮助企业建立成本优势，包括组织生产体系在内的组织层面。一系列"好的实践"不仅能够指导管理者实现高效率的生产，还能有助于企业创新。复杂的组织技术、组织或组织能力，有助于企业在运营过程中有效协调和管理相应的知识，帮助企业实现成本及产品或服务创新方面的竞争优势。

3. 现有商业模式是否成功

有很多关于成功企业在进行创新时遇到困难的案例，其中经常会提到核心能力往往会变为核心阻力，现有的商业模式越成功，进行创新的阻力就越大。

4. 资金

进行创新需要足够的财力，但是具备过多的财力与具备过少的财力同样危险。如果资金不够充裕，企业就会仔细规划并在进行大规模投入之前认真测试商业模式。因此可能因为较差的风险承受能力而选择放弃更大程度上破旧立新的项目。而具备过多的财力可能带来盲目投资无用创新项目的风险。总体而言，充裕的财力会使得企业同时采取资源利用战略及资源获取战略，即混合型战略。

5. 高层管理者的愿景

高层管理者应该担当起制定并改进企业创新战略的职责。激进的管理者倾向于采取资源利用战略，以求获得新产品市场。相反，保守型管理者倾向于采取资源获取战略，以达到稳中求进，降低风险的战略目标。

二、外部因素

除了内部因素以外，外部因素也是在选择创新战略时应当考虑的因素。

1. 外部网络的能力

开发新技术和新的商业模式通常需要与具备互补性资源的其他企业共同合作。因此，需要构建一个可以触及企业内外部的网络。创新战略的实施越来越取决于企业是否具备可以与合作伙伴持久联盟的能力。组建或参与一个组织完善的外部网络，与横向或纵向产业链上的不同企业相互交流，对企业资源获取战略的实施具有重要意义。

2. 产业结构

通过对行业的认真分析可以发现进行创新所面临的主要障碍和机遇，了解行业的供应链情况，分析企业及其成为主导企业的原因，进入壁垒等，对于创新战略的制定是十分重要的。对于产业结构较为完善、进入壁垒高的相关产业，相关企业采取资源获取战略更有利于保持其市场地位。而对于进入壁垒低、产业结构仍在发展构建的产业，相关企业更应该采取资源利用战略，尽早获取市场优势，占据有利地位。

3. 竞争态势

企业自身及其竞争对手的创新质量和速度，将决定市场今后的发展情况。企业可能已经占据了十分有利的地位，但是竞争对手会进行创新，新企业也会进入。一些需要考虑的问题包括：竞争对手所采用的战略是否足以让企业考虑采取资产利用战略？采用资产获取战略是否要更好一些？如果企业没有一位创新领袖，是否可以聘用一位外部人员？

4. 技术更新的速度

今天的技术越来越先进，产品的生命周期越来越短。如果你的产品正在被新产品取代，应该在你的产品被淘汰之前发现其中的变化，进而采取资产利用战略，开发新产品，在新产品市场中占据有利地位。有时，能够长时间生存下去的产品会使得生产企业对新趋势视而不见，这样的企业最终会被竞争对手赶超。

应该针对以上因素不断更新、改进企业的创新战略，但是好的战略是没有定式的，虽然企业的竞争环境可能是相同的，但是每个企业都有其独特性。对于一个企业来说，可能是威胁或者是导致其采用资源获取战略的因素，而对另一个企业来说可能意味着机会。

案例5-2

腾讯：开放平台战略

2010年9月底，360发布直接针对QQ的"隐私保护器"工具，拉开了"3Q大战"的序幕，是迄今为止互联网行业诉讼标的额最大的不正当竞争纠纷案件，这场大战让腾讯彻底反思自己，开启了战略转型之路，旨在打造一个既能抓住互联网机会，又能在整个行业生态链产生共赢的战略。2011年腾讯确定了开放平台战略，自此迎来了第一次真正意义上的开放，即开放自己的即时通信（IM）平台。腾讯开放平台战略的核心逻辑是开放12多亿用户，供第三方接入，腾讯客户流量给第三方带来生意，腾讯参与利润分成。腾讯正转化为中国互联网企业的"水和电"，用马化腾的话来讲，腾讯过去的梦想是打造一站式互联网平台，现在是打造开放共享的互联网新生态，不再复制新兴公司做"创业者公敌"。

打造开放式互联网平台。腾讯利用12多亿用户，与第三方建立合作、共享、分成平台，提出"一站式接入、多平台发布"的承诺，整合包括朋友网、腾讯微博、QQ游戏、QQ空间以及Q+在内的五大核心平台，发布跨平台应用中心，在用户、技术和经验上为第三方应用开发者提供强力支持。腾讯通过精简原来涉猎广泛的探索型业务，进一步把资源聚焦在自己最核心的通信社交平台以及内容产业上，其他的全部交给合作伙伴，同时进一步开放自己的核心资源价值，给所有的开发者提供基本的零配件工具，将原先封闭的公司内部资源转而向外部的第三方合作者无偿开放，包括开放API、社交组建、营销工具，及QQ、微信等。

多领域投资，打造生态版图。腾讯以互联网增值服务为大本营，继续发掘及投资不同领域的优秀O2O企业。腾讯相继入股网络分类信息平台58同城、生活信息及交易平台美团和大众点评、日常交通服务相关的滴滴打车及摩拜单车，以及汽车交易平台易车网等，作为这些企业的战略投资者，腾讯不仅投入资金，而且提供商业资源，在业务上与它们交流及合作，扶植企业的成长，推动内地创新企业的发展，并为腾讯社交平台用户带来更多新服务及产品，从而为整体开放平台带来更多不同价值链成员，构建多元生态内容。腾讯的海外投资已经横跨亚、欧、美三大洲，不断拓宽海外投资领域范围，从游戏开发商、O2O 企业到科技公司，例如，投资世界领先的移动游戏开发商 Supercell 及瑞典上市的 PC 游戏开发商 Paradox，增加在全球游戏市场的上游拓展力度。

从"开放生态"到"生态开放"。2018 年腾讯宣布成立 CSIG 云与智慧产业事业群，下定决心以"云"为底层基础，用数字技术创新推动产业数字化升级，努力拥抱产业互联网。11 月腾讯推出"云启"产业计划，以云计算、大数据等技术为数字基础设施，与数字生态合作伙伴共同借力技术、资源、能力、资本等，助力传统产业转型升级，打造数字产业。腾讯云作为"生态开放"的大脑把 C 端消费互联网资源链接到 B 端产业互联网，并通过 B 端产业互联网最终把服务触及广大 C 端用户，协同产业发展，赋能产业，打造布局完善、性能卓越的云计算、大数据、人工智能产品、应用和行业解决方案，做好腾讯数字生态的云端大脑。

从最初的流量开放到后来的开放生态，再到如今的建立生态以及生态开放，腾讯一直致力于"连接"，坚持"去中心化"，协助合作伙伴成长为自主的平台和生态。腾讯面对竞争环境变化采取的做法是：果断调整企业创新战略，打造开放式的互联网平台。腾讯的案例告诉我们，企业应随时关注内外部环境的变化，及时调整自身的创新战略，以此来提高竞争优势。

案例分析思路 5-2

（案例改编自：朱秀梅，杨姗. 腾讯：虚拟帝国的王者，中国管理案例共享中心案例库. 2021-01. ）

第三节　创新战略与风险管理

创新离不开风险，因此，做好风险管理、风险规避准备是创新过程管理的关键。企业决策者应通过项目风险管理、风险管理方法、风险识别方法、风险评估方法等风险管理流程将企业所面临的风险降到最低程度。

一、创新战略中的风险识别

创新风险是指技术创新过程中的不确定事件或条件，它的发生将对创新项目的目标产生积极或消极的影响。可能产生积极影响的事件称为机会，可能产生消极影响的事件成为威胁（或危机）。企业如果不能识别出不确定的事件或条件，对创新项目的风险进行后续的分析和采取对策也就无法进行。风险识别是风险管理中的第一步，也是一项具有强大挑战性的任务，对风险的识别是一种对将来不确定事件的预测，任何企业都不可能识别出 100% 的风险。企业通过运用各种方法，包括专家评审法、头脑风暴法、模拟比较法、检查单法、顶层风险矩阵表等方法来帮助自身尽可能完全地识别风险。本书将企业创新风险归纳为战略层次（决策风险）、组织层次（组织风险、资金风险、信息管理风险、企业文化风险、外部环境风险）、项目层次（技术风险、市场风险），共三层八类。

1. 战略层次

战略层次的风险指决策风险，企业决策者可能决策失误。技术创新是关系全局的活动，对决策者提出了很高的要求。决策者如果缺乏长远的眼光和全局性观点，就有可能进行错误的技术创新决策。如果选择了错误的战略类型，或技术创新项目与战略定位不相符，或战略时机把握不准，就有可能发生面临潜在机会但却退出市场，从而错失巨大利润等现象。战略层次的风险具有全局性，因而无论是危险还是机会，其结果都会使损失或利润得到放大。

2. 组织层次

组织层次的风险因组织机构、规模、所处环境、管理成熟程度的不同而不同，可分为组织风险、资金风险、信息管理风险、企业文化风险和外部环境风险。

（1）组织风险。企业的组织结构可能不适合技术创新。适合的组织结构可以使创新所需的各种资源进行适当的组合，从而使创新活动顺利进行；而散乱的组织结构会导致职责不清、内部消耗严重，从而使创新活动缺乏必要的资源，最终导致创新失败。组织结构可能僵化。新的产品或服务进入快速成长期后，企业规模可能高速扩张，对人员、设备、原材料、分销渠道等都有增加的需求，如果组织结构过于僵化，不能适应快速发展的要求，整个企业的支撑架构出现超载现象，就有可能产生成本过高、人员素质降低、质量不能满足要求、财务管理失控等现象，决策权可能过于分散。企业在迅速增长期之间或之后，企业高层领导由于精力有限或时间有限而授予下一级经理极大的决策权，而自己只关心资源分配、目标设定、业绩评估等问题，此时非常容易出现由于下一级经理缺乏全局观、各自为政、单独行动，而给企业带来巨大风险的局面。

（2）资金风险。企业可能因没有能力或计划不当而不能在技术创新的各个时段及时供应资金。创新项目计划期间，如果资金供应不足可能会导致根本无法立项或仓促立项。仓促确立的项目若是错误的项目，企业的损失将无法弥补。技术创新项目进行期间，资金供应不足会导致设备、原料的不足甚至关键技术人员的流失，从而导致项目流产，前期投入无法收回。在新的产品或服务投入生产期间，资金供应不足会导致生产设备、原材料、人员的缺乏或工艺的不相称，从而导致生产规模不够、单位成本上升或产品质量的下降。在创新成果引入市场期间，资金供应的不足则可能导致市场引导的不足从而无法开辟、扩大市场，使得无法获取利润甚至不能回收创新成本。

（3）信息管理风险。首先，对外部信息的收集不足。企业若缺乏必要的人员或组织设置，或已设置的人员的组织能力不足，对顾客要求和科学技术的发展等外界信息缺乏足够的收集和分析，企业将无法确立创新项目或立项不准确，从而带来严重的后果；其次，内部信息沟通不畅。创新过程中，各种信息的复发性不断增加，传递速度也越来越快，在市场—研发—生产—市场过程中的任一环节中和各环节间，如果信息沟通不畅，则可能导致最终的创新失败；最后，信息管理系统能力不足。如果企业创新成果成功引入市场而使企业高速成长，但未对企业原有的信息管理系统进行改造，原有信息管理系统则可能不堪重负，经营风险必随之而至。

（4）企业文化风险。在有些企业中，组织的惰性过大，员工不喜欢变革，不肯放弃原有的技术和设备，不肯学习新的技术。技术创新过程中可能阻力重重，甚至可能因此而搁浅。企业内部竞争压力过大有可能产生不利影响。某些企业的领导者相信通过竞争可以优胜劣汰。但过于激烈的内部竞争必然会对员工产生压力，员工可能会因为怕影响在公司的报酬与前程而不惜一切代价获得成功，即使有时做法有悖于职业道德准则。同事之间也将由于感觉到危机四伏而不再相互分享信息，从而阻碍了内部信息流通，最终导致创新项目的失败。成功的领导者可能会不自觉地养成一种不愿意再听坏消息的习惯，那些直言项目存在的困难、潜在危机的人将被视为缺乏勇气的悲观主义者。通常情况下，员工将学会不再向高层传递与创新项目危机有关的信息，从而无法得到正确的决策和来自高层的支持，最终导致创新项目的失败。

（5）外部环境风险。宏观政治、经济环境的变化，如通货膨胀、财政金融政策的变化，可能会引起相应的资金风险。法律法规有可能变化，新的法律法规如环保、质量法规的发布可能会使新产品无法继续生产或新工艺不能继续采用，从而使整个创新项目失败。自然灾害的发生，地震、洪水、战争等不可抗力的发生给技术创新项目带来的风险无法回避，但企业可以通过购买保险等方式进行风险转移。

3. 项目层次

（1）技术风险。其一，由于新材料和新方法的采用，新技术可能不成熟，或新技术被证实的程度不足，或新技术所要求的产品规范还未开发，导致不确定性增加，从而导致风险的增大。其二，由于技术人员技术能力的不足，新技术很可能不成功，或企业现有整体技术水平不能完成新技术所要求的所有运作环节，便可能导致创新项目终止或延迟。其三，某些企业采取引进新技术方式以弥补自身技术能力不足的缺点或缩短创新周期，但在从供给方到企业（接受方）的转移过程中，会产生由于技术本身不成熟或技术供给方的供给能力不足而导致转移失败的可能。其四，新技术可能被模仿或被其他新技术替代。高新技术的发展日新月异，如技术本身领先程度不高，可能较容易地被竞争者模仿，或被更新的技术替代甚至淘汰。其五，新技术可能与现有生产能力不相容。如新技术与现有技术差别较大，生产设备、生产工艺及生产能力可能不满足新技术的要求，从而导致不能投入生产。其六，新技术要求的原材料可能不可得。新技术要求的原材料或新部件市场上无法取得，供应商无法在一定时期内提供。

（2）市场风险。其一，市场可能不接受或晚接受新产品或服务。新产品或服务投入市场后，由于市场引导或宣传的不足，顾客可能会持怀疑态度甚至否定新的产品或服务。即使进行了充分的市场引导，由于新产品或服务的推出时间和有效需求产生时间存在一定时滞，如时滞过长将导致研发资金回收问题。其二，新的市场还未形成，产品可能难以找到确切的用户。企业可以确认有顾客对此类产品或服务有需求，但无法很快了解确切的用户是谁及用户在哪里，从而导致无法尽快确定营销策略以获取利润。其三，市场规模不确定。有时新产品或服务的市场需求已显现出来，但无法预测市场需求的规模，从而可能导致错误的生产及营销策略。其四，市场成长速度不确定。在新产品生命周期的导入期，企业很难预测市场在何时成长以及成长速度如何，如成长期和成熟期短于预期长度，可能导致无法获取应有的利润，甚至导致创新项目的亏损。其五，市场竞争激烈程度不确定。企业很难估计竞争者将采用何种竞争手段与新产品或服务进行竞争。如果竞争过于激烈从而导致价格不能达到预期水平，企业将很难达到预期利润。

案例5-3

暗礁浅滩——海底捞陷入迷途

1994年，海底捞从四川简阳起家，从一个仅有四张台面的小店，凭借着独特的创新战略和超预期的口碑，迅速占据了火锅界的龙头宝座。2018年海底捞登陆香港交易所，市值冲破千亿港元，次年市值突破两千亿元。但在2020年，一场突如其来的疫情，让餐饮业基本都处于关停状态，没有营收。海底捞也难逃此劫，处境可谓是举步维艰，食品安全问题频发、涨价风波、套现离场、巨额亏损和底料门等危机事件在逐渐侵蚀着海底捞的神话形象，海底捞引以为傲的经营模式，开始显现隐忧。而这一系列问题也终将会使海底捞陷入困境，疫情只是将潜在风险提前显现出来。

在战略上，目前，海底捞以市场扩张为核心战略目标，海底捞在上市之前的策略是深耕细作，提高单店营收。1999年已经在简阳取得成功的海底捞逐渐扩展海底捞的版图，从简阳总店开到北京分店、再从上海分店开到天津分店，海底捞在各地都开始取得成功。门店的数量在不断增加，但单店的平均收入一直在下降。过去，海底捞在超高单店营收保证下，可以覆盖极致服务带来的成本上升实现盈利。而且还树立了海底捞的品牌形象，使这种商业模式得以成功。但是，如果单店营收持续下降，各项成本占比将迅速升高，吞噬海底捞的利润。实际上，海底捞的净利率已经出现了大幅下滑。2016年是海底捞净利润的顶峰，也恰巧是在这一年，海底捞扩店速度加快，净利率也开始逐步下滑。一旦盲目扩张，人员也必定良莠不齐，服务质量下降，海底捞可能就会失去核心竞争力。上市之后，海底捞的发展模式似乎变得更为粗犷。截至2019年，海底捞共有768家餐厅，其中2019年新开门店308家。但从单店的平均收入来看一直在下降。2020年受企业战略性扩张影响，负债比例增加。截至2020年6月30日，海底捞资本负债比率达38.1%，银行借款33.05亿元。持续、大规模的扩张门店使海底捞的运营指标逐渐恶化，流动资产周转率逐年降低，盈利能力下降。海底捞的偿债能力、运营能力、盈利能力、发展能力都存在一定的风险。

为了降低在发展和创新战略实施过程中的巨额亏损和风险，海底捞也采取了风险管理的有效应对措施。第一，疫情初期海底捞成立防控疫情总指挥部，以及指定一名门店经理担任现场总指挥，来合理组织应对疫情危机；第二，海底捞自建外卖配送团队，在疫情期间将外送业务升级为"安心送"，支持"无接触配送"，以此来缓解暂停门店带来的成本压力；第三，在发生食品安全问题后，积极承担责任解决问题；第四，持续推进多品牌布局；第五，拓展三四五线城市市场，通过新的市场，为海底捞的业务增长找到新的动力。

唯有合理的风险管理才能解决发展中存在的问题，海底捞能否继续通过餐厅网络扩张而实现业绩的改善，在未来餐饮市场及消费环境变化的背景下，仍具有较大的不确定性。

案例分析思路5-3

（案例改编自：侯俊华，张晓娣. 暗礁浅滩——海底捞陷入迷途. 中国管理案例共享中心案例库. 2021-05.）

二、创新战略中的风险管理

创新并不必然代表着成功，也在一定程度上代表着失败，即创新存在一定的风险。由于受到大量内外部因素影响，如不确定性的外部环境因素的存在、企业或者创新研究机构自身创新能力的不足、创新项目自身的复杂特征或者研发难度，会使得创新项目没有实现既定目标或者失败的可能性增加，即创新风险增大。创新战略的不合理也会加大创新风险，人为提高创新失败的可能性。然而，再有效的创新战略也不能消除风险的存在，只会降低其发生的概率。

因此，当决定要采取何种创新战略时，会迅速联想到风险管理。良好的风险管理会使企业通过及时识别相应变化、调整战略，进而规避风险或减少风险损失。如若竞争环境发生突变，那么进行渐进式创新就会变得十分危险，增大风险发生概率。如果突变不是最近的事，那么加大突破性创新的力度会带来更大的风险。因此，采用必胜战略比采用不输战略所面临的风险更大，因而需进行更多的半突破性创新和突破性创新。

旨在统领和改变整个行业的企业会对半突破性创新和突破性创新做大量投入，因为他们想借助技术和商业模式创新来创造价值，成为行业领导者。但是为了减少风险，这些企业也会进行足够多的渐进式创新，成为跟随者。为了应对竞争对手的反应，苹果公司在进行了包括 iPod 和 iTunes 在内的突破性创新之后，进行了一系列渐进式创新，推出了迷你 iPod，并与惠普分享 iPod 技术，从而有效地阻止了模仿 iPod 的低端产品和索尼公司、微软公司提供的网上音乐产品的侵入。

进行何种创新决定着需要管理何种风险，应该通过风险管理流程将企业所面临的风险降到最低限度。

章　末　小　结

1、创新战略分为两类：必胜战略和不输战略。

2、创新战略应有利于经营战略的实施，并应根据经营战略和竞争环境来安排创新工作的数量与创新方式（渐进式、半突破性或突破性创新）。

3、选择创新战略时应考虑的内部因素：技术能力、组织能力、现有商业模式是否成功、资金、高层管理者的愿景。

4、选择创新战略时应考虑的外部因素：外部网络的能力、产业结构、竞争态势、技术更新的速度等。

5、企业选择创新战略，应该针对内外部因素不断更新，改进创新战略，然而好的战略是没有定式的，因为虽然企业的竞争环境可能是相同的，但是每个企业都有其独特性。

6、企业领导者的首要任务就是制定创新战略、构建创新组合（必胜战略、不输战略、渐进式创新、半突破性创新和突破性创新相关组合）。制定以创新模式为内容的战略并确定组合平衡是领导者的责任，因为它们决定着创新方向，并能使员工认识到创新的重要性，有利于创新工作的顺利进行。

课后习题

1. 简要说明小企业为什么不适合采取必胜战略，谈谈你的看法。

2. 企业在何种情形下采取不输战略，又在何种情形下采取必胜战略。

3. 从内部、外部两方面说明影响企业选择创新战略的因素有哪些。

4. 什么是创新风险，创新风险可以分为哪几个类别？

5. 高层管理者的愿景是如何影响企业制定创新战略的？

答案解析　　扫描此码

课堂小游戏

孙爷爷分西瓜

即测即练题

自学自测　　扫描此码

参 考 文 献

[1] CALABRESE A, COSTA R, CHIRON N L. How sustainable-orientated service innovation strategies are contributing to the sustainable development goals[J]. Technological Forecasting & Social Change, 2021, 169.

[2] 笛德，本珊特，帕维特. 管理创新——技术变革、市场变革和组织变革的整合[M]，王跃红，李伟立，译. 北京: 清华大学出版社，2008.

[3] 阿曼德，谢泼德. 创新管理——情境、战略、系统和流程[M]，陈劲，等译. 北京: 北京大学出版社，2014.

[4] 达维拉，等. 创新之道——持续创造力造就持久成长力[M]，刘勃，译. 北京: 中国人民大学出版社，2007.

[5] 陈劲,何郁冰,姚威. 技术战略与公司战略匹配的影响因素及实证研究[J].科研管理,2008,29(5): 1-8.

[6] 陈劲，童亮，黄建樟，等. 复杂产品系统创新对传统创新管理的挑战[J]. 科学学与科学技术管理，2004, 25(9): 47-51.

[7] 陈劲，吴波. 开放式技术创新范式下企业全面创新投入研究[J]. 管理工程学报，2011(4):

227-234.

[8]　陈劲，余芳珍，陈钰芬. 高校原始性技术创新影响因素研究[J]. 科学学与科学技术管理，2006，27(1)1: 67-72

[9]　陈劲，郑刚. 创新管理——赢得持续竞争优势[M]. 北京：北京大学出版社，2009.

[10]　陈劲，郑刚. 企业技术创新管理：国内外研究现状与展望[J]. 管理学报，2004，1(1): 119-124.

[11]　成全，董佳，陈雅兰. 创新型国家战略背景下的原始性创新政策评价[J]. 科学学研究，2021: 1-16.

[12]　李乾文，赵曙明. 企业创新战略、人力资源管理与绩效关系探析[J]. 外国经济与管理，2008，30(4): 17-24.

[13]　汪涛，牟宇鹏，王铵. 企业创新战略模式的选择与效应[J]. 中国软科学，2013(6): 101-110.

[14]　王敏，银路. 企业技术创新战略选择及其对国家自主创新战略布局的影响——基于技术能力和需求多样性的分析[J]. 科学学与科学技术管理，2007，28(2): 63-68.

[15]　万鹏宇，王弘珏. 产业技术创新战略联盟中的突破式创新[J]. 经济纵横，2020，410(1): 96-105.

[16]　项志芬，戚安邦. 项目导向的企业创新战略规划方法研究[J]. 软科学，2009，23(2): 38-42.

[17]　姚艳虹，李扬帆. 企业创新战略与知识结构的匹配性研究[J]. 科学学与科学技术管理，2014(10): 150-158.

[18]　韵江，刘立. 创新变迁与能力演化：企业自主创新战略——以中国路明集团为案例[J]. 管理世界，2006(12): 115-130.

[19]　曾宪奎. 自立自强：我国技术创新战略思路的转变[J]. 广西社会科学，2021: 1-7.

[20]　郑刚，王方瑞，陈劲. 中国高新技术企业知识管理系统研究[J]. 科研管理，2008，29(3): 1-8.

[21]　周建，李小青. 董事会认知异质性对企业创新战略影响的实证研究[J]. 管理科学，2012，25(6): 1-12.

第六章

创新型组织

学习目标

- ◇ 了解创新型组织的概念和特征；
- ◇ 了解如何构建创新型组织；
- ◇ 掌握构建创新型组织的流程及方法；
- ◇ 学会如何帮助企业建立创新管理部门。

> 咱们不能人云亦云，这不是科学精神，科学精神最重要的就是创新。
>
> ——钱学森

引例

中国平安智慧人事一体化平台 HR-X：打造高效执行的创新型组织

在万物智能的趋势下，人力资源数字化转型将成为关键一役，影响着企业在人才角逐，乃至市场竞争中的胜负，对大型企业的规模效益更甚。进入第四个十年，处于"金融+科技""金融+生态"关键转型期的中国平安，深刻理解新环境下要成功实现战略转型，必须科技赋能人力资源管理，打造出高效执行的创新型组织，把战略达成的能力持续建立在组织上。

对此，中国平安采取了"机制＋平台"双轮驱动模式，通过"管理建在制度上，制度建在流程上，流程建在平台上，平台搭在数据上"，打通"管理、制度、流程、系统、数据"五个层面，形成智慧人事一体化解决方案 HR-X，使人力资源数字化转型真正达到"平台赋能管理、数据支持决策"。全新的智慧人事管理平台 HR-X 具备以下优势特点：根植于平安 30 余年高速发展的经验；CEO 为 CEO 设计的经营系统，强调"经营性"；制度+平台双轮驱动，保障落地；118"工字型"完整产品体系；智能化技术打破信息孤岛，先知、先决、先行；经平安 30 余家子公司成功验证，涵盖多业态应用。

HR-X 上线后首先在平安体系内的五大生态圈，30 多家子公司全面推行，100 多万平安员工深度使用。针对像平安这样的超大型集团企业的实际业务模式，HR-X 从全局上提供行业通用解决方案，便于集团总部对子公司的管理，充分发挥总部"方向盘"的作用。与此同时，在每一个模块、环节及流程上，预留足够空间及灵活性，让各子公司可以基于自身不同的业态，进行个性化的配置与管理。借助 HR-X，管理者能够看清管理实施的本质以及组织运行的规律，有效识别人力资源在企业经营中的价值和价值实现的过程，将组织绩效从战略分解到执行反馈的全过程数字化、可视化、智能化，从而实现看得清全局、抓得牢执行、管得好队伍、控得住组织的管理目标，打造出高效执行的创新型组织，助力企业业绩达成。而在此背景下，直线管理者将成为最优秀的人力资源经理，员工能获得最便捷的人事服务，HR 将真正成为企业的战略性合作伙伴。HR-X上线以来持续收集各级用户意见反馈，利用系统设计的高度稳定性，多频迭代优化产品，及时满足用户需求，提升用户体验。迄今为止，HR-X管理实践在业内已获得广泛关注与认可，未来HR-X还将继续致力于打造高效执行的创新型组织，持续探索深化人力资源的经营价值，为企业管理提供更多平安经验。

案例分析思路

（资料来源：2019 拉姆·查兰管理实践奖获奖案例——《中国平安智慧人事一体化平台 HR-X：打造高效执行的创新型组织》。）

第一节　什么是创新型组织

创新本质上是学习和改变，但创新有时具有破坏性，需要承担很大的风险，同时耗费大量金钱。创新需要克服惯性和改变现有秩序的决心。对于企业而言，创新需重新凝聚经营重心，需明确一个新的愿景，因为"高层承诺"是成功创新中的一种常见做法。在传统的组织中建立专门的创新管理部门可以帮助组织提高创新效率，提高组织的竞争力。但这是不够的，为了更好地适应经济、社会、政治等外部环境的变化，实现组织的可持续发展，企业应该改变思维定式，突破传统的经营管理模式，变革组织结构，构建一种有活力的创新型组织。

一、创新型组织的概念

管理学大师德鲁克（P. F. Drucker）认为，创新型组织就是把创新精神制度化而创造出一种创新的习惯。清华大学杨斌教授认为，创新型组织不是指那些发生了创新或者正在发生着创新的组织，而是指那些能够让创新持续发生的组织。这些创新型组织作为一个组织来创新，即把一大群人组织起来从事持续且有生产性的创新。他们组织起来使"变革"成为"规范"。简单来说，创新型组织，是指组织的创新能力和创新意识较强，能够源源不断进行技术创新、组织创新、管理创新等一系列创新活动。

我国一些学者认为：判断一个组织是否是创新型组织，可以从两条思路出发：（1）考察组织的核心能力是否是创新能力；（2）考察组织对创新制度的执行情况、创新的投入和创新的产出等指标是否处于较高水平。他们还进一步从组织环境、创新投入、创新产出等角度建立了测度组织创新程度的定量指标集。3M、惠普、微软、英特尔等公司都是创新型企业的典型代表，如 3M 公司的目标是"成为世界上最具创新精神的企业"。我国海尔、方正、海信、联想、华为等一批领先企业也在向创新型企业大步迈进。如美的集团在 2020 年研发投入已高达 100 亿元，研发人员规模占员工总数的比例达 10.77%。截至 2020 年，美的集团拥有中国发明专利 2 890 件，海外授权专利 570 件，连续 5 年位居行业第一。

为什么要构建创新型组织呢？

在商业领域，创新已经成为竞争战略的基石和产生竞争优势的主要手段。更贴切地说，今天的所有组织仅为了生存就得创新，要兴旺发达，对创新的需要就更自不待言。然而，创新至今为止是所有组织面临的最有挑战性和最复杂的问题。创新是一个由不确定性、风险和机会所驱使的活动。实际上，大多数创新都不了了之。对于一个成功的创新而言，彼得·德鲁克指出，那意味着 99 项的发明都将失败，或者说 99 项的创新，人们都闻所未闻。此外，在一次调查中，美国管理协会询问了 500 名首席执行官，问题是：在 21 世纪，论及企业生存时，他们员工优先考虑的问题是什么？几乎 500 人都声称，创新是他们员工优先考虑的问题。但是，当问及他们的创新工作开展得怎样时，只有 30 位首席执行官声称他们的创新工作取得了进展。在另一项研究中，尽管人们对创新是提升竞争优势和增长新财富的持续源泉已逐渐达成共识，但是，Arthur D. Little 对 669 家全球公司的执行官所做的调查发现，只有 1/4 的公司相信，只有他们的市场定位成功，创新绩效才能产生。

从国家层面上看，构建创新型国家已成为世界各国奋斗的目标，我国也在积极探索创新型国家建设的道路。党的十八大明确提出了实施创新驱动发展战略，强调了科技创新的重要作用和核心地位。而创新型组织是创新型国家建设的基础和根本，是创新型国家建设体系的中心一环。因此，研究创新型组织的建设问题具有必要性和紧迫性。

二、创新型组织的"7C"特征

通过合适的战略和方法，在认真保证构建创新组织的注意力和时间的情况下，具备可靠输出成功创新的高效团队可能会出现。正如判定一个群体是否为组织需要，需要调查其是否存在标志一样，创新组织通常要具备以下列示的七个结构性的能力，简称"7C"：

（1）协作（Collaborative）。跨越知识边界作为一个组织的思考和学习的能力，无论对原创性概念的产生，还是解决原创概念所透露的复杂的不确定的问题，都是至关重要的。决策、执行和反馈必须整体制定，否则，复杂并且常常是发散的问题，将会迅速搞垮一个组织。

（2）团结（Consolidated）。这是一个组织结合的前景和期望。这实际上都归结为组织拥有的价值。没有相互帮助，成员就不会作为一个组织发挥作用。

（3）诚信（Committed）。组织成员要忠于创新的成功结果，还要相互诚信。成功创新是一个良性循环：成功的创新可能是高效组织的结果，而高效组织也可能是成功创新的结果。

（4）称职（Competent）。当然，如果没有同既定结果相关的某种水平的能力，一个组织就不可能开始生产和运作。不过，组织能力是时间和努力的问题，因为任何足够新颖的创新，都将开辟新天地，因此，根据定义，在完全不同领域的能力将会不够用。这又显现出加速组织学习是至关重要的。

（5）互补（Complementary）。这一点就是在执行任务和追求目标的过程中，相互补充的、各种各样的技能、诀窍和才能凝聚在一起的能力。

（6）自信（Confident）。一个高效的组织具有一种积极的无所不能的态度。此外，杰出的高效组织，还具有无限的耐力。心理学家所研究的几乎任何一个领域，在需要某种能力的组织时，着重强调的一件事情是，当缺乏信心时，绩效会急剧下降。同样，自信是通过协作学习和生产，产生时间和努力的一个产品。

（7）组织精神（Camaraderie）：组织精神同其他所有能力一样重要。成员相互之间若没有友爱和共鸣的感觉，相互支持和帮助就不会产生，接下来组织绩效就会下降，当一个项目不走运或达不到期望时，更会如此。此外，互助程度很高时，拓展可能的思考对象的边界——这一点又是创新的必要因素，创新就有可能更频繁地发生。相反，如果没有组织精神，冒险的可能不存在，创新也随之消失。

案例6-1

京 东 众 筹

2011 年在国内上线的"点名时间"标志着国内现代互联网众筹的起步。自此在各种市场因素的推动下，国内的各类互联网众筹平台源源不断地涌现出来，国内互联网众筹行业的发展开始驶入快车道。近年来，随着人民群众对于互联网奖励众筹的关注度不断提升，国家也出台了更多的政策支持和鼓励良性众筹平台的发展。不仅因为众筹的发展关系着经济的发展，而且因为众筹这一概念符合国家所提倡的"大众创业，万众创新"的号召。2016 年 12 月 19 日，国务院印发《"十三五"国家战略性新兴产业发展规划》，规划中提及众筹，并将其纳入"十三五"期间国家战略新兴产业 69 个重点任务之一。规划要求进一步深入开展"大众创业，万众创新"。打造各类众创、众包、众扶、众筹平台，支持建设"双创"示范基地，发展专业化的众创空间。越来越多的初期创业者或新型创业团队选择互联网众筹的方式满足创业初期的资金需求，众筹行业整体朝着良好方向发展。

京东众筹，隶属于京东金融集团，成立于 2014 年 7 月。京东金融是京东商城的一个频道，京东众筹则是京东金融的一个子频道。京东众筹包括科技、家电、美食、美学、文化、扶贫六个众筹类目，目前融资额度已经累计达到 7 250 万元，单项最高筹资金额达到 12 053 万元，单项最高支持人数达到了 37.4 万（引自京东众筹官网，引用日期为 2020 年 4 月 2 日）。京东众筹平台所做的主要工作就是审核筹资者的申请，申请通过后发布项目信息，并为投资者提供项目的匹配。京东众筹采用了"all-or-nothing"的规则，在筹资期若没有筹集到目标金额则项目停止，资金将退还给投资者。

除此之外，京东众筹还提供了其他支撑活动。第一，基于战略导向的服务。京东商城提供了商家和消费者的交易平台，但是京东众筹则为那些还不成熟的项目或者初创企业提供与消费者对接的机会。在这个过程中，京东利用京东商城带来的大数据，帮助他们分析消费者的习惯、爱好、购买能力，提炼用户需求，把控产品或者服务的质量，完善产品和服务。这种做法非常有利于众筹项目的孵化，项目众筹成功后，也能够得到市场的检验，获取改进的策略。然后，京东再将可持续发展的众筹项目向京东商城转化。另外，京东众筹还提供了千树资本来扶持那些有投资价值的创新项目，提供众创学院为筹资者提供培训。第二，为了进一步降低投资者的风险，京东众筹设计了众筹测评制度。首先，京东众筹设计了众测社区，为一些众筹项目提供一个提前测试市场的机会，投资者可以较低的价格提前获取产品或服务，然后写测评报告分享给其他投资者。其次，京东众筹设计了众筹测评委员会，将平台投资者中的专业达人（往往也是京东众筹的资深会员）组织起来，对项目进行评审，并投票决定项目是否能够上线。第三，信息交流板块。京东众筹平台为筹资者和投资者提供了一些基本的信息，如众筹故事、众筹干货、众筹资讯，帮助投资者和筹资者获取有用的资讯。另外，京东众筹也会为投资者提供一些互动活动，一方面起到提升用户体验的作用，另一方面也是一种扩大影响的营销策略。

案例分析思路 6-1

虽然京东众筹并不是一家独立的众筹平台，但是其融资金额和影响力在业界却可以排在第一位。

（改编自李芸. 众筹平台商业模式的比较研究——以 Kickstarter 和京东众筹为例[J]. 中国商论，2020(24)：104-108.）

第二节　创新型组织的构建

构建创新型组织是企业走向创新最重要的一环。俗话说：100 个创新企业有 99 个会走向失败，唯一成功的企业必须具备完善高效的创新型组织，那么如何构建合适的创新型组织？

一、创新型组织的构建原则

创新型组织有别于企业一般的组织，创新型组织不仅注重团队的协作，还需要组织成员发挥自己创造性的特点。构建创新型组织一般遵循以下三个原则。

视频 6-1：如何打造创新型组织

（1）程序化原则。创新型组织建设不仅需要企业内部的运作，还需要针对企业外部的影响因素，在分析企业当下急需解决的创新问题的基础上，利用组织的特点，通过培训、组织协作演练、实际案例操作等方法进行组织的构建。

（2）求真务实原则。企业构建创新型组织，无可避免地会借鉴成功企业的经验和教训，但要将经验和教训完全转化为自我的知识，还需要在企业沟通传递中将其升华，其中我们需要结合企业自身的特点，吸取精华、去其糟粕，在这样的经验做法中构建的创新型组织才是最适合企业发展的组织。

（3）循序渐进原则。创新型组织的建设在当下是企业争相进行的热点项目，更多的企业都处在不断摸索的阶段。一套完整的创新型组织创建体系，需要对前人的经验不断总结，不可能一蹴而就。因此，创新型组织需要遵循循序渐进的原则，有条理、系统地开展组织的建设。

二、创新型组织建设的步骤

组织设计是一个动态复杂的过程，包含众多的工作内容，图 6-1 所示为组织设计的一般程序。

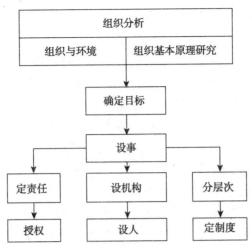

图 6-1　组织设计的一般程序

1. 创新型组织的整体结构

创新型组织中，有机械式组织的部分，也有有机式组织的部分，具体要看不同部门的目标和任务，以及其运行的方式及特点。

从创新过程来看，创意萌生是发生在员工个体身上的事情，是无法控制的，也无法专门组织，我们所能做的是建设创新的企业文化和鼓励创新的制度，使员工能提出自己的创意。到发展创新阶段，由于是从一个全新的点子、主意或技术来进行研究和实践，具有不可预知性，因此这时的组织结构是有机式的。当创新取得结果，并经过验证可以应用后，这时的组织结构又回归机械式，因为它的任务是贯彻和执行。我们用图 6-2 展示创新型组织整体结构。我们将创新型组织分为两部分，其一为创新管理部门，其二为常规部门，也就是剩下的部门。

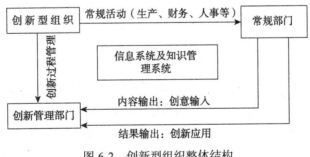

图 6-2　创新型组织整体结构

2. 设立新部门

德鲁克认为应该建立独立创新管理部门，人们不可能既创造新事物，又关心已有的事物，为了追求创新，必须在现有的企业结构之外，建立一个独立的组织结构。创新的一般设计原则，是在现存结构之外建立一个作为自主单位的小组。它不是传统意义上的分权化事业部，但它必须是自主性的，独立于现行作业组织之外。一种方式是把这些创新型单位组成一个创新型集团，由高层管理者中的一位成员来领导。这位成员不担任其他工作，只负责指导、帮助、建议、检讨、指挥创新性小组的工作。

通用电气公司（GE）于 1952 年开始着手从事大规模的改组。改组结构后来成为世界上其他大型企业进行重大组织变革的最初模型。但在当时，通用电气公司并没有弄懂"独立创新管理部门"的原理。在它的改组计划中，每一位产品事业部的总经理同时负责现行业务和创新工作，理由是产品事业部的总经理应该而且可以像一个独立企业的总经理那样行事，但最后的结果证明这种思路是错误的。那些事业部总经理需要承担现行业务的压力，没有时间也没有动力从事替代或淘汰自己经营的现有产品的创新工作。通用电气公司从挫折中得出正确的结论，开始把创新项目独立于现存产品部门和产品事业部之外，单独设立了一个企业发展部。

创新是整个企业组织的事，如果没有相应的部门来负责，那就等于不是大家的事。因此，我们需要设立专门的部门来进行管理。暂且将这样的部门称为"创新管理部"。企业组织中所有的创新或创意来源，不可能只发生在创新管理部员工的身上，创新管理部是对创新行为、活动、过程加以引导、组织、控制执行的部门。

1）设事

企业组织中都存在着创新活动，有创新成果的企业都是对这种活动进行有效管理和支持的。在创新型组织中更是如此，因此这样的任务就存在了，开发创新成果也就需要配套的机构来完成任务。

2）设机构

在创新型组织中，创新是组织目标之一。因此要设立创新管理部门。该部门需要由高层管理者参与管理，需要授予广泛的权力，足以调用企业组织的各种资源。

在创新型组织中，创新管理部门与其他各个部门是一种交叉型的关系，如图 6-3 所示。

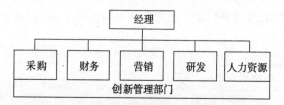

图 6-3　创新管理部门在组织中的位置

企业组织创新，不是一个部门就能完成的，需要各个部门的配合与支持，更需要获得各个部门所掌握的资源。这样，它就与其他部门建立起了交叉的关系。这种关系是虚拟的，就像 3M 公司所成立的"产品创新小组"，组内调用了各个部门的人员和资源，形成项目小组，项目结束后，这种组织关系又会复原。

3）设人

创新管理部门不同于一般的职能部门。职能部门中的人员安排，是按照专业分工进行的，各专业的人员进入匹配的部门。在创新管理部门里需要更为综合型的人员。下面就从高、中、低三个层次来阐述。

企业创新需要得到高层的鼎力支持，从全局来看，这样可以显示出企业创新的决心。彼得·德鲁克认为，在创新型组织中，高层管理者是创新的主要动力。他们认为自己的职责就是倾听并认真对待各种看法，进行深入考虑，从中发现某些新东西，并对其可行性进行评价。他们运用组织中的各种意见来激发自己，并使各种意见为整个组织所关心。高层管理者对新思想加以思考和加工，使之成为组织的力量和企业遵循的规范。因此，创新管理部门需要任命一名高层管理人员担当部门领导者。对于这名高层人员的选择，需要从创造性和远见卓识以及魄力两方面进行考察。对创新管理部门的管理不同于管理其他部门，其所需要的领导气质更是不同。

创新管理部的中层只是发挥协调的作用，其在管理部门的作用类似于项目经理。人员并不是固定的。比如：营销部门有创意出来，那么就需要从营销部门内部挑选出一位有经验、有创造性的管理者，参与到这个创新项目中来。如果其他部门有创意出来，那么中层人选也同样在该部门内部挑选。这样安排是为了保证项目管理者充分了解环境和项目发展的方向，以及可能的结果。

基层就是企业组织中所有的人员，因为他们都有可能有创意，都是创新管理部门最基层的员工。在创新管理部门，所要进行管理的创新活动都是发自员工，各部门的创新活动其实来源也是具体某个员工。

扩展阅读 6-1：同煤燕子山矿内部创新型组织建设

4）定制度

创新管理部门的制度可分为两类：一为部门内部工作制度；二为创新活动管理制度。在内部工作制度制定方面，可根据企业工作制度方面规定，但一定要进行灵活性调整，原则上程序从简，使员工可以灵活作业。

在创新活动管理制度的制定上，需要考虑如下三个方面：考评激励制度、员工接待和监督制度。

三、构建创新型组织的保障措施

1. 培养有创新精神的成员

（1）加强培训。创新型组织应积极地对员工进行培训，时刻让员工保持知识的更新和与时俱进是组织建设的重要内容。现代比较先进的组织中都很重视学习，现今社会中，信息更新的速度极快，稍一放松就会跟不上步伐，培训可以让员工充实自己，时刻保持最新状态，意识到技术和组织创新的必要，用更新颖的方法实现组织的跨越式发展。

（2）积极引进具有创新精神的员工。具有鲜明创新精神的员工可以感染其他成员坚定不移地将创新想法付诸实施，努力克服阻力，争取创新任务的成功完成。比如，在海尔内部，对人才的观念是"赛马"而非传统意义上的"相马"。"赛马不相马"的机制就是给每一个员工创造一个开放的环境，带给企业的好处就是可以用新鲜的方法解决许多疑难问题。

（3）确定正确的失败观和竞争观。成功的路上难免会有失败和挫折，传统组织都希望在竞争中获得根本的胜利，这就有可能暗示员工拒绝失败。现代组织中对失败的宽容态度可以让员工积极思考，坚持不懈。随着创新活动的进行，组织绩效也许会经历短暂的低谷，但是这些现象可以让员工明白竞争的本来面目，认识到短期内的失败虽然不可避免，但是却会在长期内让组织把竞争对手甩在后面。全体成员要坦然面对失败，勇于承担风险，用新的方式方法解决创新问题。

2. 设计孕育创新的组织结构和文化

（1）减少组织的集权化。传统组织中的控制层与被控制层是以命令的形式进行的，根据道格拉斯的 X 理论，命令式的控制方法可以让不喜欢工作的员工被迫承担责任，从而实现组织目标，但是也正是这种方式抑制了员工的创新精神和自我管理的精神，阻碍了个体之间、个体与组织之间的交流，不能激发出创造力和创新精神。如果组织给员工足够的空间，在一定范围内自主地支配自己的活动，那么就可以使员工的创新精神得到鼓励，从而激发员工的创造力和组织的活力。

视频6-2：学习型组织

（2）保证充足的资源供给。组织要确保有足够的资源来支持创新建设，这些资源包括资金、物资、人员、时间等。"巧妇难为无米之炊"，员工一旦产生有创意的思想，首先考虑的就是组织是否有足够的资源保证这些想法被转换成现实的产品服务或工作方式。如果某一阶段的成果不尽如人意或者由于采用新想法而带来失败，足够的资源也可以让组织有能力吸收失败带来的损失。

（3）创建合适的反馈方式。传统组织中的反馈渠道主要就是自下而上型的，领导者根据下级提供的信息做出决策，但是，某些时候，员工为了个人利益或者其他原因会歪曲或夸大工作成果，如果采用适合的反馈方式，就可以避免因偏听偏信造成的与事实不符，这些反馈渠道包括360度反馈法、目标管理法、走动管理等。每种反馈方式都有自身的优点和缺点，组织可以把多种方式综合运用起来，以达到最佳效果。

案例6-2

浙江高速石油积极打造学习型企业

随着科技的进步、社会的发展，古人倡导的"活到老、学到老"的终身学习方式在现实生活中得到越来越多的验证，学习的重要性也更加突出。企业不仅是一个经营性单位，还应该是一个学习型组织，只有不断学习才能让企业永远立于不败之地。浙江高速石油在打造学习型企业的道路上已经积累了成熟的经验。

倡导丰富多彩的学习内容。浙江高速石油为基层一线员工准备的基本课件包括商品知识、服务技能、业务操作和安全管理等方面的内容，每年为公司管理职员提供各线条的业务知识、管理技能及思维提升等方面的培训。针对不同的岗位，倡导不同的学习内容，既有针对性，又有普及性。公司本部、各片区和各加油站的阅览室、图书柜都放满了各类丰富多彩的书籍资料，包含专业知识、天文地理、时事参考、文学修养等内容。

开展灵活多样的学习形式。每班、每周、每月和每季度的固定式学习与临时性随机学习相结合，上班期间、固定时间集体组织的学习与下班时间个人的自主学习相呼应。班前例会的服务操练和业务交流是每班的必修课，从2010年开始的每周安全例会学习已经持续收集了500期典型案例，是全员学习的宝贵知识库。浙江高速石油也一直注重理论知识学习与实践技能操作相补充，定期开展职业技能检定和竞赛，给员工展示学习成果的平台，并提供相互交流的场所。

浙江高速石油积极倡导以自主互动的学习，帮助企业以低成本、高效益的形式，将学习与工作结合起来，使员工寓工作于学习之中、寓学习于工作之中，成为学习型企业，在营销、服务、企业文化和绩效考核等方面产生由员工自发的动力，为企业建立无可比拟的竞争优势，成为一个名副其实的学习型组织。

案例分析思路 6-2

（资料来源：http://www.qdvya.com/gnxw/38909.html）

第三节　建立创新管理部门

创新的重要性已经逐渐被企业重视。面对日益激烈的竞争环境，一成不变的生产管理模式已经难以适应外部环境对企业带来的冲击。创新成为企业可持续发展的源泉。但对传统的企业而言，创新仍未付出行动，过少的预算、缺乏专门的管理部门、员工创新意识淡薄等都成为影响创新的因素。尽管部分企业中存在开发或研发部门，但这些部门更多地只是关注对产品或者技术本身的创新，至于如何引导更多的员工参与创新、如何将创新的成果转化为经济效益、如何进一步激励创新等都难以解决。因此，要真正将创新转化为实践，创造价值，我们需要一个专门的创新管理部门。

一、建立创新管理部门的必要性

在传统组织中大都能找到行政部、人事部、财务部、销售部等职能部门，但专门负责组织创新行为管理的部门几乎没有。尽管这些组织内部的创新行为也会得到相应管理，但是这种管理职能被分配到了不同的部门来执行。要构建真正意义上的创新型组织，需要建立专职的创新管理部门，这是因为：

（1）专职的创新管理部门可以保证大量创新管理事务的执行效率。以最基本的工作为例，要负责接受、浏览、评估、反馈来自各级组织成员的创新提案就是一个耗时耗力的任务，尤其是当创新型组织开始挖掘出组织成员的创新潜力后，各种各样的新想法、新点子会如雨后春笋般纷纷涌现，若不能及时处理组织成员的创新提案，就会挫伤他们的创造积极性。但是如果把这样的工作分配给其他职能部门或者直接交给基层领导，难免会被视为本职工作以外的负担，执行的效果很难保证，而且上级部门又很难加以监管和控制。此外，组织内的创新管理工作还包括创新过程的导向与管理、创新相关的信息处理、创新培训的安排、创新能力的测试、创新成果的评估等，这么多的职能与工作量决定了成立专职部门是最好的选择。

（2）专职的创新管理部门可以为沟通提供一个统一的渠道。无论对于高层管理人员还是对于基层员工，有一个统一的信息渠道势必会为信息交流带来极大的便利。试想假如一个在生产第一线工作的基层员工忽然产生了一个挖掘潜在市场的好点子，他该怎么做才能将创意实现呢？首先应该向谁汇报？汇报后是否会受到重视？汇报后的执行如何保证？后面的反馈如何实现？有了创新管理部门，这些问题都将迎刃而解。无论哪个部门、哪个层级的组织成员有了好的创意，都可以通过方便、直接的渠道向创新管理部门汇报，并且可以从创新管理部门得到反馈，而领导需要收集下属的创意或者执行一个创新项目的时候，也只需与创新管理部门沟通即可，大大缩短了信息渠道的长度、简化了沟通的流程。

（3）专职的创新管理部门能在一定程度上摆脱职权结构的束缚。在结构图复杂的组织中，除了信息沟通障碍外，这类组织因为职权层级多、职能部门多等特点，创新过程还有可能遭受其他源于职权结构的负面影响。比如一个组织成员在与顶头上司争论的时候就明显处于劣势，尽管他的观点可能是正确的。当然，创新型组织的企业文化改造会尽可能地改变这种情况，但这需要很长时间才能做到，而且也很难杜绝类似情况的发生，此时创新者就特别需要一个不偏不倚的支持者。创新管理部门在组织中能够有效承担这样的责任，它直接由组织最高层的领导管辖，对组织的全局利益负责，不受任何职能部门的行政约束，也不与任何个人产生经济利益的瓜葛。所以它可以超脱出职权结构的束缚，尽可能地保证创新管理的公开、公平、公正。

（4）创新管理部门的建立也是组织转型的体现。从象征意义上来说，创新管理部门的建立也是组织领导进行组织结构再造决心的体现，是创新型组织构建过程中的标志性事件，无论对于内部员工还是对于外部公众来说都有重要的心理价值，这对构建创新型组织具有非常重要的促进作用。

二、创新管理部门工作职责

创新管理部门的工作不同于其他部门，应有其独有的职责。具体而言，创新管理部门的主要工作职责包括以下几个方面。

1. 收集、浏览创意并及时反馈

创新管理部门是代表组织接纳创意的窗口，在制度保障的前提下，创新管理部门要以积极主动的姿态尽可能地通过所有的渠道收集来自组织各个层级的新点子、新想法。创新管理部门有责任为员工提供尽可能方便、快捷、可靠的创意递交渠道，包括意见箱、例会、电子邮件以及口头汇报等。此外，反馈也是很重要的，因为每一个提出建议的员工都会迫切希望得到反馈。如果得到肯定则可以进一步激励他们，即使建议没有被采纳，只要能够提出充分的、有说服力的理由，同样可以使他们从中获得收益——这本身是很重要的激励形式之一。一般建议在五个工作日以内给员工一个答复，包括以下几种形式：如果创新管理部门认为该创意简单易行、投资风险小而且确实有效，则可直接告知提议者"已采纳"，并做出相应的奖励；如果创新管理部门认为此创意有明显的疏漏或者已有类似的创意被提交过，则可告知提议者"未采纳"，并简要说明原因；如果创新管理部门认为该创意并不完善或者论据不足，可将之退回给提议者，说明问题是什么并提出"请完善"；如果创新管理部门认为此创意具有潜在价值，但投资和风险均比较大，且很难立即判断其可行性，则可告知提议者"需论证"以及什么时候他的提案会在会议上被讨论。

2. 对创新信息进行管理

创新管理部门的职能之一就是收集创新信息，建立创新信息数据库，对信息进行有效的管理。以前大多是通过书面文档的形式来保存档案资料，这种形式不利于信息的保存、整理和检索。随着互联网产业的发展，将创新信息以数字的形式保存在计算机里，从而构成开放的、易于维护的数据库与信息库成为可能。从员工提交创意之时起，创新管理部门就应当将之分门别类地录入创新信息库中，并且全程跟踪记录此创新活动的进展情况。同时，必须建立知识门户，将隐性的经验知识或案例以及显性知识储存起来，并且让员工可以访问、输入以及更新。通过这种形式，员工自己可以通过登录知识门户，查看自己的创意，以及创意的执行情况。并且，知识门户和外界也要发生交互，获取行业、技术等知识或信息，为创新的不同阶段提供知识资源。

3. 为其他职能部门提供信息

创新管理部门不同于生产部门或者销售部门，它并不能直接地产生经济效益，只有将创新信息传递到其他职能部门才能表现出其潜在的价值。因此，创新管理部门有义务为其他职能部门提供信息检索、分析的服务。例如，一个手机生产企业的研发部就可以向创新管理部门提问："我们的产品待机时间总是很短，不能满足顾客的需求，我们目前的技术与工艺都无法解决待机时间与手机重量的矛盾，有突破性的解决办法吗？"此时创新管理部门就应该根据研发部门提出的问题与提供的信息去检索与电池容量、发射功率、液晶屏耗电量等要素相关的创新信息，看看是否有现成的或者有发展潜力的创新方案。而且，这种检索与分析不应局限在组织内部，创新管理部门工作人员应该凭借丰富的专业知识与长期积累的经验在全国乃至全世界范围内收集相关的信息。若无法找到现成的解决方案，创新管理部便可以以此为导向开展创意的收集。

4. 导向、支持、管理组织创新行为

创新必须顺利完成萌发创意、发展创意、落实创新这三个阶段以后才能真正为组织带来效益。在萌发创意阶段，创新管理部门应当根据组织的阶段性目标，在保证创新自由度的前提下，通过向组织成员澄清组织的需求、提供有利于创意萌发的信息与数据、组织有针对性的会议等方式为创意的形成提供一定的导向。而当某个或某些创意经过评估审定获得了认可进入发展创意阶段以后，创新管理部门应当给予创意足够的重视与关心，确保将创意转化为具体的、可操作的创新方案，以免创意沦落为"一纸空文"。最后，在创新落实阶段，创新管理部门应当负责协调好各个相关职能部门的关系，统一相关人员的认识与观念，并协助各部门领导一起将创新方案落到实处。在创新方案开始执行后，还需要经常收集反馈信息，听取员工意见。

5. 对参与创新活动的人员进行考评、激励、培训与招募

俗话说"事在人为"，组织创新更是一个充分依靠众人智慧与努力的事业，所以创新管理部门与人力资源管理部门应该保持密切合作。绩效考评与激励是人力资源管理部门的重要职责之一，而目前大多数企业都没有把创新绩效纳入考评体系或者作为考评的重点，而这一点在创新型组织中会有根本的改变——创新成果将成为绩效考评的重要考虑因素之一，并且将被纳入常规的考评项目。而且，由于对于创新行为的激励方式方法与寻常的激励有很大的区别，所以创新管理部门必须协助人力资源管理部门开展创新行为的考评与激励。此外，在创新型组织中人员的招募与培训也应有创新管理部门的参与。创新管理部门应当根据专业知识与组织的实际需求提出有针对性的测试方案，在招募员工时根据目标岗位对个人的创造智力与创造人格进行科学的测试。而组织内部的员工也需要经常接受创新方面的专家培训或组织内部培训，这些都需要由创新管理部门与人力资源管理部门共同落实。

6. 总结、评价组织创新工作并且不断寻求改进

一个组织需要有持久的自我学习和自我完善能力，创新型组织更是如此。因为创造学，尤其是组织创新理论本身就是一个新兴的学科，所以很多概念与方法的正确性、有效性都需要经过实践的检验，只有在落实过程中不断地进行修正与改进才能保持创新型组织理论本身的活力，每个组织都需要根据自己独有的特点对创新型组织的管理理论进行发展与演化。同时，其他的创新管理制度也需要持续不断地改进。所以创新管理部门的职责之一就是阶段性地对组织创新的开展情况与取得的成果进行回顾与总结，汲取经验发现问题并主动对不足之处进行改进。

三、创新管理部门工作流程

上文中我们详细分析了为什么要成立创新管理部门，以及创新管理部门的职责。那么下面就要详细论述创新管理部门的工作流程，流程是组织设计的基础。图 6-4 完整地展示了创新管理部门的工作流程。

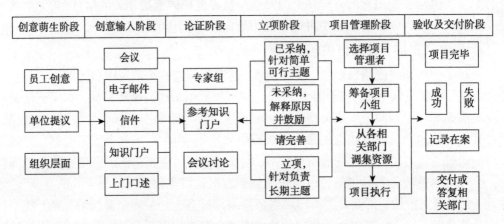

图 6-4　创新管理部门的工作流程

注：图中横向表示创新的阶段，纵向表示在每个阶段内进行的活动。

1. 创意萌生阶段

创意萌生分为三种类型。一是员工创意，各个部门内部员工提出创意。二是单位提议，部门或部门下的单位提出的创意以及部门提出问题，创新管理部门组织的创新探索。三是组织层面，企业组织层面提出的创意，以及企业层面的创新要求，创新管理部门负责组织实施。在这一阶段，创新管理部门能通过对企业环境和文化的影响来增加创意萌生的概率和数量。员工自发关注企业，提出自己的创意需要企业有良好的氛围和创新性的文化。创新管理部门可以通过不定期的举办活动或者组织培训，让员工更多地感受到这种氛围。

2. 创意输入阶段

创意以及创新的要求产生后,创新管理部门需要获取这些信息,获取的途径有会议、电子邮件、信件、知识门户以及上门口述。途径越多,获取信息的有效性、及时性就越强。

3. 论证阶段

创意及创新要求输入后,创新管理部会进行论证,以决定创意是否可行,或创意要求是否合理、是否能实现。创新管理部门根据创意或创新要求的类型以及所属领域,对于简单易分辨的创意可以马上定出结论,对于无法准确判断的可以组织专家开会讨论来决定。

4. 立项阶段

经过论证,就可以对创意或创新要求做出回复。如果采纳,就可以通知提出者,已采纳,并做出相应奖励;如果未采纳,要及时解释原因,并鼓励提出者,绝对不能敷衍了事;如果创意尚有不完善之处,可以要求提出者进一步完善,并给予相应支持与帮助;如果项目复杂或者周期长,可以立项,组成项目组来实施。

5. 项目管理阶段

当复杂或者长期项目立项后,就可以进入项目管理阶段。首先,选择项目管理者,若项目涉及研发,原则是有研发项目管理经验者优先。若项目属于管理创新或制度创新,应当选择战略或者企划部相关人员;其次,筹备项目小组,选择组员,组成项目组。组员可以从所涉及的部门调配,选人的原则是具备创造性、冒险精神、进取心;再次,需要从各相关部门调集资源,资源类型有知识资源、专家资源以及其他可能用到的资源;最后,投入项目执行阶段。在这一阶段,大家围绕设定好的目标,按照创意进行各种研发或创新工作。

6. 验收及交付阶段

创新管理部门需要对项目的实施结果予以验收与交付。项目中间发现技术难题,无法解决而宣告失败,或者项目进展顺利,取得了创新性成果,创新管理部门都需要对这些结果进行详细的记录。一来可以作为案例分析,提高创新管理部门的管理水平和工作能力;二来可以作为后人参考的资料,最好能录入企业的知识库内。最后,如果项目成功了,需要交付成果给相应的部门;如果失败了,则将分析报告交给相应部门。

案例6-3

通用电气公司(GE)是一家集技术、制造和服务业为一体的多元化公司,致力于在其经营的每个行业取得全球领先地位并推动客户成功。公司在全世界多个国家开展业务,在全球拥有员工近313 000人。GE公司原来的组织结构是传统金字塔型的结构,管理层次非常多,最下面的员工向公司总裁韦尔奇报告工作要通过16层。韦尔奇为此解雇了一大批中高层管理者,迫使组织扁平化。韦尔奇着力构筑学习型组织,提出"无边界"理念,使得建设学习型文化有了一个切实可行的模式。韦尔奇的这一举措,无疑促成了企业内部创新文化的形成和企业对于员工创新的肯定，进而推动了创新事业的发展。

早在知识管理这个概念热起来之前，GE就已经开始从事一项包含知识管理功能的工作——六西格玛。

GE平均每年会推动近7 000个六西格玛项目。这些项目所涉及的领域已经远远超出了生产与质量管理的范畴，全面地覆盖企业经营的各个角落。通过详尽的项目记录，GE成功实现了所有企业经营的相关流程知识的显性化与标准化。六西格玛活动为GE收集的知识不局限于企业自身。相关数据显示，GE现在推行的六西格玛项目中有1/3是与其合作伙伴直接或者间接相关的，有些项目更是以帮助合作伙伴改善流程为目标的。通过这些"援外"项目，GE又轻松地把上下游的企业相关经营知识与信息尽收囊中。

知识标准化环节是知识管理价值链上最难攻克的一环，如果知识无法被有效地标准化，那后面的知识共享与知识应用这两个环节的效率将相当低下。而六西格玛突破了这一思维的局限。它不但注重通过完整的体系对知识进行标准化的编码，而且注重提升企业员工在知识编码与解码过程中的能力。六西格玛对于每一位GE的员工来说，首先就是一次严苛的考验。每一位新晋员工在进入GE后必修的第一课就是六西格玛，而且在培训之后还有非常严格的考试，如果在一定的期限内无法通过考试，被解雇就成了唯一的选择。通过这种强制的提升，六西格玛成为GE内部一种有效的"共同的价值观"和"标准化的语言"，员工在知识解码过程中曲解和误解的概率大大降低。

GE也非常重视知识的溢出效应。对任何企业而言，知识的价值在于运用，而运用的前提是知识在企业范围内的有效传播，即实现知识在企业内部的溢出效应。一个人、一个部门、一个业务单元所掌握的知识依托高效的知识传播机制，迅速扩展到整个企业之中，真正发挥出组织学习与知识创新的竞争优势。

当GE的某一战略业务单元开发出某种创新的业务流程，如有效的顾客服务流程时，该业务单元会将这一创新的业务流程推荐给总部的评价中心。总部通过认真的评估，在确认该流程创新具有推广价值之后，会对这一业务流程进行系统的梳理，并将它推广到公司内部的其他战略业务单元中去。如果某个战略业务单元不想采纳这一已通过检验的流程创新，必须提出站得住脚的理由。这样，GE就建立了强有力的支撑公司多元化战略的知识溢出机制。

GE最著名的管理创新就是成立SBU——战略事业单位，按照业务划分部门，将不同的业务或产品线独立成一个部门，成为独立决策的单元，增强了灵活性。韦尔奇通过变革做到了给中间层充分授权，又能够分层协作。

（资料来源：http://wenku.baidu.com/link?url=cCvW3s8sf8fOTmPxroL5wzyp[JP]TPNoxnsjUx0eTuTaR853ppiCXTby8TTGeQNR_VieqpYZmyp_bzfUd3kwjlu8 CvykXZA3akckQ47ch9pmu.）

章 末 小 结

1. 所谓创新型组织，是指创新能力和创新意识较强，能够源源不断地进行技术创新、组织创新、管理创新等一系列创新活动的组织。

2. 创新型组织中，必须进行知识管理，这是创新活动的要求，也是企业持续创新的要求。

3. 创新型组织的"7C"特征包括协作、团结、诚信、称职、互补、自信、组织精神。

4. 建立创新型组织需要解决的问题包括培养有创新精神的成员、设计孕育创新的组织结构和文化。

5. 创新管理部的工作流程与阶段为：创意萌生阶段、创意输入阶段、论证阶段、立项阶段、项目管理阶段、验收及交付阶段。

6. 要构建创新型组织，有必要设立专门的创新管理部门，专事专办，挖掘企业员工创新潜力。

7. 建立创新管理部门的必要性在于：成熟的创新型组织在运作过程中会有大量的创新管理事务需要处理；创新管理部门为沟通提供了一个统一的渠道；专职的创新管理部门能够在一定程度上摆脱职权结构的束缚；创新管理部门的建立也是组织转型的体现。

8. 创新型组织遵循程序化、求真务实及循序渐进的构建原则。

9. 创新型企业组织的构建方法包括角色界定法、组织协调法、任务导向法。

10. 创新型组织建设的步骤包括客观评价创新型组织现状、建设创新型组织、创新型组织建设结果和创新型组织的完善。

11. 创新型企业创新组织构建的对策包括重视领导者的树立、在创新型组织中形成特有的组织文化、合理的制度支持和注重后备人才的储备。

课后习题

1. 什么是创新型组织？如何判断一个组织是否为创新型组织？

2. 一个成功的企业必须具备完善高效的创新型组织，如何构建合适的创新型组织呢？

3. 请问构建创新型组织的保障措施有哪些？

4. 一个真正意义上的创新型组织，为什么需要建立一个专职的创新管理部门呢？

5. 流程是组织设计的基础，创新管理部门的工作流程是怎样的呢？

答案解析 扫描此码

即测即练题

自学自测 扫描此码

参 考 文 献

[1] CAMPBELL D E. Incentives: motivation and the economics of information[M]. Cambridge: Cambridge University Press, 1995: 45-48.

[2] DUNNE D AVID. Design thinking at work: how innovative organizations are embracing design[M]. Canada: University of Toronto Press, Scholarly Publishing Division: 2018.

[3] RASMUSSEN E. Games and information: an introduce to game theory[M]. New York: Wiley Son, 1989: 35-39.

[4] KREPS D M. A course in microeconomic theory[J]. The Journal of Economic Perspectives, 1990(1): 19-22.

[5] NONAKA I, TAKEUCHI H. The knowledge creating company: how Japanese companies create the dynamics of innovation [M]. Oxford: Oxford University Press, 1995.

[6] COLWELL R. BEYOND barcodes: wisdom in the age of information[Z]. National Press Club, 1999: 14-18.

[7] ROLLINS T. Pay for performance: is it worth trouble?[J]. Personal Administrator, 1988(5): 6-8.

[8] MASSY W F. Resource allocation in higher education [M]. Ann Arbor: The University of Michigan Press, 1996: 66-68

[9] 阿曼德，谢泼德. 创新管理——情境、战略、系统和流程[M]，陈劲，等译. 北京：北京大学出版社，2014.

[10] 笛德，本珊特，帕维特. 管理创新——技术变革、市场变革和组织变革的整合[M]，王跃红，李伟立，译. 北京：清华大学出版社，2008.

[11] 德鲁克. 21 世纪的管理挑战(第一版)[M]，刘毓玲，译. 北京：机械工业出版社，2000.

[12] 曹扬，邹云龙. 创新的性质及其组织[J]. 东北师范大学学报(哲学社会科学版)，2017(6)：86-90.

[13] 陈国海. 组织行为学[M]. 5 版. 北京：清华大学出版社，2018.

[14] 陈劲，金鑫，何郁冰，等. 突破型高新技术产业组织模式研究[J]. 中国地质大学学报(社会科学版)，2006(4)：8-12.

[15] 陈劲，童亮，戴凌燕. 中国企业 R&D 国际化的组织模式研究[J]. 科学学研究，2003，21(4)：391-395.

[16] 陈劲，童亮. 联知创新——复杂知识产品系统创新的知识管理[M]. 北京：科学出版社，2007.

[17] 陈劲，王方瑞. 技术创新管理方法[M]. 北京：清华大学出版社，2006.

[18] 陈劲，吴波. 开放式创新下企业开放度与外部关键资源获取[J]. 科研管理，2012(9)：10-21；106.

[19] 陈劲，吴航，金珺. 企业如何实施开放式创新：组织变革的视角[J]. 中国地质大学学报(社会科学版)，2012(1)：74-80；139.

[20] 陈劲，吴航. 企业开放式创新实施机制：项目管理视角[J]. 西安电子科技大学学报(社会科学版)，2012(1)：19-24.

[21] 陈劲，朱朝晖. 我国企业技术创新国际化的资源配置模式研究[J]. 科研管理，2003(5)：76-83.

[22] 陈劲，郑刚. 创新管理——赢得持续竞争优势[M]. 北京：北京大学出版社，2009.

[23] 陈劲. 国家绿色技术创新系统的构建与分析[J]. 科学学研究，1999(3)：37-41.

[24] 陈劲. 永续发展：企业技术创新透析[M]. 北京：科学出版社，2001：5-6.

[25] 陈劲. 复杂产品系统创新管理[M]. 北京：科学出版社，2007.

[26] 陈钰芬，陈劲. 开放式创新：机理与模式[M]. 北京：科学出版社，2008.

[27] 卢显文. 创新型组织：21 世纪企业管理新模式[J]. 大连理工大学学报，2005，26(5)：44-49.

[28] 宋俊雄. 企业创新型团队建设研究[J]. 辽宁经济，2013(4)：88-89.

[29] 沈梓鑫. 美国的颠覆性技术创新：基于创新型组织模式研究[J]. 福建师范大学学报(哲学社会科学版)，2020(1)：91-100，172.

[30] 托尼·达维拉，等. 创新之道——持续创造力造就持久成长力[M]. 刘勃，译. 北京：中国人民

大学出版社，2007.

[31] 吴慈生，杨艳，苏多清，等. 创新型组织的特征研究[J]. 科技与管理，2008，10(2)：14-17，22.

[32] 徐家良. 改革开放后上海社会组织创新发展研究[M]. 上海：上海交通大学出版社，2018.

[33] 殷辉，陈劲，谢芳. 开放式创新下产学合作的演化博弈分析[J]. 情报杂志，2012(9)：185-190.

[34] 喻登科，刘江莹. 创新型企业知识资本、组织性格与未来取向[J]. 科技进步与对策，2020，37(2)：115-124.

[35] 约瑟夫·熊彼特. 经济发展理论[M]. 何畏，等译. 北京：商务印书馆，1990.

[36] 张德良，晁玉方. 现代企业管理. 经济管理系列[M]. 2版. 北京：清华大学出版社，2020.

[37] 郑旭军，李戈. 传统出版企业创新型组织模型构建[J]. 中国出版，2021(8)：54-58.

第七章

有 效 沟 通

学习目标

◇ 了解沟通的主要形式与内容；

◇ 理解有效沟通的概念、内容、原则；

◇ 掌握进行有效沟通的方式；

◇ 了解进行有效沟通存在哪些障碍，以及如何清除这些障碍。

> 与智者言，依于博；与拙者言，依于辩；与辩者言，依于要；与贵者言，依于势。
>
> ——鬼谷子

引例

沟通不"迷路"

松下电器的创始人松下幸之助曾经说过："企业管理过去是沟通，现在是沟通，未来还是沟通"。在与上级沟通时，你会不会时常心里发怵？与下级沟通时，你会不会被指责为颐指气使？在职场沟通中，别人都到达了自己的"目的地"，你却在沟通中迷失了"方向"。糊涂的你是否在无意间丢失了自己有效的沟通"地图"？

【情景】 一家公司为了奖励市场部的员工，制订了一项海南旅游计划，部门的名额限定 10 人，可是市场部有 12 名员工都想去，部门经理需要再向上级领导申请 2 个名额。

【沟通"迷路"做法】 市场部张经理向上级领导说："朱总，我们部门 12 个人都想去海南，可只有 10 个名额，另外的 2 个人会有意见，能不能再给 2 个名额？"朱总说："筛选一下不就完了吗？公司能给你们部门拿出 10 个名额就花费不少了，你们怎么不为公司考虑？你们呀，就是得寸进尺，不让你们去旅游就好了，谁也没意见。我看这样吧，你们两个做部门经理的，姿态高一点，明年再去，这不就解决了吗？"很显然张经理的沟通失败了。

【迷路原因】 1. 只顾表达自己的意志和愿望，忽视对方的表象及心理反应。

2. 切不可以自我为中心，更忌讳出言不逊，不尊重对方。

【沟通"成功"做法】 市场部曹副经理走进领导办公室，说道："朱总，大家今天听说去旅游，都非常高兴，觉得公司越来越重视员工了。不知当时朱总是如何想出此妙意的？"朱总说："真的是想给大家惊喜，这一年公司效益不错，是大家的功劳，考虑到大家辛苦一年了。年终了，第一，是该轻松轻松了；第二，放松后，才能更好地工作；第三，是增加公司的凝聚力。大家高兴，我们的目的就达到了，就是让大家高兴的。"曹副经理说："也许是计划太好了，大家都在争这 10 个名额。"朱总说："当时决定 10

个名额是因为觉得你们部门有几个人工作不够积极。你们评选一下，不够格的就不安排了，就算是对他们的一个提醒吧。"曹副经理说："其实我也同意领导的想法，有几个人的态度与其他人比起来是不够积极，不过他们可能有一些生活中的原因，这与我和张经理平时对他们缺乏了解、没有及时调整都有关系，责任在我们。如果不让他们去，对他们打击会不会太大？如果这种消极因素传播开来，影响也不太好。公司花了这么多钱，要是因为这两个名额影响效果就太可惜了。我知道公司每一笔开支都要精打细算，如果公司能拿出两个名额的费用，让他们有所感悟，促进他们来年改进，那么他们多给公司带来的利益要远远大于这部分支出的费用。不知道我说的有没有道理，公司如果能再考虑一下，让他们去，我会尽力与张经理沟通好，在这次旅途中每个人带一个，帮助他们放下包袱，树立有益公司的积极工作态度，朱总您能不能考虑一下我的建议？"后来朱总再三思量下，决定给市场部再增加两个名额。

【成功原因】 在同样的情况下，曹副经理去找朱总之前用异位思考法，树立一个沟通低姿态，站在公司的角度上考虑一下公司的缘由，遵守沟通规则，做好与朱总平等对话，为公司解决此问题的心理准备。

请问，如果你是这个市场部的经理，你会如何与你的上级沟通呢？

（资料来源：https://www.docin.com/p-2013961475.html）

案例分析思路

第一节 有效沟通的内涵

在一个组织中，畅通而有效的沟通有利于信息在组织内部的充分流动和共享、提高组织工作效率、加强民主管理、促进组织决策的科学性与合理性。可见，一个组织的沟通效果决定了组织管理效率，在企业的经营管理过程中，如果能做好组织沟通，对促进企业绩效目标的实现将起到事半功倍的效果。

一、沟通与有效沟通

扩展阅读7-1：完璧归赵

沟通是人与人之间、人与群体之间思想与感情的传递和反馈的过程，以求思想达成一致和感情交流的通畅。在组织中，沟通是维护其整体性的一项十分重要的工作，是组织的无形纽带和润滑剂。具体来说，沟通主要体现在以下几方面。

（1）沟通意味着信息的传递。信息传递是沟通的实质所在，如事实的描述、情感的交流、价值观的分享、意见观念的陈述等，都是信息传递，如果没有信息的传递，则意味着沟通没有发生。这就要求组织中所有的成员，包括组织领导者在沟通时要善于表达自己的思想，不要让无用的信息淹没自己的主题，更不要做无谓的信息传递。

（2）沟通意味着双向的交流。沟通必须有信息发送者，也必须有信息接受者。仅仅有信息发送者，事实上不是沟通，或至少不是有效沟通。比如，组织领导者在前面讲述工作的内容，而组织成员却在台下打瞌睡或看报纸，这时的信息接受者显然是虚置的，这样的沟通是无效的、无意义的。

（3）沟通意味着对方理解了信息。这主要指沟通的有效性。沟通不一定要对方完全接纳自己的观点，但必须要理解。如果存在完美沟通，其经过传递后被接受者感知到的信息与发送者发出的信息应是完全一致的。在跨文化沟通中尤其要注意这一点。

沟通包括有效沟通和无效沟通两种。如果说沟通的对方无法理解或者因为种种原因不肯接受，那么沟通就是无效的，也可以说是沟而不通。而有效的沟通是指通过听、说、读、写等方式，演讲、会见、对话、讨论、信件等形式将思维准确、恰当地表达出来，以促使对方接受。有效沟通的作用体现在以下几个方面。

（1）沟通可以促进组织内成员间的相互了解。沟通可以使组织中下情上传、上情下达，促进彼此间的了解，这是人们的一种重要心理需要。一方面，沟通可以消除人们内心的紧张和怨恨，使沟通双方产生共鸣，增进彼此的了解，改善关系；另一方面，如果一个组织信息沟通不畅，成员间的意见难以沟通，则会影响成员的心理健康，甚至影响组织的工作。因此，有效的沟通有利于提高组织内部成员的士气，增进人际关系的和谐，为组织的顺利发展创造"人和"的条件。

（2）沟通可以增强组织凝聚力。有效的组织沟通既可以推动领导者改进管理，又可以激励组织成员的工作热情和参与管理的积极性，提高组织成员信心及主人翁责任感，积极主动地为企业发展献计献策，从而增强组织内部的凝聚力，使管理工作更富成效，企业蓬勃发展。

（3）沟通可以保障组织目标顺利实现。组织运作的目的在于达到组织的共同目标，而达到目标的关键在于组织成员之间的交流和相互理解。一个组织只有通过沟通才能成为一个有机的整体。通过组织沟通，每位组织成员才能清楚地了解每个成员的目标和位置，才能更好地联系与互动，实现自我价值。

（4）沟通可以提高组织决策水平。通过组织沟通，可以充分利用"集体智慧"，并从中产生最佳的决策。当组织要做出重大的决策或实施重要的措施时，组织领导者必须做好良好的沟通工作，包括各种形式的浅层和深层的沟通工作。让更多的成员参与决策，不仅可以增强他们的主人翁责任感，同时可以集思广益，帮助决策。

（5）沟通可以增强组织的创造力。每个人都有自己的思想、价值观、信念，但并不是所有的想法都会表达出来。事实上，组织中大多数的事情都值得花时间去沟通，特别是有的人想法非常敏锐或者模棱两可时，很容易被激发新思想，如果组织领导者能够把握这种动态，那么组织沟通就会使组织的创造力不断提高。

（6）沟通可以加速问题解决。通过沟通，可以使组织成员了解在特定的项目中每个人的任务是什么，知道怎样把别人的经验为我所用，每一位成员都小心谨慎且不时地做出调整，这样组织整体的工作才能得以迅速地进展。这种调整最终影响整个企业，推动着企业的发展。

案例7-1

新创华公司与圆谷公司的沟通

日本圆谷公司推出的奥特曼系列在中国广受欢迎。作为《迪迦奥特曼》的续作《戴拿奥特曼》，其主演鹤野刚士将自己与角色深度绑定，在推特等社交平台常以"戴拿奥特曼"的身份发表一些过分言论，伤害了中国粉丝的感情，被中国粉丝所抵制。恰逢奥特曼系列 55 周年，作为奥特曼系列国内版权代理公司的新创华，与日本圆谷公司方面负责人就此问题进行了对话。

该部分对话内容如下：

孙剑：50 多年来，圆谷和众多演员、工作人员合作制作了众多的优秀作品。据我们了解，在这些作品的制作团队中，除了部分是圆谷的员工以外，更多的是外部的公司或团队甚至个人，大家是如何齐心协力、持续不断创作出这么多优秀的作品的呢？

塚越隆行：的确如您所说，在这么多部作品的制作团队中，除了少量是我们自己的员工以外，大部分是来自日本国内各大事务所的演员、职员以及其他专业人士。大家都来自不同的地方、公司或团队，无论是工作习惯、工作方法还是每个人做事的风格其实都各有差异，甚至每个人的政治立场、宗教信仰都可能是截然不同的，正因为如此，我们对作品的整个创作过程的管理是非常严格的，但我们无法控制演职人员在此过程以外的个人言行，当然他们的这些个人言行与奥特曼作品本身及我们公司也是无关的。

借此访谈机会，新创华运用了有效沟通的方式，通过询问作品的团队创作过程来间接表达对演员言论是否代表公司意志的疑问，得到了圆谷公司对某些演员不当言论持不支持态度的正面回答。通过这次沟通，使得中国粉丝将演员与角色分开，依然支持奥特曼系列，促进了奥特曼系列在中国的长久生存。

案例分析思路 7-1

（案例改编自：https://weibo.com/ttarticle/x/m/show/id/2309404541537844592679?_wb_client_=1）

二、沟通的形式与内容

在组织中，沟通的形式一般有以下几种：第一，自上而下，由组织领导者向组织成员进行沟通。在组织中，组织领导者需要把信息通报给组织成员，并向他们分派任务，同时为他们提供完成任务所需要的信息，这种沟通过程一般呈阶梯状。第二，自下而上，由组织成员向组织领导者进行沟通。这种沟通形式是指组织成员向组织领导者汇报有关信息，组织领导者再向其上级汇报，以此类推，直到最高层。以上两种沟通形式是目前组织沟通中主要的形式。第三，水平沟通，是指组织成员间或组织间的沟通，这种沟通形式大多数情况下是为了简化垂直方向的交流而产生的非正式沟通。

组织沟通的内容主要有信息沟通与非信息沟通两大部分。信息沟通是组织沟通的主要内容，主要包括组织及成员所需的信息以及组织和成员产生的信息，一般分为正式沟通与非正式沟通两种形式。非信息沟通指包括思想、感情等方面的内容，如组织领导者了解成员对工作的一些真实想法，或成员在生活上和个人发展上的一些其他需求。以下将对信息沟通的两种类型进行阐述。

1. 正式沟通

正式沟通一般是指在组织系统内，依据组织明文规定的原则进行的信息传递与交流。例如组织与组织之间的公函来往、组织内部的文件传达、召开会议、上下级之间的定期情报交换等。具体包括以下几种沟通形式。

（1）定期的书面报告。员工可以通过文字的形式向上司报告工作进展、反映发现的问题，主要有周报、月报、季报、年报。当员工与上司不在同一地点办公或经常在外地工作的人员可通过电子邮件进行传送。书面报告可培养员工理性、系统地考虑问题的能力，提高逻辑思维和书面表达能力。但应注意简化书面报告的文字，只保留必要的报告内容，避免烦琐。

（2）一对一正式面谈。正式面谈对于及早发现问题、找到和推行解决问题的方法是非常有效的；可以使管理者和员工进行比较深入的探讨，能够讨论不易公开的观点；使员工有一种被尊重的感觉，有利于建立管理者和员工之间的融洽关系。但面谈的重点应放在具体的工作任务和标准上，鼓励员工多谈自己的想法，以一种开放、坦诚的方式进行谈话和交流。

（3）定期的会议沟通。会议沟通可以满足团队交流的需要；定期参加会议的人员相互之间能掌握工作进展情况；通过会议沟通，员工往往能从上司口中获取公司战略或价值导向的信息。但应注意明确会议重点，且注意会议的频率，避免召开不必要的会议。

正式沟通的优点是：沟通效果好、比较严肃、约束力强、易于保密、可以使信息沟通保持权威性。重要的消息和文件的传达一般都采取这种方式。其缺点在于，因为依靠组织系统层层传递，所以很刻板，沟通速度很慢，此外也存在着信息失真或扭曲的风险。

2. 非正式沟通

非正式沟通是指在正式沟通渠道之外进行的各种沟通活动，一般以办公室人员之间的交往为基础，通过各种各样的社会交往而产生。非正式沟通和正式沟通不同，因为它的沟通对象、时间及内容等各方面，都是未经计划和难以辨别的。非正式组织是由于组织成员的感情和动机上的需要而形成的，其沟通途径是通过组织内的各种社会关系，这种社会关系超越了部门、单位以及层次。在相当程度内，非正式沟通的发展也是配合决策对于信息的需要。这种途径较正式途径具有较大弹性，它可以是横向流向，或是斜角流向，一般也比较迅速。在许多情况下，来自非正式沟通的信息反而获得接收者的重视。由于传递这种信息一般以口头方式，不留证据、不负责任，许多不愿通过正式沟通传递的信息，却可能在非正式沟通中透露。但是，过分依赖这种非正式沟通途径也有很大危险，因为这种信息遭受歪曲或发生错误的可能性相当大，而且无从查证。尤其与员工个人关系较密切的问题，如晋升、待遇、改组之类，常常发生所谓"谣言"。这种不实消息的散布，对于组织往往造成较大的困扰。

非正式沟通主要包括集群连锁、密语连锁、随机连锁、单线连锁四种类型。集群连锁是指在沟通过程中，可能有几个中心人物，由他转告若干人，而且有某种程度的弹性。密语连锁是指由一人告知所有其他人，犹如独家新闻。随机连锁是指碰到什么人就转告什么人，并无一定中心人物或选择性。单线连锁是指由一人转告另一人，他也只再转告一个人，这种情况最为少见。

非正式沟通的优点在于沟通方便、内容广泛、方式灵活、沟通速度快，可用于传播一些不便正式沟通的信息；而且由于在这种沟通中比较容易把真实的思想、情绪、动机表露出来，因而能提供一些正式沟通中难以获得的信息。缺点在于非正式沟通难以被控制，传递的信息不确切，容易失真、被曲解，并且，它可能促进小集团、小圈子的建立，影响员工关系的稳定和团体的凝聚力。如果能够对企业内部非正式的沟通渠道加以合理利用和引导，就可以帮助企业管理者获得许多无法从正式渠道取得的信息，在达成理解的同时解决潜在的问题，从而最大限度提升企业内部的凝聚力，发挥整体效应。

三、有效沟通的原则

要进行有效的组织沟通，还必须掌握以下几个原则。

（1）进行有针对性的沟通。人们对信息的接受具有偏好性，往往会对不熟悉或具有威胁性的信息产生排斥。有针对性的沟通是指在传递信息时要具有目的性及保密性，同一信息对不同的人具有不同的价值。因此，要注意信息传递的目标，确保信息的效用。

（2）对信息量要有所控制。在组织管理中，由于分级主管部门的角色不同，每个组织成员所考虑的问题不同。因此，在信息传递时，要适当注意量的控制，传递必要的信息，而对需要保密的信息进行保密。同时要注意两种倾向：一是信息过分保密的倾向，过度保密会导致信息阻塞，不利于组织之间的协调与统一；二是随意扩散信息的倾向，在传递信息时，不考虑信息的保密程度，不选择信息传递的对象，将所收集的信息随意扩散，会导致信息混乱。

（3）要保证所提供的信息是有价值的。在组织工作中，沟通和信息是两个不同的概念，由于信息量非常大，没有必要获取所有的信息，因此，沟通时所提供的信息应该是有价值的、重要的信息。

（4）保证沟通信息的质量。沟通的质量体现在：信息要多，即在单位时间内传递的信息数量要多；信息要快，即信息传递要迅速、及时，有价值的信息若不能及时传递则可能变得毫无价值；信息要好，即要消除信息传递中的种种干扰，保持信息的真实性；信息要有效益，即以尽可能少的成本获得更多的信息。

（5）及时反馈。在组织沟通中，及时反馈要求是双向的，即组织成员要经常给组织领导者提供信息，同时接受组织领导者的信息查询；组织领导者也要经常向组织成员提供信息，同时对组织成员提供的信息进行反馈，从而形成一种信息环流。

（6）限制越级沟通。越级沟通是指抛开管理信息系统，使沟通双方直接对话。在组织管理中，不能过多采用这种方式，在某些特殊情况下可以限制使用。

（7）控制非正式沟通。对于非正式沟通，要实施有效的控制。尽管在一些情况下，非正式沟通往往能够达到正式沟通难以达到的效果，但它也可能成为散布谣言和小道消息的渠道，产生负面的作用。

第二节　有效沟通的方式

在组织中进行准确有效的沟通，可以增强组织的凝聚力与员工的认同感，提高组织领导者的管理效率。那么如何使组织上下沟通顺畅，达到无缝隙沟通呢？主要有以下几种方式。

视频 7-1：学会与人用心沟通

一、自我评价组织沟通

领导和管理的精髓在于认识和了解员工，而认识和了解员工的直接途径便是沟通。

员工通过沟通可以了解到管理者的计划和要求，从而保证计划和要求实施渠道的畅通。

具体来说，每一个组织成员可以根据自身的生活范围和交往对象来评价自己的沟通状况，这种自我评价一般可以分为三部分。

（1）明确自己沟通的对象和范围。不同的组织成员有不同的沟通情境和沟通对象，可根据自己的情况来列清单，从而对自己的沟通范围和对象建立一个明确的概念。

（2）自我评价沟通状况。在进行自我沟通状况评价时，可以通过以下几个问题的反问来进行：对哪些情境的沟通感到有心理压力？对哪些情境的沟通感到愉快？最愿意保持沟通的对象是哪些类型？最不喜欢与哪些人沟通？能否经常与多数人保持愉快的沟通？是否经常感到自己的意思没有说清楚？是否经常误解别人，事后才发觉自己错了？是否经常懒得与别人写信或打电话？等等。通过回答上述问题，可以对自己的沟通状况有比较全面的了解，还可以判断自己的组织沟通状况。

（3）评价自我的沟通方式。沟通主动性和沟通专注水平是评价沟通方式有效性的两个维度。沟通主动性是评价我们在进行沟通时，究竟是主动去沟通还是被动接受沟通。主动沟通者沟通对象广泛，沟通内容不拘一格，容易通过沟通与别人建立并维持广泛的人际关系。而被动沟通者的倾向则正好与主动沟通者相反。沟通专注水平评价的是沟通者的投入程度，沟通专注水平高的沟通者，不仅可以注意到自己所发出信息的指向性、准确性和对方的可接受性，而且对于对方的反馈过程保持高度注意。沟通专注水平低的沟通者的注意力往往容易分散，发出的信息不能很好地与自己的沟通意图相应，尤其是不能很好地注意对方的反馈和给予对方充分的反馈。

二、善于换位思考

在组织沟通中，会遇到沟通思维方式、世界观、人生观、价值观、社会规范、物质文化、语言、非语言等诸多方面的差异。每一个组织成员都拥有不同的角色与身份，且成员之间存在复杂的人际关系，都将影响组织成员的沟通效率。为此，要想让组织顺畅沟通，学会换位思考是必要的。在组织沟通中，通过换位思考可以使组织成员相互了解、相互尊重、增强信心、建立信任关系。因此，换位思考是组织沟通的"润滑剂"，同时换位思考也需要注意以下几点。

第一，换位思考只适宜上对下。在组织沟通中，换位思考在使用中具有方向性，只适宜上级对下级或商家对顾客换位思考，而不能要求下级对上级换位思考。

第二，换位思考只宜律己。换位思考一般只要求自己换位思考，为组织成员着想、为客户着想，而不能要求别人为自己着想。

第三，换位思考应形成一种氛围。换位思考实质上是人本管理的表现，强调满足人的心理要求，通过潜移默化而非规章制度来树立"人人为我，我为人人"的观念。因此，只有把换位思考作为组织文化的一个组成部分，融入每位成员的灵魂深处，才能形成管理上的良性循环，促进组织的发展。

第四，换位思考重在行动。换位思考在组织管理中强调重视人情，默默做到的效果，要强于先讲出来再付诸行动。在组织沟通中，运用换位思考的方式可以使沟通更有说服力。

三、巧用组织沟通技巧

组织成员应该善于与自己组织内的其他成员进行交流，使组织沟通更加通畅，营造更加开放的组织沟通氛围，鼓励组织成员自由沟通，促进组织工作走向卓越。

具体来说，组织沟通的技巧有以下几种。

1. 积极倾听的技巧

有效的组织沟通是双向的行为，要使沟通有效应当积极投入交谈。但是组织领导者很多时候都是被动地听，没有主动地对信息进行搜寻和理解。积极的倾听要求组织领导者把自己置于组织成员的角色上，以便于正确理解他们的意图。当组织领导者听到与自己的观点不同的意见时，不要急于表达自己的意见，因为这样会漏掉余下的信息。积极倾听，应当是接受他人所言，而把自己的意见推迟到说话人说完之后。具体的倾听技巧有以下几个。

（1）保持目光接触。倾听的态度必须诚恳，使用目光接触。因为你在用耳朵倾听，而对方却在通过眼睛来判断你是否在倾听。此外，与沟通的人进行目光接触可以使你集中精力，减少分心的可能性，并鼓励说话的人。

（2）用肢体手势表示倾听。有效的倾听者会对听到的信息表现出兴趣。如通过非语言信号，赞许性地点头、恰当的面部表情与积极的目光接触等相配合，向说话人表明你在认真聆听。

（3）不做过多的举动或手势。组织领导者在倾听时，要避免那些走神的举动。

（4）在倾听的时候，注意不要进行下面这类活动：看表、心不在焉地翻阅文件、拿着笔乱写乱画等。这会使说话者感觉到你很烦或者不感兴趣。另外，也表明了你没有集中精力，因而可能会遗漏一些说话者想传递的信息。

（5）及时提问。倾听者可提出问题，这表明沟通是双向的，并显示了理解的程度，同时表明你在倾听。

（6）适时复述。这是指用自己的话重复说话者的内容。有效的倾听者经常使用这样的语句："你的意思是……"或者"我听你说的是……"为什么要重复对方已经说过的话呢？有两个原因：首先，这是检查倾听者是否真正倾听的有效手段；其次，这是确保沟通精确性的控制机制。用自己的语言重复说话者的内容，并反馈给对方，可以检验自己理解的正确性。

（7）不打断交谈。在做出反应之前应当让说话者讲完自己的想法。在说话的时候不要去猜测对方的想法，当对方说完之后，自然就知道了。

（8）多听少说。大多数人都乐于畅谈自己的想法而不是聆听他人说话，尽管很多人认为多说会使聊天更有趣，而沉默容易导致尴尬，但真正的沟通高手懂得如何把握听说的分寸。

2. 准确表达的技巧

准确、清晰地表达思想是进行组织有效沟通的前提，而这种技巧是建立在信息有效组织的基础上的，因而掌握信息的组织技巧对组织沟通很重要。作为组织领导者，要想明确表达必须掌握以下几种方法。

（1）进行沟通时，要想清楚表达的目的。如果沟通的内容很重要，如分配最新工作任务，要提前写下目标及预期达到的效果。

（2）从一些能够引起听众兴趣的话题聊起。什么话题最吸引他们的注意力，就从什么说起。

（3）在与组织成员沟通时，要根据组织成员的偏好、特征轮廓以及文化水平选择表达的方式。当与多元化组织交流时，可根据组织中具有代表性的大多数成员来措辞。对于那些主要的、不希望任何人漏掉的观点，先给出一个笼统的说明，然后再给出相关的例子进行阐述，或者给出一些更为详细、具体的解释。

（4）在开始讲下一个内容时，检测一下组织成员的理解程度，提出一些问题，如"我想确定我是不是说清楚了，大家有问题吗？"

（5）坚持自己的观点。不要漫无边际地闲聊，也不要脱离主题，更不要让别人牵着鼻子走。

3. 使用肢体语言的技巧

在进行组织沟通时，尤其是在倾听组织成员发言时，还应当注意通过非语言信息来表达对对方话题的关注。如点头、恰当的面部表情、积极的目光配合，不看表、不随意翻阅文件、不拿笔乱画乱写等。

据有关部门研究，在面对面的沟通中，一半以上的信息不是通过词汇来传达的，而是通过肢体语言来传达的。要使沟通富有成效，组织领导者必须注意自己的肢体语言与自己所说的话的一致性。例如，告诉组织成员你很想知道他们在执行任务中遇到了哪些困难，并乐意提供帮助，但如果同时你又在浏览其他的东西，这便是一个"言行不一"的信号，组织成员会怀疑你是否真正地想帮助他。

4. 掌握组织会议的技巧

会议是组织运作过程中的重要活动。组织中的许多事情和需求可以通过有效的会议达成。解决问题、制定决策、确立目标、进度报告、绩效评估、计划和安排工作、培训和发展等，这些都可以通过会议来有效解决。每个会议都包括两个不可或缺的因素：会议内容和过程控制。

思考7-1

某大学，有大一同学想要入党，党组织负责谈话的同志询问同学的入党动机。

同学 A：我父母想要我入党。

党组织同志：这样严肃庄严的事情你自己都没有主见，需要再继续培养考察，端正入党动机。

同学 B：我想要通过入党获得更多荣誉。

党组织同志：入党是为了更好地为人民服务，共产党人不追求个人的功利，没有自己的私心，需要再继续培养考察，端正入党动机。

同学 C：不作声。

党组织同志：这样重要的事情不假思索就提出来了，需要继续培养考察，端正入党动机。

同学 D：我在生活和学习中接受了党的培养，共产党人的先进事迹感动了我，我对全心全意为人民服务的事业非常崇敬和向往，并且得到了父母长辈的大力支持。

在党组织同志和同学的沟通中，同学要进一步向党组织靠拢和党组织吸纳新鲜力量是目的，共识是入党动机端正。在上面的案例中，我们可以清楚地看出同学 D 的回答是较为贴切的，也是较为有效的沟通，他的回答从党组织、自身、长辈三个角度全面和清晰地表达了自己的入党动机，让党组织知道同学 D 希望入党是自己有信仰并且受到家人的支持，从回答中掌握了更多的入党信息。

如果你是同学 D，如何向党组织报告自己的入党动机呢？

四、有效利用沟通渠道

所谓沟通渠道，是指信息在沟通时流动的通道。这些流动的通道可以分为两种：正式沟通渠道和非正式沟通渠道，每种渠道又有许多种表现形式。在组织中，这两种渠道是同时存在的，组织领导者应该有效地利用这两种渠道来提高组织沟通的效率。

1. 正式沟通渠道

正式沟通渠道有以下五种。

（1）链式。链式沟通是指在平等网络中，居于两端的人只能与内侧的一个成员联系，居中的人则可分别与两人沟通信息。在一个组织系统中，它相当于一个纵向沟通网络，信息可自上而下或自下而上进行传递。在这个网络中，信息经层层传递、筛选，容易失真，各个信息传递者所接收的信息差异很大，平均满意程度有较大差距。此外，这种网络还可表示组织中主管人员和下级部属之间中间管理者的组织系统，属控制型结构。在管理中，如果某一组织系统过于庞大，需要实行分权授权管理，那么，链式沟通网络是一种行之有效的方法。

（2）环式。环式沟通是指多级层次中的几个人之间依次联络和沟通。其中，每个人都可同时与两侧的人沟通信息。此形态可以看成是链式形态的一个封闭式控制结构，表示几个人之间依次联络和沟通。在这个网络中，组织的集中化程度和领导人的预测程度都较低；畅通渠道不多，组织中成员具有比较一致的满意度，组织士气高昂。如果在组织中需要创造出一种高昂的士气来实现组织目标，环式沟通就是一种行之有效的措施。

（3）Y 式。Y 形结构表示几个层次的逐级传递，只有一个成员位于中心，成为沟通的媒介。这是一个纵向沟通网络，在组织中，这一网络大体相当于组织领导、秘书班子再到下级主管人员或一般成员之间的纵向关系。这种网络集中化程度高，解决问题速度快，组织中领导人员预测程度较高。除中心人员外，组织成员的平均满意程度较低。此网络适用于主管人员的工作任务十分繁重，需要有人选择信息，提供决策依据，节省时间，而又要对组织实行有效的控制。但此网络易导致信息曲解或失真，影响组织中成员的士气，阻碍组织提高工作效率。

（4）轮式。轮式沟通是指其中只有一个成员是各种信息的汇集点与传递中心，表示几个层次的远级传递，属于控制型网络。在组织中，大体相当于一个主管领导直接管理几个部门的权威控制系统。此网络集中化程度高，解决问题的速度快。主管人的预测程度很高，而沟通的渠道很少，组织成员的满意程度低，士气低落。轮式网络是加强组织控制、争时间、抢速度的一个有效方法。如果组织接受紧急攻关任务，要求进行严密控制，则可采取这种网络。

（5）全渠道式。全渠道式沟通是指各个人之间都可自由地进行沟通并充当中心人物。这是一个开放式的网络系统，其中每个成员之间都有一定的联系，彼此了解。此网络中组织的集中化程度及主管人的预测程度均很低。由于沟通渠道很多，组织成员的平均满意程度高且差异小，所以士气高昂，合作气氛浓厚。这对于解决复杂问题，增强组织合作精神，提高士气均有很大作用。但是，由于这种网络沟通渠道太多，易造成混乱，且又费时，影响工作效率。

2. 非正式沟通渠道

非正式沟通渠道是指通过正式组织途径以外的信息流通程序。非正式沟通渠道无所谓好坏，主要在于组织领导者如何运用。在相当程度上，非正式沟通是形成良好组织氛围的必要条件。非正式沟通在某种程度上满足了人们天生的需求，通过这种沟通途径来交换或传递信息，常常可以满足个人的某些需求。例如，人们由于某种安全的需求，乐意探听有关人事调动之类的消息；朋友之间交换信息，则意味着相互的关心和友谊的增进，借此更可以获得社会需求的满足。

在传统的管理及组织理论中，并不承认这种非正式沟通的存在，即使发现有这种现象，也认为要将其消除或减少到最低程度。但是，当代的管理学者知道，非正式沟通现象的存在是根深蒂固且无法消除的，应该加以了解、适应和整合，使其有效担负起沟通的重要作用。过分利用非正式沟通的结果，会冷落或破坏正式沟通系统，甚至组织结构。而设法自非正式沟通中探听消息，其结果会产生组织背后的一套"谍报网"和打"小报告"者，从而带来管理上的问题。对于非正式沟通所采取的立场和对策如下。

（1）非正式沟通的产生和蔓延，主要是由于人员得不到他们所关心的消息。因此，主管者愈故作神秘、封锁消息，则背后流传的谣言愈加猖獗。正本清源，主管者应尽可能使组织内沟通系统较为开放或公开，则种种不实的谣言将会自然消失。

（2）要想阻止已经产生的谣言，与其采取防卫性的驳斥，或说明其不可能的道理，不如正面提出相反的事实更为有效。

（3）闲散和单调乃是造谣生事的温床。为避免出现这些谣言，扰乱人心士气，主管者应注意，不要使组织成员有过分闲散或工作过分单调、枯燥的情形发生。

（4）最基本的做法乃是培养组织成员对组织管理当局的信任和好感，这样他们比较愿意听组织提供的消息，也较愿意相信。

（5）在对组织主管人员的训练中，应增加这方面的知识，使他们有比较正确的观念和处理方法。

五、发扬民主风格

组织领导者在组织中的作用举足轻重。领导者个人的性格特征、管理风格与组织沟通方式是密切相关的。根据有关部门研究和实践运作表明，民主型组织领导风格是最适于组织沟通的，所以作为组织领导者要努力发展自己的民主领导风格。领导者只在必要时进行引导，工作的基本信息是成员能用自己的资源去实现自己的目标，成员从这些信任和自己的决策中得到满足，因此，组织的沟通效率相当高，而这正是民主风格组织领导者的特征。

在民主风格的组织沟通中，一般表现出群体导向的行为，目的在于取得群体目标和群体成员的满意度。其主要表现在：

（1）"参与制"的管理。在需要改善管理方法时，让所有的人参与决定，告诉他们做出改变的理由，使他们了解整个方案的制定过程与结论，从而能自觉地执行。

（2）可以让组织成员感到被重用。这样会让组织成员参与感更强，责任心也会更强，组织成员知道如何去做、如何做好。

（3）有利于各组织之间的配合与协调。各个组织不仅知道自己干什么，而且也知道相关组织干什么，因此就可以协调工作，避免不必要的重复劳动和由于不熟悉情况而造成的失误。

（4）使员工有主动精神。工作起来，知其然更知其所以然，就可以发挥员工的主动创造精神，提出更好的方法来达到目的。不束缚组织成员的手脚，才能使成员的能力充分发挥。

六、其他沟通方式

除了上述沟通方式以外，还存在多种其他沟通方式。

1. 因人而异

组织是由不同的成员组成的，为此每个组织领导者都会碰到与个别成员谈话的问题，优秀的组织领导者多半是很会谈话的人，不管多么困难的事，多么难缠的人，都能应对自如。而不善于沟通的组织领导者则往往会使谈话陷入僵局。组织成员由于不同的出身和经历、不同的文化程度和性格、不同的年龄和性别等，都有不同的心态，并且影响着对外部信息的接受和理解，所以作为组织领导者在与个别组织成员沟通时要因人而异，采取不同的谈话策略。

对性格开朗的组织成员，由于他们喜欢快人快语、不喜欢转弯抹角，与其谈话可以开门见山、直截了当；而对性格内向的组织成员，由于他们往往思想含蓄而深沉，对他们谈话不能过于直接；对于年纪稍大、阅历丰富的组织成员，与其谈话切忌说教；而对于年轻、阅历浅、涉世不深的组织成员，与他们谈话应该多讲些道理。

总之，作为组织领导者，在与组织成员谈话时一定要因人而异，这样才能保障沟通的顺畅。

2. 把握"出手"的时机

这里所说的"出手"指的是组织领导者在沟通中的表态问题。对于组织成员来说，表态可能是指出要求，也可能被认为是对事的定论。因此，组织领导者的表态绝不可以随心所欲。表态要有根据，既不能做老好人，也不能一味得罪人，领导者的角色地位决定了必须持重练达，不论讲什么话、表什么态，都不能超越一定的原则限度，无原则地肯定或否定。组织领导者遇到矛盾冲突和棘手之事时，既不能一推了之，也不能为一己私利取悦于人、放弃责任。组织领导者的表态，应在坚持原则的基础上，发挥灵活性，则更容易达到事半功倍的效果。

组织领导者在表态之前应做到，清楚地了解问题的真正含义和问题的真正意图，设法获得足够的思考时间，考虑好是直接表态还是委婉表态，对不值得表态的问题，不必表态。表态时，应做到因事、因人而异，对关系复杂、不宜把握的问题，组织领导者应委婉地表态。总之，组织领导者应把握时机，注意场合，适时表态，只有这样才能起到沟通的作用。

3. 收放自如，张弛有度

组织沟通是为了使彼此间的交流，或对某个问题能够统一认识。有时话不投机，有时又会"酒逢知己"。无论哪种交谈，愉快地开始、高兴地结束，都是促成组织畅通沟通的有效手段，尤其是结束得要好，犹如一场戏演到高潮时落幕结束一样，会给人留下无穷的遐想和回味。具体来说，可以从以下几方面入手。

（1）见好就收。成功的谈话，结束时应该是一个"剧情高潮"，不一定非得到无言相对时才结束。谈话的主题已经明确后，最好不要再节外生枝地无端延长话题。毫无准备地谈话，东一句、西一句地胡扯，往往难以使双方感到满意。所以，当谈话内容完成时，就应该及时结束。

（2）意尽而收。如果与组织成员的话题尚在争议，未获得一致意见时，就突然结束谈话是不可取的。即使是有时间限制，也应该在取得协调意见时使谈话告一段落。谈话出现僵局或谈话正在兴头时结束也不适宜，因为这会使这位组织成员的情绪处于未被宣泄的压抑状态，更不利于下次谈话的开始和进行。在有条件的情况下，一定要力图使谈话达到意尽，然后再结束谈话。

（3）适时结束。在与组织成员谈话时，要随时留意对方的暗示。如果对方对所谈的话题不感兴趣，多半会不自然地以分心的姿态要求改变话题。而如其希望结束谈话，则表现的程度更重些，对方或许会频频看表，或对谈话只是哼哈应付，或干脆不做任何表示，那么谈话无疑应该结束了。

（4）不节外生枝。当谈话的主题即将结束，双方谈兴已趋平稳时，就不要再另辟话题了。经过一定的谈话稀疏过程，谈话将会自然结束。如果谈话受某件预约事情的限制而只能简短，就应该在谈话之前向对方说明，以使对方有所准备。一次谈话结束后，其最后的过程常常会在对方的脑海中留下深刻的印象。

4. 运用等距离沟通

真正有效的沟通应建立在平等的基础上，如果沟通者之间无法做到等距离，其所进行的沟通一定会产生相当多的副作用。俗话说："领导偏心，部属寒心"。人是有社会性的，一个人一旦发现自己同他人所处的地位是不平等的，其积极性就会受到极大打击。获得上司宠爱者自是心花怒放，但其余的员工便会产生对抗、猜疑和放弃沟通的消极情绪，沟通工作就会遭遇很大的抵抗力。保持同等的工作距离，不要和直接上司、下属产生私人感情，领导者在与员工关系的处理上要一视同仁、不分亲疏，不可因外界或个人情绪的影响表现得时冷时热，这便是沟通平等化、公开化的重要所在。

第三节　化解组织沟通的障碍

员工通过沟通可以了解到领导者的计划和要求，从而保证实施渠道的畅通，但是在实际的组织沟通中，常常会由于种种原因产生组织沟通障碍，如何化解这些沟通障碍就成为组织领导者的重要任务。

一、沟通障碍

沟通过程包括信息发送者、信息和接收者三个要素，在收到信息后，还包括理解、反馈等行为，其中任何一个环节发生错误，都有可能导致沟通障碍的产生，影响沟通效果。一般来说，沟通障碍有以下三种。

1. 接收障碍

接收障碍包括环境刺激和接收者的个人感知两方面。首先，环境刺激形成的障碍。如果双方在一个嘈杂的环境中交谈，常常会因为听不清对方的意思，而使谈话变得漫不经心，甚至中断。所以，选择适当的环境进行信息沟通是非常重要的。其次，接收者的个人感知对沟通的影响。感知作为人们认识、选择和理解外部环境刺激的过程，在很大程度上受到个人生理、心理、生活经历等众多因素的影响。即使是在同一环境，对于同一信息，由于个人感知的不同，对信息的理解也不同。因此，由于个人感知的差异，个人会对需要沟通的信息产生不同的理解，从而影响沟通的有效性。

有时候交流双方无须多说或多做解释，双方就理解了对方的意思，甚至包括那些隐藏在语言后面的意思。为什么会出现这种情况呢？这主要取决于双方的长期交流经验，或者双方具有相同的知识背景、相同的工作生活环境，或者遇到过同样的问题。因此，当对方要表达某种信息时，接受者实质上是在这些环境和知识背景的帮助下去理解对方表达的意思，这样双方很容易沟通。

2. 理解障碍

理解障碍主要包括：语言和语义的问题、地位差别、信息的长度与数量三个方面。

（1）由语言和语义引起的理解障碍。信息沟通大多数是通过语言进行的，任何一个文字或一句话，都存在着多种含义，人们在进行语言表达时，都会按照自己的情况赋予语言特定的含义。同时，由于不同民族的语言意义不同，语言不仅反映个人性格，而且反映社会的文化，因此在沟通时难免存在语义障碍。

（2）由地位差别引起的理解障碍。大量研究表明，组织成员之间自发的沟通往往发生在同地位的人之间。同地位的人进行沟通，人们往往没有压抑感，而与地位有差异的人之间进行沟通，则可能存在压抑感。毕竟上下级之间存在着差距，上级具有权威，可以决定对下级的惩罚和奖励，因此过分强调地位的差别，容易对下级心理造成压力和恐惧，造成沟通上的障碍。同时，人们还经常根据一个人地位的高低来判断沟通信息的准确性，相信地位高的人提供的信息是准确的，也就是说，不重视信息本身的性质，而是着重信息提供者或接受者。另外，有的人表现出愿意同地位较高的人进行沟通，而对地位较低的人的意见则不重视，甚至否定。

（3）由信息的长度与数量引起的理解障碍。信息在传递过程中，每多传达一层就多一些损耗，一般每经过一个中间环节就要丢失 30%左右的信息。同时在传递过程中，还有可能加强或扩大信息的某些特征，尤其在口头沟通中，这种情况尤为明显。虽然信息沟通对于组织来说是非常重要的，但并非信息越多越好。在某些情况下，过多的信息沟通行为不但无助于组织的沟通，反而会妨碍信息沟通。信息过多会使人们根本无法或没有能力进行处理。因此，合理的信息沟通，其重点在质不在量。

3. 接受障碍

接受障碍包括：怀有成见，以及传递者和接收者之间的矛盾。首先，怀有成见引起的接受障碍。如果组织成员对组织领导者有成见，即使组织领导者传达了正确的信息，组织成员也会认为信息可能是假的。反过来说，如果一位组织领导者对其组织成员有成见，那么，组织成员的上报材料即使是实际情况的反映，组织领导者也很有可能认为材料里面含有"水分"。其次，传递者和接收者之间的矛盾引起的接受障碍。在接收信息时，接收者的感觉也会影响到其对信息的解释。如果在传递者和接收者之间存在矛盾，那么接收者在接受信息时，会自觉或不自觉地产生强烈的情绪化，这种状态常常使我们无法进行客观而理性的思维活动，以致出现情绪化的判断。

二、如何进行无障碍沟通

在组织工作中，不仅要有全局观念及与人合作的愿望，还要有组织沟通的技巧，以进行组织的无障碍沟通。具体来说，组织无障碍沟通的技巧有以下几种：

1. 对沟通的内容有正确清晰的理解

首先，重要的沟通最好要事先征求他人的意见，确定沟通的问题与目的，沟通双方明确主题。其次，信息沟通中心的信息必须是明确的，即所用的语言和信息传递方式必须能被接受者所理解，提出信息并用别人能理解的文字、语言、口气来表达，是信息发出者的责任。为此，要求信息发出者有较好的语言表达能力或文字表达能力，并熟悉其下级、同级和上级所用的语言。只有坚持这个原则，才能克服信息沟通中的障碍。此外，沟通内容要言之有物，有针对性、语意确切，尽量通俗化、具体化和数字化，避免含糊的语言，更不要讲空话、套话和废话，即沟通的内容对于接收者来说是有价值的。

2. 主动积极聆听

主动积极聆听是指倾听者依据已有的知识经验主动地从发言者话语中寻找所需信息，构建完整的知识体系的方法。这意味着不要评价、判断及辨别别人所说的是否合理，而要向对方提供一些可自由发挥的问题，这些问题应该非常具体，有利于进一步展开话题。在组织沟通中，不能只是把自己的意见、想法表达出来，更重要的是要用心聆听对方所传达的信息，如此才能真正达到双向沟通的目的。

3. 交流同步进行

在组织沟通中，彼此认同是实现可以直达心灵的沟通的前提，可以使沟通更加顺畅。认同经由同步而来，沟通关系都是从同步开始迈出第一步的，同时认同的目的就是为了同步，两者相辅相成。同步是沟通的第一步，应该首先理解。同步就是沟通双方经过协调后所形成的，有意要达到同样目标时所采取的相互呼应、步调一致的态度。它意味着沟通在经过彼此的默许和暗示之后朝顺利的方向发展。沟通双方开始从相互的角度看问题时，同步就开始了。此时，彼此都寻找共同点，各种共同点综合起来，沟通的可行性就大了。所以说，要沟通就得寻求同步。

4. 利用感情交流

感情在组织内上下级和同级之间的人际关系方面有非常重要的作用。另外，信息沟通对营造一个激励人们为组织目标而工作的环境有重要作用。

章 末 小 结

1. 有效沟通能促进组织内成员间的相互了解，增强组织凝聚力，保障组织目标顺利实现，提高组织决策水平，增强组织的创造力，加速问题解决。

2. 组织沟通意味着信息的传递、双向的交流、对方理解了信息。

3. 组织沟通包括信息沟通、非信息沟通。

4. 有效的组织沟通包括进行有针对性的沟通、对信息量要有所控制、要保证所提供的信息必须是有价值的、保证沟通信息的质量、及时反馈、限制越级沟通、控制非正式沟通。

5. 有效沟通的方式包括：自我评价组织沟通、换位思考、巧用组织沟通技巧、有效利用沟通渠道、发扬民主风格等。

6. 自我评价组织沟通包括明确自己沟通的对象和范围、自我评价沟通状况、评价自我的沟通方式。

7. 换位思考的领导者应该注意换位思考只适宜上对下、换位思考只宜律己、换位思考应形成一种氛围、换位思考重在行动。

8. 组织沟通技巧包括积极倾听、准确表达、使用肢体语言、掌握组织会议技巧。

9. 有效沟通渠道包括正式沟通渠道和非正式沟通渠道。正式沟通渠道包括链式沟通、环式沟通、Y式沟通、轮式沟通、全渠道式沟通。

10. 沟通障碍包括接收障碍、理解障碍、接受障碍。

11. 组织无障碍沟通的技巧包括对沟通的内容有正确清晰的理解，主动积极聆听，交流同步进行，利用感情交流。

课后习题

1. 请简述组织沟通的主要形式与内容。

2. 请分别阐述正式沟通与非正式沟通的主要类型和优缺点。

3. 什么是有效沟通？有效沟通有哪些原则？

4. 有哪些方式可以使组织上下沟通顺畅，达到无缝隙沟通呢？

5. 请问组织沟通的障碍有哪些？如何化解这些沟通障碍，

答案解析  扫描此码

推进企业的创新呢？

即测即练题

自学自测   扫描此码

参 考 文 献

[1] CAMERON, G. T. MCCOLLUM T. Competing corporate cultures: a multi-method, cultural analysis of the role of internal communication[J]. Journal of Public Relations Research, 1993, 5(3): 217-250.

[2] 哈佛商学院出版公司. 组织管理[M]. 王春颖, 译. 北京: 商务印书馆, 2008.

[3] 琳达希尔. 上任第一年 1: 从业务骨干到组织管理者的成功转型[M]. 2 版. 罗波, 译. 北京: 机械工业出版社, 2016.

[4] 霍尔莫斯. 自我发展与组织管理[M]. 北京: 中央广播电视大学出版社, 2007.

[5] 邓靖松. 组织信任与管理[M]. 北京: 清华大学出版社, 2013.

[6] 杜慕群, 朱仁宏. 管理沟通[M]. 北京: 清华大学出版社, 2018.

[7] 吕鸿江, 许烁, 吴亮, 等. 网络一致性、组织沟通与知识交换整合能力[J]. 中国科技论坛, 2017(7): 134-142.

[8] 吕明泽. 组织建设与管理沟通[M]. 北京: 北京理工大学出版社, 2014.

[9] 秦敏, 刘仁宝. 组织沟通与协调能力开发[M]. 北京: 清华大学出版社, 2019.

[10] 施杨, 李南. 组织有效沟通与共享心智模式的构建[J]. 科学管理研究, 2007(1): 102-105.

[11] 束义明, 郝振省. 高管组织沟通对决策绩效的影响: 环境动态性的调节作用[J]. 科学学与科学技术管理, 2015(4): 170-180.

[12] 宋伟. 项目组织与组织管理[M]. 北京: 机械工业出版社, 2007.

[13] 唐贵瑶, 于冰洁, 陈梦媛, 等. 基于人力资源管理强度中介作用的组织沟通与员工创新行为研究[J]. 管理学报, 2016, 13(1): 76-84.

[14] 汪秀婷, 杜海波, 江澄, 等. 技术创新网络中核心企业对创新绩效影响:沟通和信任的中介作用研究[J]. 科学学与科学技术管理, 2012, 33(12): 37-44.

[15] 王永丽, 邓静怡, 任荣伟. 授权型领导、组织沟通对组织绩效的影响[J]. 管理世界, 2009(4): 119-127.

[16] 吴隆增, 刘军, 梁淑美, 等. 辱虐管理与组织绩效: 组织沟通与集体效能的中介效应[J]. 管理评论, 2013(8): 151-159.

[17] 吴杨, 李晓强, 夏迪. 沟通管理在科研团队知识创新过程中的反馈机制研究[J]. 科技进步与对策, 2012, 29(1): 7-10.

[18] 谢守祥, 许潇. 领导者破除组织沟通壁垒的策略[J]. 领导科学, 2019(18): 82-84.

[19] 杨付, 张丽华. 组织沟通、工作不安全氛围对创新行为的影响: 创造力自我效能感的调节作用[J]. 心理学报, 2012(10): 1383-1401.

[20] 杨宁. 共享领导力与员工建言行为关系——心理所有权与组织沟通开放性的作用[J]. 企业经济, 2019, 38(12): 103-111.

[21] 姚裕群. 组织建设与管理[M]. 北京: 首都经济贸易大学出版社, 2013.

[22] 叶飞, 陈春花. 分布式科研组织的动态协调沟通策略研究[J]. 科研管理, 2002(4): 6-10.

第八章

创新激励机制

以人为本的管理就是管理人员的创新精神。

——张瑞敏

引例

江苏华富储能新技术股份有限公司的创新激励机制

江苏华富储能新技术股份有限公司是由江苏华富控股集团投资控股的一家致力于新能源、蓄电池、物流、贸易、科技研发等多领域发展的跨地区、跨行业"新三板"挂牌公司，企业年产值约 5 亿元。2020 年，华富公司成为高邮产业工人队伍建设改革试点企业，通过创新驱动，让更多的产业工人享受到"产改"带来的实惠，越干越有劲头。

为进一步发挥职工的聪明才智，激发职工的创新创优激情，华富公司不仅注重工资协商，健全产业工人薪酬激励机制，把工资协商制度和职工享有的各种福利待遇纳入员工手册，还先后出台了《华富人才公寓奖励办法》、设置"华富创新奖"等一系列创新激励政策。华富公司实行薪酬与技能等级挂钩、岗位职级并行，公司明确：员工每获得一项发明专利授权奖励 15 000 元，发表一篇论文奖励 5 000 元，成果转化当年按开票销售的 3‰给予创新团队奖励；通过内部职称评审，对员工的技能给予肯定，同时与其工资挂钩，一线员工可以拿到副总的工资；对引进的人才，可以奖励 100～140 平方米精装修住房，产权归人才所有，可自行交易……

为进一步鼓励职工集思广益、献计献策，公司每个季度都会开展"合理化建议"活动，并对提出优秀合理化建议的职工给予奖励，公司已累计奖励职工 100 多万元。到目前为止，公司征集到合理化建议近千条，其中有一半左右都产生了经济效益。

自推进"产改"以来，华富公司职工面貌焕然一新，员工新申请发明专利达 15 项，实用新型专利 19 项，创新成果 27 项，其中"高原专用胶体蓄电池"等 9 项研发成果通过了国家级成果鉴定；5 人获得各级"劳动模

案例分析思路

范"和"五一劳动奖章"。

（案例改编自：http://www.yzcn.net/news/bdzx/2021-05/07/cms397291article.shtml）

2018 年 5 月 28 日，习近平总书记在中国科学院第十九次院士大会、中国工程院第十四次院士大会上的讲话指出：要加大应用基础研究力度，以推动重大科技项目为抓手，打通"最后一公里"，拆除阻碍产业化的"篱笆墙"，疏通应用基础研究和产业化连接的快车道，促进创新链和产业链的精准对接，加快科研成果从样品到产品再到商品的转化，把科技成果充分应用到现代化事业中去。2021 年 5 月 28 日，习近平总书记在中国科学院第二十次院士大会、中国工程院第十五次院士大会、中国科协第十次全国代表大会上再次强调：要增强企业创新动力，正向激励企业创新，反向倒逼企业创新。在此背景下，

扩展阅读 8-1：创新激励机制 让科研的"冷板凳"热起来

江苏华富储能新技术股份有限公司根据公司自身发展特点制定了一系列创新激励办法，并确立了公司的创新主体地位，加强公司创新链与产业链融合，有效实现公司在新时代的快速转型和加速发展。

第一节　创新激励机制的理论基础

企业的创新来源于一个个的主体，而人的创新是企业创新的另一种表现形式。本小节通过剖析激励机制及创新机制理论基础，试图为创新激励机制的设计与实践奠定基础。机制是指系统内各子系统、各要素之间相互作用、相互联系、相互制约的形式及其运动原理和内在的、本质的工作方式。因此，激励机制是指在组织系统中，激励主体通过激励因素和激励对象（或称激励客体）之间相互作用的方式。也就是，在组织中用于调动组织成员积极性的所有制度的总和。

组织激励机制包括诱导因素集合、行为导向制度、行为幅度制度、行为时空制度、行为归化制度五个方面。诱导因素集合是指满足一个人的某种需要，激发一个人的某种行为，诱导他要做出一定绩效的因素集合。但由于每个成员的需求不同，个体的诱导因素也会存在差异。行为导向制度是指对激励对象所希望的努力方面和所倡导的价值观的规定，其集中表现为组织文化激励。因此，这要求组织在制定激励制度时需明确所期望的行为方式和应秉承的价值观，使组织成员的行为朝向明确的目标和方向。行为导向制度集中表现为组织文化激励。行为幅度制度是指对由诱导因素所做的行为强度的量的控制措施，使员工的努力程度调整在一个范围内，以防止激励依赖性和抗激励性的产生。行为时空制度是指诱导因素作用于激励对象在时间、空间上的规定。在这方面的规定可以防止激励客体的短期行为和地理无限性，从而使得行为方式在一定的时期和空间范围内发生并具有一定的持续性。行为归化制度是指对激励客体违反行为规范的事前预防和事后处理。激励机制是上述制度的总和，其由激发和制约两个方面的制度共同构成。激励机制正当、健康地运行对组织、团体、个人的工作效率至关重要。

对于企业而言，企业激励机制与创新机制都极其重要，前者是企业管理机制的基础之一，而后者是企业长期可持续发展的关键。因此，构建企业创新激励机制对企业显得

尤为重要。企业在建立创新激励机制之前必须对创新激励机制理论有一个非常清晰的认识。所谓企业创新激励机制理论，就是以激励理论和创新理论为基础，探讨企业创新的动力、维持、激发的理论。企业创新激励机制理论主要涉及三个方面的内容：探讨企业创新的动机与动力、动力的助长，有效促进创新动力因素的产生；对企业创新行为的过程进行有效的激励管理；对企业创新成果进行有效管理。

一、企业创新动机

在企业人才创新的过程中，创新动机是创新主体的内在动力，是创新行为发生和持续的重要原因。企业创新主体的创新动机是多方面的。一般而言，企业创新动机主要有以下几个方面：

1. 创新的心理需要

创新的心理需要是指创新主体对某种创新目标的渴求或欲望。根据马斯洛需求层次理论，人都有自我实现的需要，人们希望完成与自己的能力相称的工作，使自己的潜在能力得到充分的发挥，成为自己所期望成为的人物。创新的心理需要作为创新主体对某种创新目标实现的欲望，实际上是创新主体希望自己的创新能力能够在创新的过程中得以发挥。创新心理需要可以认为是人的需要的最高层次之一。创新主体的创新心理需求是由自己对个人成就、自我价值、社会责任、企业责任等的追求，以及在各种创新刺激的作用下产生的。在内部环境的刺激下，创新主体的创新心理需求可能反复产生。按照心理学所揭示的规律，动机支配人的行动，而动机本身则产生需要。当人们的某种创新需求不能满足时，在心理上会出现一种不安和紧张状态，成为一种内在的驱使力，即为动机。有了动机就要选择或寻找目标（目标导向行动）。当目标找到后，就要进行满足需要的活动，然后需求满足，紧张消除，新的创新需求发生，产生新的创新行为。

2. 成就感

成就感是成功者获得成功时对所取得的成就产生的一种心理满足。许多创新主体进行创新的直接动机就是追求成就和成就感。相对于这些创新主体来说，金钱的激励作用则远比成就感小。对他们而言，其在创新工作上取得成功或者解决了难题，从中所得到的乐趣和心理满足，超过了物质上的激励。为此，具有成就感的创新主体更容易在艰苦的创新过程中保持顽强的进取心，推动自己不达目标誓不罢休。成就感通常只有成功的创新主体才具备，因为如果创新经常不能成功，创新主体的成就感就不会存在，原有的成就感也会慢慢地消失。但创新主体追求成就仍旧是维持创新行为的动机。尽管这种成功未必可以给他带来许多经济利益，但却能为其带来尊重。在当代竞争激烈的社会，有时候成就感与他人的尊重会远比经济利益更为重要。

3. 经济性动机

在现实生活中，经济性的因素也必须考虑，这是因为创新主体不排除出于对经济收入的需要而产生创新行动。创新主体在创新时可能有两种经济性动机：第一种是企业的经济效益；第二种是为了自己个人利益的增加。在现实生活中这两种经济性的动机是互相联系的。如果创新行为不能为企业带来经济效益，资源的配置率不能提高，创新行为对企业则毫无意义，企业也不会给予创新主体经济性的报酬来奖励其创新行为。既然创新主体的创新行为有经济性动机，那么在企业管理之中，就应对此给予充分的重视，以促进企业创新行为的可持续性，从而为企业持续不断地注入活力，降低企业的经营成本，促进企业长期的可持续发展。但是我们同时也必须认识到创新行为的经济性动机是能满足创新主体基本生理、安全需要的基础。因此，企业在进行创新行为激励时必须把经济性动机的满足作为基础，以此才能带动满足创新主体其他的创新动机。

4. 责任心

责任心是创新主体另一项重要的创新动机。只有具备高度责任心的人才会总结当前工作的不足和值得改进的地方，并因此进行工作上的创新，改进自己的工作方式和流程。责任心会使企业创新主体在潜意识产生一种使命感，可促使创新主体能够坚持不懈地努力。责任心既可以由创新主体所处的工作岗位产生，也可以由竞争压力造成。不管创新主体的责任心来源于何处，作为创新行为的动机之一，它的功效除了激发创新行为之外，还可以维持整个创新过程正常运转直至成功。

二、创新过程激励

创新主体具有创新动机后，创新行为不一定就能立即发生，即使发生，创新行为的保持也是一个长久的过程。创新的动机具备后，企业若能持续为创新主体提供创新资源条件，创新行为发生的可能性就很大。因此，在创新的开始与创新的过程中都需要激励，我们应侧重创新行为条件具备后，如何有效地激励创新行为的持续，不至于中途夭折，即对创新过程的激励。创新过程的激励主要涉及以下几个方面：

1. 文化方面

《寻求优势》的作者认为："成绩卓著的公司能够制造一种内容丰富、道德高尚而且为大家所接受的文化准则，一种紧密相连的环境结构，使员工情绪饱满、互相支持和协调一致。他们有能力激发大批普通职工做出不同凡响的贡献，从而产生有高度价值的目标感，这种目标感来自对产品的热爱，提高质量、服务的愿望和鼓励革新，以及对每个人的贡献给予承认和荣誉"。这表明企业文化对员工的创新行为有着重要的影响。不同的企业文化对创新主体的激励是不一样的，但是可以肯定的是建成激励创新文化的企业会因其文化特色促使企业创新行为能够持续地进行，并为组织带来经济效益。企业文化对创新主体的激励主要是通过下列渠道进行的。

（1）企业创新环境。创新环境有内外之分，对企业创新主体而言，企业内部环境尤其重要。如果企业比较重视员工创新行为，而且能为员工的创新行为提供智力、精神、资金上的支持，员工的创新行为则可能持续不断地进行下去，创新也才可能成功，从而为企业带来效益。如果企业内部环境以保守氛围为主，创新主体的行为得不到支持，那么创新行为则有中途夭折的可能。

（2）创新价值观。创新价值观是指由企业大多数员工共同认可的创新价值观，是企业创新文化的核心和实质。这种创新价值取向具体就是企业在生产经营管理过程中所倡导的创新观念和创新行为准则，它为所有员工提供了一种共同的创新意识，也为员工的日常创新行为提供了指导方针。这种指导方针为企业员工的创新行为指明了行动的方向和目标，能够保证员工将创新行为进行到底，直至完成，可以说是企业创新行为主体内在的心理保证。

（3）创新英雄人物的激励。如果说创新价值观是企业创新的内在动力之一，那么创新英雄人物则最能够充分体现企业对企业创新行为的重视程度。他们一方面是企业创新行为的形象，另一方面也是企业创新主体学习的榜样。企业创新英雄人物的存在能够向企业创新主体宣传企业提倡和鼓励的精神，使创新的精神渗透于每个员工的思想行为之中。而企业对英雄人物的奖励能使企业的创新主体认识到他们的创新行为能够得到什么，从而促使他们不断地将其创新行为深入下去，直到成功。榜样的力量是无穷的，这也是企业文化中推崇榜样的原因。

2. 对企业创新效果的不断反馈

目标设置理论认为个人、群体和组织在有了明确的目标后，在发展的过程中给予其不断的反馈会比无反馈带来更高的绩效。在反馈的过程中，组织、群体、个人可对创新行为再认识和反思，从而找出其不足的原因，扫除阻碍创新行为的因素，加快对组织结构本身的诊断，最终为创新主体提供组织的支持，并确保创新行为的成功。而对于个人而言，通过对创新效果的反馈，可以帮助其更加清楚地认识到创新的进度，为合理安排时间，明确以后的行动方向具有很大的作用。创新效果反馈的渠道有组织内部的沟通、创新主体与管理人员的沟通，这些都是对创新主体的一种激励。

3. 组织激励

无论企业的创新主体是个人还是群体，其创新的环境都在组织范围之内，创新行为也就会受到组织的影响。影响企业行为的组织因素主要有：组织结构与组织协调，创新主体的组织环境。如果为机械式、官僚制的组织结构，企业的创新行为有可能在进行过程中受到抑制。因为在机械式组织结构中个人的因素很少受到关注，行政管理人员必须遵守规则。所有的一切均以工作需要为基础，个人的创新活动必须在遵守规则和工作需要满足的基础上才能受到一定的关注。而且在机械式组织中强调的是下级对上级权威的服从，也会抑制创新行为的发生。因此，为让员工的创新行为有足够的生存发展空间，企业的组织必须设计成有机式的组织结构。创新主体在这种组织结构环境中能够自由自在地表达他们的观点。员工之间的思想也能彼此毫无成见地交流，每个人的想法也能得到组织的重视，在这种环境中，创新主体的想法被组织理解、接受、支持，并且可能得到组织各方面的支持。承认和交流是对企业创新主体的最大激励，企业创新行为继续进行到底的可能性则非常大。而组织的协调活动则可以为企业创新主体的行为构建更大的活动空间，使员工创新行为从组织层次上得到各方面的支持，包括从精神上到物质上的保证和支持，以激励创新主体始终保持旺盛的创新热情。

三、创新结果激励

企业创新主体进行创新有各种不同的动机和目的。当企业的创新行为结束而且为企业带来了预期绩效的时候，企业创新主体当然也希望企业能够满足他们的创新动机。只有当企业能够满足创新动机时，企业创新主体的创新行为才能得到激励，也才能激励企业创新主体持续地进行创新行为。只有满足企业创新主体的需要，企业的创新行为才有可能不断地涌现。为此对创新行为结果的激励必须与企业创新主体的动机与需要尽量相关，创新主体也才能够被充分激励。每个创新主体的创新动机和需要是不同的，因而对企业创新行为结果的激励是很复杂的，必须因人而异，不存在唯一的最佳答案。为此，必须把握住企业创新主体的真实需要。期望理论告诉我们，效价为零或很低的奖酬资源对创新主体不是很好，如果能将物质激励与企业创新主体的业绩十分紧密地联系起来，它的激励作用将会持续相当长的时间。经济学家和绝大多数的管理人员倾向于把金钱放在高于其他激励因素的地位，而行为科学则倾向于把物质放在次要地位。

也许这两种看法都不是正确的，但我们认为，如果想使物质因素成为一种激励因素，则管理人员必须记住：金钱对那些抚养一个家庭的人来说要比那些已经功成名就的人更重要，金钱容易调动前者的积极性。为了满足不同创新主体对创新结果的不同要求，企业可列出奖励员工创新行为的菜单，供企业创新主体自主选择。为此，我们认为激励企业创新行为结果的奖励可以有以下几种方式。

（1）金钱。物质的激励作用在企业创新主体的生活达到富裕水平之前作用是十分明显的。为此，利用此种方式对创新主体进行激励，则先必须考察他们的经济能力。在大多数工商业企业中，金钱实际上是作为保持一个组织机构配备足够人员的手段，而并不是作为主要的激励因素，即双因素理论所说的满意因素，而不是激励因素。为此，为激励创新主体的创新需要，企业不应把金钱作为激励创新主体的主要手段。

（2）认可与赞赏。一般而言，企业创新主体的动机是超过经济需要的，企业创新主体的创新往往追求的是成就感和权力的需要。想给予创新主体成就感就必须在各种不同的场合对他们的创新行为进行认可与赞赏，比如授予他们"企业创新英雄"称号等方式远比让他们获得一定物质奖励的动力要大，对他们而言，组织的认可和赞赏是远比金钱更具激励作用的奖酬资源。

（3）提供个人发展和晋升的机会。当代社会竞争越来越激烈，知识更新的速度也在不断地加快，对个人而言，个人发展和晋升的机会在绝大多数情况下比金钱的激励作用还重要。因为组织给创新主体提供越多个人发展和晋升的机会，个人在未来时期拥有的资本就越雄厚，其在社会生存发展的空间也会越来越大，从而更能在未来社会中生存。而给企业创新主体提供晋升的机会，会满足一部分创新主体的权力需要，当这种权力的需求被满足时，随着个人职位的提升，个人的责任心和工作积极性也会提高。这种提高为创新主体下一轮的创新行为提供了动力和足够的空间，个人自我实现的机会也增大。

（4）提供特种福利和套餐福利。由于每位创新主体的需要不同，给创新主体提供"特种"福利和"套餐"福利也是激励企业创新主体的一种方法。让创新主体享受"特种"福利，如高级人员的专车、五星级酒店出差待遇，可以满足企业创新主体自尊和被人尊重的需要。而推出项目不同的福利套餐组合，每位创新主体从中择其一，在给定每位创新主体福利开支总额的前提下，创新主体

视频 8-1：两会专题：田刚谈高校创新激励机制

在福利菜单范围内自行决定的福利结构，可以满足企业每个创新主体需要，从而达到群体激励的作用。这种方式的创新激励有很大的灵活性，针对不同的创新主体需要满足不同的需要，一定的条件下，不失为可优先考虑的激励方式之一。

第二节　创新激励机制的实施

创新激励机制理论表明，要有效地激励企业人才创新行为，涉及创新行为动机、过程以及结果的激励，与个人的、组织的、文化的、职务的和制度的因素紧密相关。在实际的企业经营管理过程中，企业的人才创新激励机制就是基于上述众多因素建立的。

一、制度激励机制

我们可以把企业创新人才主体分为三个层次，即普通员工（多为技术人员）、管理人员和经营者。这三个层次的人员地位不一样，在组织中的角色也不一样，他们创新的动机也不一样。许多组织在分析创新人才主体的需要、制定激励人才创新的政策时，往往都是凭着组织（或主管人员的）主观臆断进行的。由于管理人员与普通员工在创新需要方面总会存在一些差异，管理人员或组织所认为的能够激励员工创新的激励制度并不一定是员工真正所需要的，而不针对员工创新真实需要的激励措施是毫无意义的。因此，企业在建立人才创新激励机制时，需调查每个层次创新的真正需要，这是调动创新人才主体积极性的第一步，只有把握住每个层次的创新人才主体的真实需要，企业建立的人才激励机制也才是有效的。

毫无疑问，普通员工的创新需求与管理人员、经营者的创新需求是不一样的，对他们进行激励的政策也应该是不一样的，为此我们认为对他们的激励政策应分为如下几点。

1. 面向普通员工创新行为的激励政策

对普通员工（操作和技术人员）创新行为的激励需遵循以下基本原则，才能收到预期的效果。

（1）激励要渐增。激励渐增的原则是指无论对创新行为的奖励还是惩罚，其分量都要逐步增加，以增加激励效应的持久性，从而保证普通员工创新行为的持久性。

（2）情境要适当。由于创新主体（普通员工）个性差异的客观性存在，每个创新主体奖励的时间、方式和环境都不一样。因此，组织实施针对普通员工创新行为激励措施时要因人、因时、因地制宜，选择适当的机会和环境。

情境由五个方面的因素组成：来自员工方面的；来自管理者方面的；实施奖励的时机，其时机要选在最能对创新主体起作用的那一时刻；实施奖励的地点，即要选择最能对创新主体起最大效用的地点；创新行为本身的性质，即为什么要受到奖励。要想使普通员工的创新激励效用最大化，必须有机地考虑这五个方面的因素，才能起到最佳的激励作用。

（3）激励要公平。激励公平要求组织遵循社会的公平规则，或者是员工普遍接受的公平规范实施激励措施，对普通员工的创新行为进行激励也要遵循这样的原则。为此，企业在对普通员工创新行为进行激励时必须做到：机会均等，即所有普通员工在争取创新资源方面的机会要均等，企业应让所有员工的创新起点处在同一水平线上，具备同样的创新条件；奖励的程度要具有可比性，不能因创新主体的条件不同，创新激励的程度便不同；奖励创新行为的过程需要公正，即要做到过程的公开化和民主化，让组织中每一位员工都知晓公司对企业创新行为激励的制度和政策。

（4）把握普通员工创新的真实需要。把握员工创新的真实需要是激励员工创新行为最基本的出发点，为此组织必须对员工创新需求做深入的调查。

（5）对普通员工创新行为的奖酬方式。组织在确定创新奖酬内容时，最基本的一条原则是奖励对获得者要有价值。期望理论告诉我们，对员工而言，效价很低的奖励难以调动员工的积极性。为了满足不同员工对奖励内容的不同需求，我们认为对普通员工的激励可以采取以下几种方式。

金钱。金钱的奖励作用对普通员工是十分重要的。如果能将金钱激励与员工创新工作成绩紧密联系起来，它的激励作用将会持续相当长的一段时间。企业在用金钱奖励员工创新行为时，可以采取项目制。

认可与赞赏。认可与赞赏可以成为比金钱更具激励作用的奖酬资源。

带薪休假。带薪休假对许多员工来说都具有吸引力，特别是对于那些追求丰富的业余生活的员工来说更是情有独钟。

员工持股。众多公司的实践表明，一旦员工变成所有者，他们就会以主人翁的精神投入工作。拥有公司的一部分股票，并从公司的经营成功中分享利润的人，更会从各个方面支持和激励企业创新行为的发生。

享有一定的自由。对能够有效地完成创新工作的员工，可以减少或撤除对他们的检查工作，允许他们选择有利于自己创新行为的工作时间、地点和方式，或者允许他们选择自己喜欢从事的工作，给他们的创新行为提供基础。

提供个人发展和晋升的机会。这一方式几乎对所有的员工都具有吸引力，而对满足创新主体的成就需要和自我实现的需要具有很强的激励作用。

尽管激励普通员工创新行为的内容和方式有许多，但可以认为金钱、认可与赞赏是最有效的方式。企业在制定奖酬方案时，可以对不同的奖励方式进行成本核算，让员工在成本相同或相近似的几个方案中进行选择。

2. 面向管理人员创新行为的激励政策

企业中管理人员的创新需要与普通员工的需要相比，倾向于更高层次。麦克利兰的成就需要理论告诉我们，管理人员的优势需要集中在成就需要和权利需要；赫茨伯格的双因素理论告诉我们，高层次需要更多地从工作本身得到满足。为此，可以认为管理人员的创新需求比较倾向于成就和权利需要。

晋升对管理人员而言，可能是最有吸引力的激励措施。因为晋升意味着得到了认可，可以享有更大的权力，而权力一般是管理人员最期望的东西。而且管理人员获得晋升后，可以获得创造更大成就的机会。管理人员创新行为的经济报酬可以由五个方面构成：第一，基本工资；第二，短期或年度奖励；第三，长期激励；第四，正常员工的福利；第五，管理员工的特别福利（因特权而享有的待遇）。其中，基本工资的作用是保证管理人员的日常生活需要，为管理人员的创新行为提供物质基础。短期或年度奖励的作用是可以促使管理人员创新以便能促进现有资源的有效利用。长期奖励可以促进管理人员应用新的生产技术，开办新企业或开辟新市场等。管理人员的这些创新行为与公司的发展密切相关，需要管理者具备战略眼光，从长计议。长期奖励可以从一定程度上克服管理人员创新行为的短期性。管理人员的特别福利是管理人员在一定职位上享有的特别待遇，这些待遇也可以对管理人员产生一定的激励作用，满足其自尊的需要。

3. 面向经营者创新行为的激励政策

这里所说的经营者是指直接对企业经营收益负责的高级管理人员，是委托—代理制中的高级经理人。经营者的经营工作对整个企业的业绩、生存和发展的影响是直接且全面的。经营者的创新行为对企业的影响也是十分巨大的。企业经营者的创新需要有其自身的特点：经营者的创新需要相对而言是高层次的，即马斯洛需要层次理论中的尊重需要和自我实现需要，麦克利兰需要中的成就需要和权力需要；经营者创新需要本身应该是经营者的主要动机。面向经营者创新行为的激励政策主要有以下三方面。

（1）建立所有者与经营者的长期合作关系。一般而言，经营者创新的动机就是为了提高所经营企业的效益，以达到自己名利双收的目的。为此，企业要努力培养与高级经理之间的长期合作关系，鼓励经营者通过创新行为提高企业的绩效，以满足他们所追求的个人在社会上的地位和声望的欲望。

（2）设计合理的报酬结构。经营者的报酬大体可以采取以下几种形式：工资、奖金、股票和股票期权。每一种报酬形式都具有一定的创新激励作用：工资和奖金可以满足经营者创新的最基本需要，而股票和期权则可以反映经营者创新行为的业绩，虽然具有较大的风险，但也最具有刺激激励作用。比尔·盖茨的收入中股票和期权占据了很大部分，这部分市值的存在可以有效地激励比尔·盖茨在微软管理上、技术上的创新，一方面可以为公司带来效益；另一方面也为自己带来了很大的收益，并提高了自己的社会地位。

（3）引入创新竞争机制。在企业内部建立经营者创新竞争机制，可以有效地促进企业经营者的创新行为。企业最高管理部门可以给企业经营者下达创新指标，或者在内部进行创新项目的竞标。对于完成创新任务者给予奖励，而对没有完成创新任务或没有从事创新项目的经营者给予淘汰或处罚，引导企业内部形成创新氛围。也可以引进创新竞争机制，如果企业的经营不能创新，则企业有可能被别的企业兼并，被创新能力强的企业接管，原有企业的经营者也就会被解雇，从而也促使企业经营者不断地创新。

在人才创新制度激励机制体系中，知识产权的激励具有特殊的地位和作用。

（1）产权激励是人才创新最基本的激励手段。产权制度是现代市场经济和社会正常运行的重要经济法权基础，对知识经济而言，完善的知识产权制度则是其根本性的经济法权基础。人类社会经济发展史表明，产权的早期类型是原始的公有产权，只有在排他性的公有产权出现后，才能极大地激励人们创新动力的产生。相反，对所有者有利的排他性产权能够提供对提高效率的直接刺激，或者说，能够通过直接刺激获得更多的新技术，可以用这种激励机制的变迁来解释过去1 000年人类所取得的迅速进步和漫长的原始狩猎采集时代发展缓慢的原因。但是排他性的公有产权有着严重的缺陷，因为在这种产权制度下，每个人都可能只关心自己的利益，而不承担相应的责任。解决这一问题的办法是建立私有产权，使每个人有其权、享其利、担其责。私有产权的建立，第一次在个人创造性活动与知识生产的投资上建立起了联系。在知识经济时代，知识产权是社会最主要的产权形式，因此运用以知识产权为主的产权手段激励企业创新发展，既是人类社会进入知识经济时代的必然结果，也是知识产权功能的重要表现。认识知识产权对企业创新发展的激励作用，对于调动员工参与创新的积极性，对企业实现全面创新具有重要的理论和现实意义。

（2）从产权经济学角度看知识产权对人才创新的激励作用。产权经济学认为，产权问题是由交易费用问题引起的，由于资源的稀缺，任何社会都会出现争夺资源的竞争，因而必然要求一定的规则和约定来指导、规范竞争。没有规则和不规范的竞争是低度的、无序的，也是消极的，其结果是浪费了社会资源，降低了竞争效率。而交易费用理论指出，协商、订立和实施这些规则需要付出相应的代价，即交易费用。一方面，交易费用的增加意味着社会资源的浪费；另一方面，指导竞争的规则一旦确定后会积极地减少资源浪费。产权制度发明的目的在于使社会经济体制运转的交易费用达到最低。产权的本质在于通过确定、实施规章和约定，力图降低社会内部交易费用的水平，从而实现和增加经济的剩余。结合企业创新发展而言，完善的知识产权可使企业创新行为在正常的轨道内健康持续地发展，并在很大程度上节约创新成本，增加由创新而导致的企业经济剩余。诺思认为，有效率的组织是经济增长的关键，而要保持经济组织的效率，需要在制度上做出安排和确立产权，以便形成一种激励，将个人的经济努力变成私人收益率接近社会收益率的活动。因此，各种提供适应个人激励的有效的产权制度是促使经济增长的决定性因素。如果社会上的人没有从事促进经济增长和创新的活动和动机，该社会就一定没有经济增长和创新，因为已有的经济组织缺乏能激励个人动机的有效的产权制度安排。任何包含在人才及创新过程中的各项进步因素的成长都要突破两大壁垒：一是私人收益率，二是社会收益率。私人的收益和成本是指其参与任何经济交易的盈亏，而社会的收益和成本则是社会在私人的活动中获得的公共利益或损失。缺乏效率的产权制度安排一定是造成私人的收益或成本与社会的收益或成本的极度背离。这种背离就意味着某人或某些"第三者"未经当事人的同意可以不支付任何代价从中获得利益或好处。更为可怕的是，如果私人为了某项发明、某项创新而投入的私人成本超过了他可能得到的私人收益，也就是说，他为了发明和创新付出了极高的代价和费用，但发明和创新所带来的收益被第三者不劳而获了，那么个人就丧失了从事创新性活动的动力，尽管这些创造性活动有益于整个社会。根据这种观点，我们可以推知，如果没有以知识产权为主导的产权制度及相应的知识产权措施，企业的创新发展将成为"空中楼阁"；反过来说，要使员工们受到某种激励而投身于企业创新实践中去就必须设计并形成某种以知识产权为核心的完善的产权制度，使员工的收益率、企业的收益率与社会收益率相协调、相匹配。这样，建立完善的知识产权制度体系，既激励员工积极投身到企业创新实践中去，又增强了企业的创新能力和积极性，同时，增加了创新产品和项目的垄断性，提高了企业市场竞争力。熊彼特曾指出，企业之所以敢冒引进新思想和克服旧障碍的风险，就是期望获得当时的垄断地位（产权有效期内），垄断维持期间能享受高额利润的能力。可见，企业创新发展动力源泉在于垄断市场，获取高额利润及始终在技术先进性、市场竞争力和获取利润能力等方面捷足先登。由此也足见知识产权对企业创新发展所起到的激励和保障作用。

（3）从创新过程看知识产权在企业创新发展中的作用。企业创新发展在空间上表现为一个系统，而在时间上则是一个过程，它是科学技术、发明构思、研究开发、生产销售、品牌确立、服务延伸、经营管理等构成的复杂、复合性创新系统在时空条件下的持续发展过程。在这一过程中，知识产权制度的激励和驱动作用是非常重要的，它贯穿于企业创新发展过程的每一个环节，自始至终起到推动和保障的作用。

案例8-1

2019 年湖北省自由贸易试验区制度创新

自贸试验区作为国家改革试验田，承担着为国家试制度、为企业促发展的使命。湖北在推动产业创新发展过程中，及时进行总结提炼，形成了一大批制度创新的成果。截至目前，已形成近 400 项制度创新成果，其中 5 项复制推广至全国，86 项在省内进行复制推广，改革红利的惠及面不断扩大。

第一，推行"全通版"食品药品行政许可证，大幅度合并行政许可事项、提升行政管理的效率。在不突破法定要求、不降低验收标准、不减少法定程序的前提下，湖北自贸试验区将食品生产许可、食品经营许可、化妆品生产许可、药品经营许可、医疗器械经营许可等 9 项许可合并为一张"全通版"食品药品生产经营许可证，实现"六个统一"，即统一办事指南、统一验收标准、统一验收队伍、统一证照样式、统一许可编号、统一许可有效期，实现了一个审批机关对同一申报主体只核发一张许可证，降低了企业办证的成本，提升了部门的行政效能。通过"一优四减"，即优程序、减资料、减流程、减时限、减费用，对食品、药品、医疗器械生产经营许可的机制进行整合归并，建立了精简高效的审批机制，申请资料由原来的多套归并为一套，申办时间由原来最多的 9 个20 天，现在减少到一个 20 天。许可证的年审换发次数由原来的多次，最多是 9 次，现在减少到 1 次。

第二，创新不动产抵押权变更登记，大幅度简化办事的流程，提升便企便民服务，破解企业还贷"过桥资金"难的问题。湖北自贸试验区深化不动产登记改革，加快实施"一窗受理"集成服务的模式，缩短不动产抵押登记办理时间，避免了因抵押物悬空而遭受查封限贷等金融风险，企业无须筹措资金"还旧借新"，从而避免了因筹措"过桥资金"而额外增加的财务成本，以及有可能带来的财务风险。具体来说，做了两个方面的创新改革。

一是取消注销抵押权环节，简化信贷流程。无须债权人提供还清贷款的证明和注销抵押权，由银、企双方约定并共同申请，根据抵押物变更的范围、金额和债务履行期限变更等情况，直接办理不动产抵押权变更登记业务。办理的时间压缩到 3 个工作日内，最快的可以当天办结。

二是将不动产登记受理的场所直接延伸到了银行的网点"便民服务窗口"，打通银行登记系统与不动产登记系统的之间的信息壁垒，搭建不动产登记信息平台，贷款的客户无须前往不动产登记机构和房管部门，在银行的网点即可提交不动产贷款和抵押登记的资料，"一站式"办理抵押和续贷的手续。截至目前，仅湖北自贸试验区襄阳片区已经办理的不动产抵押权变更登记396笔，担保债券金额近62亿元。

第三，推行"两无一免"，简化退税流程。变纳税人申请退税为税务机关主动退税，切实保障纳税人的权益。针对个人所得税手续费退税、小微企业所得税年度汇算清缴多缴退税、政策性调整形成的退税三类业务，税务机关实行"无申请、无纸化、免填单、主动办、批量办"的退税方式。退税流程节点由原来的8个减少到4个，而且做到应退尽退。试行两年以来，襄阳片区税务部门已累计为600多户扣缴义务人办理退税2 000多万元，为400多户小微企业办理退税1 000多万元。此项改革在国务院第5次大督查中作为典型经验，受到了通报表扬。

第四，推行涉税执法容缺容错机制，彰显宽严相济、为民服务的执法理念。税务机关改变以前的"申请资料齐全且符合法定形式再受理"传统模式，采用"边补正材料，边受理审核"涉税服务容缺受理模式，将纳税人因税收政策界定不明、税收政策调整、突发事件、不可抗因素等9种情况纳入容错的范畴。辅导纳税人及时纠错改正，最大限度降低纳税人因涉税过失行为企业在纳税信用、资格认定、优惠政策享受等方面受到的不利影响。此项改革推行以来，已为纳税人办理容错容缺事项131次，避免企业直接税收风险1 115万元，减少税收损失628元。

习近平总书记在二十国集团领导人大阪峰会上表示，中国将营造有利市场环境，尊重、保护、鼓励、创新。李克强总理指出，要把优化营商环境作为促进"六稳"的重要举措，更好地激发市场主体活力、增强竞争力，释放国内市场巨大潜力。湖北自贸试验区将坚决贯彻落实习近平总书记重要指示精神，积极学习借鉴兄弟自贸试验区和其他省市好的经验、好的做法，对标高标准国际经贸规则体系，继续当好改革开放"排头兵"，努力为推进政府治理体系现代化、促进经济高质量发展作出更大的贡献。

案例分析思路 8-1

（案例改编自《商务部召开"自由贸易试验区制度创新成果复制推广工作情况及第三批'最佳实践案例'"专题发布会》：http://www.gov.cn/xinwen/2019-07/23/ content_5413901. htm）

二、文化激励机制

前面已经分析了企业文化对企业创新行为的发生和维持具有极为重要的影响，为此企业在建立人才激励机制时必须建立相应的企业文化激励机制，这主要包含以下几个方面的内容。

1. 树立崇高目标，追求卓越的企业价值观

当代企业价值观的发展呈多元化和个性化发展趋势，杰出企业的价值观千姿百态，但透过现象看本质，其都有共同的价值取向，即树立崇高目标、建立共识和追求卓越。崇高目标对企业每个成员的目标和行为有导向功能，对企业创新行为也有着重要指导作用，它为企业及个人创新行为指明了方向。树立崇高的目标对企业创新行为的方向一致性具有重要作用，而且崇高的目标能使员工明确其创新行为对社会、企业、个人的意义，

激发员工创新动机，也为员工提供了表现才能、实现自我价值的机会，从而可以极大地调动员工的创造性。而追求卓越的企业价值观，则可以在某些预定的目标实现后，不断产生新的需要，提出更高的目标，形成促进目标完成的内在动力，促使企业员工能够永远不满足，永远追求创新，这种永远追求创新的精神是现代企业能够长期发展的关键。

2. 树立创新榜样

榜样的力量是无穷的，任何一个具有优秀企业文化的企业，都有其杰出的榜样，在创新方面也是如此。例如，明尼苏达矿业制造公司是美国最大的制造企业之一，它的文化传统就是崇尚革新，鼓励企业家式的创新活动。因此，该公司把革新者当作英雄和典范人物。其公司有一条明确的规定：凡是公司成员，无论什么人，只要他发明一种新产品，或者当大家在研制过程中遇到困难无法坚持而他还能坚持下去，他就有权管理这种产品，并成为该产品制造部的经理，而不管该产品原先是否是属于他的业务范围。为此曾为技术员，后来因发明而荣升董事长的德卢和销售部经理博登都曾被公司当作英雄。这无疑告诉员工，只要你也像他们那样具有革新精神，你就会获得事业上的成功。很明显，创新榜样在激励员工创新方面的作用是十分明显的，它让企业抽象的价值现成为职工的行为规范，使他们更容易接受。

3. 建立创新文化网络

文化网络即企业内部非正式的信息沟通系统，是企业信息的载体及传递工具，对企业创新行为起到促进或抑制的作用。利用这一网络，企业可以让公司全体员工对企业创新观念、创新事件及创新制度有一个清晰的了解。这将对企业创新文化的形成产生影响，对员工的创新行为也将产生重大影响，从而有利于企业创新行为的发生。

三、组织激励机制

任何企业创新行为都是在组织环境中发生的，组织对创新行为的发生和发展有着不可忽视的作用。因此在建立企业人才创新激励机制的过程中必须建立组织激励机制。通常认为建设组织激励机制主要涉及两个方面。第一，组织建设。相比较而言，有机式的组织结构比机械式的组织结构更能激发企业创新行为的发生，有机式的组织结构更有利于组织内部群体、个人之间的学习及组织员工熟悉每个职位的工作情况，促进组织内部信息的交流，保证企业内部员工参与管理，从而促进员工创新精神和创新思想的形成，为企业创新行为提供了组织条件。第二，职务设计。职务设计的方式有如下几种：工作轮换、工作扩大化、工作丰富化、学习型团队建设、弹性工作制。工作轮换可以培养职工的多种技能，消除职工对工作厌倦感，提高他们的工作积极性；工作扩大化可以给予职工更多的责任，鼓励他们自我控制、自我发挥，从而使职工的个性得以健康发展，激励其在自己感兴趣的工作范围内进行创新；工作丰富化则可以让员工拥有更多自由支配工作的权利，使员工有机会参加工作的计划、设计、组织和管理，负有更多的责任，扩宽职工发挥才能的途径，激发他们进行不断的创新；学习型团队的建设可以帮助企业实现内部信息的交流和沟通，而且更有助于企业内部工作经验的总结，从而可以帮助企业找出企业目前所存在的问题与缺陷。所以学习型团队的建设一方面可以帮助员工之间的学习，为员工创新行为提供技术上的支持；另一方面则可以帮助企业发现创新的机遇。实践也证明，学习型团队的建设可以提高员工的劳动积极性，增强员工的工作满意度，激发员工创新行为的发生。

因此，企业在建立人才创新激励机制时必须对组织结构、职务设计这两方面的工作给予充分的重视，它是企业人才创新激励机制的组织基础，也是人才创新激励机制的一部分。

章 末 小 结

1. 组织激励机制包括以下五个方面的制度：诱导因素集合、行为导向制度、行为幅度制度、行为时空制度、行为归化制度。

2. 企业创新动机主要有以下几个方面：创新的心理需要、成就感、经济性动机、责任心。

3. 企业人才创新激励机制理论主要涉及三个方面的内容：探讨企业人才创新的动机与动力，动力的助长，有效促进创新动力的因素的产生；对人才创新行为的过程进行有效的激励管理问题；对企业人才创新的成果进行有效的管理。

4. 企业文化激励机制应包含以下几个方面的内容：树立崇高目标，树立创新榜样，建立创新文化网络。

5. 创新过程的激励主要涉及以下几个方面：文化方面、对企业创新效果的不断反馈、组织激励。

6. 激励企业创新行为结果的奖励可以有以下几种方式：金钱、认可与赞赏、提供个人发展和晋升的机会、提供特种福利和套餐福利。

7. 面向普通员工的激励政策要注意激励要渐增、情境要适当、激励要公平、把握普通员工创新的真实需要。

8. 普通员工的激励可以采取以几种方式：金钱、认可与赞赏、带薪休假、员工持股、享有一定的自由、提供个人发展和晋升的机会。

9. 对管理人员创新行为的激励方法：晋升、报酬。

10. 面向经营者创新行为的激励政策：建立所有者与经营者的长期合作关系、设计合理的报酬结构、引入创新竞争机制。

11. 企业文化激励机制应包含以下几个方面的内容：树立崇高目标、树立创新榜样、建立创新文化网络。

12. 建设组织激励机制主要涉及两个方面：一是组织建设；二是职务设计。

课后习题

1. 简述组织激励机制的主要内容。

2. 为什么要对创新过程进行激励？创新过程的激励主要涉及哪几个方面？

答案解析　扫描此码

3. 激励企业创新行为结果的奖励可以有哪些方式？

4. 经营者的创新行为对企业有巨大的影响，那么企业可以采取哪些激励政策来激励经营者的创新行为呢？

5. 企业一般是从哪些方面来建设组织激励机制。

即测即练题

自学自测 扫描此码

参 考 文 献

[1] 哈克斯, 等. 战略实践: 如何系统制定企业战略[M]. 北京: 机械工业出版社, 2003.

[2] 埃德蒙森. 知识型企业的执行模式[J]. 哈佛商业评论(中文版), 2008, 8: 65-77.

[3] 陈劲, 陈钰芬. 开放创新体系与企业技术创新资源配置[J]. 科研管理, 2006, 03: 1-8.

[4] 陈劲, 桂彬旺. 复杂产品系统模块化创新流程与管理策略[J]. 研究与发展管理, 2006, 03: 74-79, 107.

[5] 陈劲, 郑刚. 创新管理——赢得持续竞争优势[M]. 北京: 北京大学出版社, 2009.

[6] 陈强远, 林思彤, 张醒. 中国技术创新激励政策: 激励了数量还是质量[J]. 中国工业经济, 2020(4): 79-96.

[7] 陈钰芬, 陈劲著. 开放式创新: 机理与模式[M]. 北京:科学出版社, 2008.

[8] 范硕, 何彬. 创新激励政策是否能提升高新区的创新效率[J]. 中国科技论坛, 2018(7): 45-55, 63.

[9] 何杰明. 运营中国: 从战略到执行[M]. 北京: 机械工业出版社, 2008.

[10] 黄庆华, 张芳芳, 陈习定. 高管短期薪酬的创新激励效应研究[J]. 科研管理, 2019, 40(11): 257-265.

[11] 李韵, 丁林峰. 员工持股计划、集体激励与企业创新[J]. 财经研究, 2020, 46(7): 35-48.

[12] 刘华文, 谭力文. 国外战略管理研究的新动向[J]. 科技进步与对策, 2008(l): 191-195.

[13] 齐大庆. 战略执行与执行力[J]. 中国新时代, 2004(12): 44-46.

[14] 齐大庆. 中国企业的战略制定与执行[J]. 中国新时代, 2005(1): 50-54.

[15] 托马斯, 管维立. 寻求优势:美国最成功公司的经验[M]. 北京: 中国财政经济出版社, 1985.

[16] 阿曼德, 谢泼德. 创新管理——情境、战略、系统和流程[M]. 陈劲, 等译. 北京: 北京大学出版社, 2014.

[17] 孙琦. GE 管理模式[M]. 北京: 中国人民大学出版社, 2005.

[18] 台航, 张凯强, 孙瑞. 财政分权与企业创新激励[J]. 经济科学, 2018(1): 52-68.

[19] 田轩, 孟清扬. 股权激励计划能促进企业创新吗[J]. 南开管理评论, 2018, 21(3): 176-190.

[20] 达维拉, 等,创新之道——持续创造力造就持久成长力[M]. 刘勃, 译. 北京: 中国人民大学出版社, 2007.

[21] 王怀明, 钱二仙. 核心员工股权激励、市场竞争异质性与企业创新绩效[J]. 财会月刊, 2021(6): 43-50.

[22] 王亚东, 赵亮, 于海勇. 创造性思维与创新方法[M]. 北京: 清华大学出版社, 2018.

[23] 徐长生, 孔令文, 倪娟. A 股上市公司股权激励的创新激励效应研究[J]. 科研管理, 2018, 39(9): 93-101.

[24] 薛云贵，齐大庆，韦华宁. 中国企业战略执行现状及执行力决定因素分析[J]. 管理世界，2005(9): 88-98.

[25] 杨华领. 员工股权激励与上市公司经营绩效[M]. 北京: 清华大学出版社，2019.

[26] 于斌，冯林，高向丽. 企业战略执行理论研究新趋势[J]. 科学学与科学技术管理，2007(12): 134-139.

[27] 郁义鸿，于立宏. 创新中国：激励、能力、行动与绩效[M]. 北京: 清华大学出版社，2019.

[28] 张兵，孙红艳，程新生，李倩，黄立新. 科技型企业并购与创新激励[J]. 科研管理，2021, 42(5): 12-20.

[29] 张小峰. 全面认可激励:数字时代的员工激励新模式[M]. 上海: 复旦大学出版社，2018.

第九章

创新绩效的评估

学习目标

✧ 了解创新绩效评估的定义、作用与原则；
✧ 了解企业创新绩效评估的指标体系并掌握其设计思路；
✧ 了解企业创新绩效评估的方法及适用条件。

要重点抓好完善评价制度等基础改革，坚持质量、绩效、贡献为核心的评价导向，全面准确反映成果创新水平、转化应用绩效和对经济社会发展的实际贡献。

——习近平

引例

中集集团的技术创新评价体系

中国国际海运集装箱（集团）股份有限公司（以下简称中集集团）是一家创立于1980年，致力于为全球市场提供物流装备和能源装备的多元化国际企业集团。随着集装箱行业技术创新及其新技术的广泛采用，集装箱制造的成本连年下降。面对世界集装箱制造技术的快速发展和日趋激烈的竞争，特别是建设具有国际竞争力的跨国企业集团的战略任务，中集集团一直都把实施技术创新的战略放在了十分重要的地位。"我们认为，未来要与竞争对手形成差异化，必须要技术先行。"中集集团副总裁吴发沛表示，"创新无限已经被写入中集的核心价值观，一个企业只有自主创新才能不断成长。"

1982年，中集技术部只有一个工程师，但随着企业经营状况的变化，很快技术部就被解散；1992年，随着企业逐渐步上轨道，一个六人的技术部正式成立，迎来了中集历史上技术发展的第一个高峰。1997年年底，中集开始驶向发展的快车道，中集从OOCL请来资深的技术专家王石生，组建集团技术中心。新组建的技术中心制定面向21世纪的技术创新战略，目标是在世界集装箱化及交通运输装备领域领导潮流，推进行业技术进步，以实现集团包括技术在内全方位世界第一的战略目标，但当时的技术中心只包括总部的设计部和技术开发部。2002年上半年，集团技术部门进行全面整合重组，以技术管理部（原技术发展事业部）为综合管理部门。在一张新"出炉"的组织架构图上，各单元的职责界定及其相互之间的关系一目了然，一幅中集集团未来可持续发展的蓝图已经了然可见。

中集通过持续的技术创新，向各下属企业注入高新或先进技术"基因"，使成本降低和规模扩张成为"有水之源"。也正是通过不断的技术创新并在集团不同产品线之间进行应用，中集才能快速突破技术壁垒，同时保持技术创新投入的效益最大化。不得不说，中集搭建的技术创新体系提升了企业的核心竞争能力，让其在市场上站稳了脚跟。

同时，为了适应中集的国际化战略，中集集团自 1995 年开始实行集团化运营以来，一直着力于集团研发体系的构建和完善。中集技术研发体系作为集团全球化运营体系的一部分，以"基础研发集中管理、产品开发贴近制造基地"为指导思想，形成了"集中管理、分布研发、分布制造"的分布式研发组织模式。该模式纵向是职能式结构，强调组织层次、权力结构和资源的纵向配置，形成了集团技术中心、产业技术研究院、实验室和各技术分中心的三级研发体系。"集中管理、分布研发、分布制造"的分布式研发组织体系也是中集提高技术创新持续能力的组织保证。

为了评估中集集团内部的创新绩效，便于管理者动态掌握企业创新的进展和成果，发现技术创新存在的问题及原因，从而采取有针对性的措施，中集还结合企业实际的创新和管理情况，设计出了以产品创新为主的企业技术创新绩效评价指标体系，以保证企业所采取的技术创新战略更好地实施。

通过落实创新绩效评价体系，中集集团显著提升了各下属企业加强技术创新的积极性、主动性，中集在产品的开发、专利标准和行业地位等方面拥有了显著的国际地位，并且掌握了行业的核心技术，不断引领世界集装箱行业的技术发展方向。截至 2020 年 12 月 31 日，中集集团累计有效专利 2 849 件，高居机械设备行业前列，有效专利数量是行业平均值的 20 多倍。2020 年全年取得营业总收入 941.59 亿元，同比上升 9.72%，实现净利润 60 亿元。

案例分析思路

目前，中集集团已经成为根植于中国本土、在全球多个行业都具有领先地位的国际大企业。

（案例改编自：https://www.docin.com/p-532724585.html）

2021 年 5 月 28 日，习近平总书记在中国科学院第二十次院士大会、中国工程院第十五次院士大会、中国科协第十次全国代表大会上的讲话指出："在项目评价上，要建立健全符合科研活动规律的评价制度，完善自由探索型和任务导向型科技项目分类评价制度，建立非共识科技项目的评价机制。在人才评价上，要'破四唯'和'立新标'并举，加快建立以创新价值、能力、贡献为导向的科技人才评价体系。要支持科研事业单位探索试行更灵活的薪酬制度，稳定并强化从事基础性、前沿性、公益性研究的科研人员队伍，为其安心科研提供保障"。中集集团技术研发部门在不断的发展和探索中紧跟国家政策，不断改进技术创新评价体系，促使企业快速发展。那么根据此案例，企业应该如何对自身的创新绩效进行评估呢？

扩展阅读 9-1：国家科学技术奖励绩效评价暂行办法

第一节　创新绩效评估的定义、原则与作用

对企业创新绩效的形成机理进行研究，就是在充分了解企业创新绩效形成过程中的各种影响因素的基础上，探求企业创新绩效怎样在这些因素的影响和作用下，一步一步由形成阶段、发展阶段、再到成熟阶段的，重点是探讨企业内部各种要素、企业外部的各种环境和资源对企业创新绩效形成的作用过程。

一、创新绩效评估的定义

创新绩效是指实施新技术后，企业价值的增加以企业业务额的增加来测量。创新绩效对于政府部门和企业管理者动态掌握创新型企业自主创新的进展和成果，发现企业自主创新存在的问题及原因，以便企业采取有针对性的措施，优化企业创新资源的结构和配置调整创新产出目标和方向，进一步提高企业的自主创新效率具有重要的意义。创新绩效评价是指企业在特定的背景下对创新方案、活动、经营、管理效果的综合评价。目前企业的绩效评估主要有三类：传统绩效评估、战略性绩效评估与创新绩效评估，三类评估各不相同，如表9-1所示。

表9-1　三类绩效评估的差异表

类型	传统绩效评估	战略性绩效评估	创新绩效评估
绩效评估基础	传统的会计系统	公司战略	公司创新战略
主要内容	财务评估	非财务评估	各种层面的结合
绩效评估尺度	财务度量	非财务度量	各种维度的结合
服务对象	中高级管理层	所有员工	所有员工
及时性	滞后度量	固定周期	度量实时度量
简便度	较低	中度	中度
对员工影响	挫伤积极性	提高满意度	提高满意度
绩效评估范围	忽视直线评估	各层次评估	各层次评估
责任评估模式	固定	不固定	不固定
调整频率	低	中	随需要而变化
绩效评估目的	监视企业创新绩效	改善企业创新绩效	改善企业创新绩效
适应性	较低	较高	较高

我们可以把企业创新绩效评估的特点概括为以下几个方面。

1. 企业创新绩效评估内容的多层面

绩效评估体系的科学性是确保企业创新绩效评估结果准确合理的基础，一项绩效评估活动的科学性依赖于评估指标、评估标准、评估流程等各个方面的科学性。如表9-1所示，与传统绩效评估、战略性绩效评估相比，企业创新绩效评估体系考虑到企业战略创新的实际情况，把企业各种层面的绩效评估内容结合起来以保证绩效评估体系整体结构的合理性。此外企业创新的绩效体系抓住了企业战略目标创新的主要方面，考虑到企业战略创新与传统原有企业战略的差异性，从而设计一定的弹性创新区间，突出反映创新绩效评估的重点，进行企业战略创新绩效评估前后和创新过程各个时期的纵向比较，并且与外界同类企业进行横向比较，最后结合多层面的绩效考评内容，利用多方位并包含企业创新方面的指标的绩效评估体系，最终形成有效率的创新型绩效评估系统。

2. 企业积极的绩效评估效果

企业创新绩效评估的服务对象为企业的各部门，针对企业的创新绩效评估方面，和企业的全体员工、部门对创新战略目标进行绩效考核。由于企业的战略目标由全体人员参与制定，因此从根本上提高了员工和管理人员对企业目标的认同程度，这是企业传统的绩效评估、战略性绩效评估所无法比拟的优点。企业创新绩效评估通过创新绩效评估体系得出的评估效果反作用于企业员工的工作，可以使企业员工积极配合并主动参与工作，使员工更具有团队精神和主人翁意识，这有利于企业创新战略的实施，最终实现企业预定的创新目标。

3. 合理的企业创新绩效评估周期

传统企业的绩效评估周期主要以月份和年份进行考核，这样不同岗位、不同性质的工作差异就无法充分体现。对于企业的基层员工或者销售部门来说，绩效可量化的指标可以在较短的时间内得出好或者不好的评估结果，但是对于企业的管理部门或者技术部门来说，创新是一个较长时间的过程，包括很多智力因素，其工作绩效并不是立竿见影的。因此，企业创新绩效评估体系的设置应根据需要变化评估周期，通过为不同部门设计不同的评估周期，也可以分散一次性进行绩效评估的工作量，从而提高企业创新绩效评估质量。

二、创新绩效评估的原则

企业在制定针对创新的绩效评估制度时，应注意以下原则。

（1）保证创新行为与战略的一致性。评价的基本作用是将人们的注意力集中在企业所期望的目标以及认为具有优先性的事务上。这也是战略专家哈默（Gary Hamel）和普拉哈拉德（C.K. Prahalad）在《为未来竞争》中所说的"战略意图"。被广泛认知的目标将决定人们的行动，并带动相应的评估、控制和学习活动。企业的创新战略应反映其总体战略，它应明确哪些领域的创新是企业迫切需要的，这些创新如何影响企业的现有业务，它们将对企业的竞争优势和环境中的威胁起到何种作用，应以怎样的时机性和风险性推出新产品或新流程，如何使创新项目与组织中的可得资源相匹配。1994 年，Feltham 和 Xie 研究认为绩效评估是激励管理者的重要组成部分，并且他们发现三个重要因素通常会给特定管理者的绩效评估带来困难：第一，管理者所实施的行动和策略是不可直接观察的；第二，管理者行为的全部后果不可观察；第三，不可控的事件会影响观察到的结果。

在为企业的创新活动建立评估指标时，这些指标要既能够反映企业的战略意图，又能够反映企业当前工作的特点，兼顾未来目标与当前实际。此外，创新指标还应考虑到创新的不确定性与风险的大小，使制定出的考核指标具有建设性和公平性。

（2）兼顾责任与权力的匹配。评估制度具有激励效果，但必须认识到责任与权力相匹配的重要性。2002 年，Loch 和 Tapper 开发了一个为公司战略提供支持的综合性绩效评估系统，同时指出有效的绩效考核必须以清晰的工作界定为基础：如果任务能够被划分，相应的责任也应该划分，责任与权力的范围应该一致。但是，当一位管理者负责多项任务时，若其中一些任务的不确定性大且很难被考核，企业就很难采用统一的激励措施。考虑到创新的内在不确定性（尤其是研发阶段），仅以产出指标来考核创新活动是不完善的。为了能在可衡量性与不确定性之间掌握平衡，使考核体系既能衡量企业总体战略目标的实现程度，又能反映研发人员的努力程度，创新的考核体系应包括产出衡量与过程衡量两大方面。前者主要考核各类创新项目的结果，后者主要考核创新组织工作和流程的有效性。

（3）促进运作控制。对于一个动态系统来说，及时反馈对保证其按规划顺利运转十分重要。创新也是一种系统活动，为保证其正常运行，必须经常衡量其进度、预算等事先制定的指标，确定其进度、资金充裕度以及可能出现的偏离。还要时常评价竞争对手的反应、潜在市场需求、组织支持力度和自身技术能力等因素，发现可能存在的问题，并通过不断调整方向和运作方式来完善下一步工作。

（4）实现学习和改进。评价制度能为组织学习和改进提供便利。无论是对过程还是产出的衡量，都能为人们评价自己的工作以及如何在以后的创新活动中改进工作提供依据。组织则可通过评价结果所反映的情况，调整创新组织制度和流程设计等，更好地开展今后的创新工作。企业还能从创新评价中发现有效的管理方式和操作技巧，将各种考评数据和材料收集起来，建立企业创新资料库，为创新研究和分析工作提供第一手资料。创新考评资料还能成为组织间交流创新经验的载体，有理有据地传播有效的创新管理方法。

三、创新绩效评估的作用

创新绩效评估对企业而言具有重要作用，主要体现在以下几个方面。

（1）企业决策的需要。从企业经营管理的维度看，企业创新绩效评估不仅能够正确引导企业，增强其竞争力，而且能为企业决策提供依据。企业创新绩效评估重要的动因之一在于通过及时发现企业运营、管理过程中存在的重大误差和问题，促使企业改进管理方法、优化管理程序，从而更好地达成企业经营的目标。盈利能力、营运能力、偿债能力、发展能力、技术创新能力、业务流程、知识管理以及外部利益相关者等多层面的评估构成了企业创新绩效评估内容，不仅可以全面、真实、可靠地反映和衡量企业所完成的和正在进行的经营管理活动，而且对企业经营活动发展的未来趋势也有一个相对准确的预测，有助于全方位地判断企业的真实状况，为企业决策提供科学的参考依据。

（2）加强对经营者的激励与约束的要求。科学地评估企业绩效，可以有效加强对企业经营者的激励与约束。激励企业经营者的一个主要途径可以从经营者的薪酬着手，通过制订合理的薪酬计划来调动、激励企业经营者工作的积极性。然而，一些国内企业经营管理者为企业所创造的价值与其承担的风险并不相符，这对企业经营管理者的积极性有严重的影响，也就导致了大量的"逆向选择"和寻求补偿现象的存在。对此，加快经营者的收入分配制度改革对于企业势在必行。隐形激励是经营管理者根据自己对基于经营绩效基础的外在利益和自己对其报酬所做出的理性判断进行比较是否满意而产生的一种激励。例如，当个人为实现自己的人生价值、企业家为了增加市场竞争实力以及扩大未来利益而提高信用度。可以看出当代理人所获的显性报酬并不能达到基于绩效所应得的薪资时，往往不会对其经营管理的积极性造成影响，前提是企业家人才市场发展成熟和经营管理人才充分竞争。此外，绩效评估也作为一种约束手段，对经营者激励的过程也是对其监督的过程。否则，就可能事与愿违，出现激励无效的状况。相同地，只有通过科学地评估企业的绩效，投资者才能判断企业经营者的业绩，进而对经营者采取有效的约束措施。

（3）企业发展战略转变的需要。科学合理的绩效评估体系能客观、合理地评估企业的业绩，更为重要的是，对企业经营管理和战略发展目标的实现具有积极的导向作用。具体而言，通过把绩效评估与企业的短期、长期战略目标相结合，可以促使企业从其长远发展角度出发，克服短期行为，改进薄弱环节，探索、提高发展潜能，及时实施监督计划，进一步实现战略目标，促进企业的发展。企业创新绩效评估是企业发展战略转变的依据与前提，在正确地评估企业创新绩效后，企业经营管理者对企业发展战略方向把握得才更加准确，从而促进企业长远地发展。

（4）企业创新绩效管理的需要。企业通过绩效评估改进其绩效管理，以促进企业的经营发展和增强技术创新、知识管理等能力。因此，绩效评估不是企业的最终目标，而是其实现最终目标的一种途径或机制。企业欲取得长远的发展，其应该拥有完善的企业创新绩效管理机制，否则在日益激烈的竞争中无法持续发展，最终将被市场淘汰。企业创新绩效评估是完善绩效管理的前提，客观的评估企业绩效有利于促使企业经营管理者改进绩效管理方法，推动企业创新绩效管理的改进，从而提高其绩效。所以，只有形成完善的企业创新绩效管理机制，企业才能取得长远的发展，形成企业的核心竞争力。

（5）激励企业的创新活动。企业技术创新能力的内在因素：R&D 能力、制造能力、市场营销能力，直接决定了企业技术创新能力水平的高低。为了增强企业的 R&D 能力、生产制造能力及市场营销能力，要求投入足够的资源保证其技术创新活动的顺利开展，即诸多因素共同协调作用才能保证创新活动的顺利实施。大致划分为"软"支持要素和"硬"支持要素两类，分别是指企业的创新管理能力和创新资源投入能力，而这两种能力又从侧面对企业技术创新能力水平、企业创新绩效水平的科学评估产生间接影响，为企业如何在"软"支持要素和"硬"支持要素间合理分配企业资源提供依据，使得企业创新活动的贡献得以体现，促使企业加大对创新活动的投资力度，提高企业的创新水平，激励企业的发展创新活动。

（6）激发企业员工的创新动力。企业技术创新的行为主体是员工，其创新能力大部分来源于对自身利益追求的满足。企业创新绩效评估指标既反映了企业对技术创新的需求，又将对技术创新的需求转化为对员工的激励，促使员工将创新冲动转化为持久性的创新行为，从而实现企业经营需求和实现自己的利益追求。即根据企业的绩效评估指标，对员工实行内部评估与奖惩，在实现企业员工对自身利益追求的同时，最终实现企业创新活动的持续化和永久化。当员工的创新取向与企业的发展方向一致时，创新行为才能产生正向的合力。以企业的战略目标为导向的企业创新绩效评估体系，为员工在实现企业战略目标中所处的位置和努力指明方向。为使企业的员工活动与战略目标保持一致，企业创新绩效评估体系可以通过调控创新资源的投入数量和投入方向，以及引导员工的利益取向等方式实现。因此，企业创新绩效评估体系能够引导员工的创新取向与企业战略目标的需要相契合。

（7）企业的创新文化形成的要求。企业文化是全体员工一致认同且共同遵守的具有企业文化特色的价值观念的总和。企业创新绩效评估作为一种制度，是企业文化的一部分。创新文化不仅能激励、支持企业创新活动的开展和进行，为创新活动的实施创造良好的企业氛围和环境，而且对企业员工的思想观念、意识、价值取向和行动等都能产生积极的效应。

第二节　创新绩效评估的指标体系

　　评估企业的创新绩效，对于企业管理者动态掌握企业创新的进展和成果、发现创新存在的问题及原因、采取有针对性的措施、优化企业创新资源的结构和配置、调整创新产出目标和方向、提高企业自主创新效率，均具有重要的意义。绩效评估是企业发展的重要环节，如何有效地进行绩效评估对于企业来说至关重要。由于企业处于市场经济的大环境中，面临各式各样的变化，通过对比发现，企业创新绩效评估具有相对完善的创新评估指标，不仅涉及企业过去与现在的业绩，而且还有企业潜在的、未来的创新业绩信息，这要求在设计绩效评估体系时就要考虑到既要有反映企业创新绩效现实情况的指标，又要有体现企业创新能力发展状态的目标，最终实现定性与定量的结合、财务与非财务的结合、短期与长期的结合。基于以上特点的分析，企业创新绩效评估体系的设计可以通过绩效评估反映企业创新的状况，具体指标应突出反映企业的创新绩效，具体指标可以是财务状况、经营成果与发展、业务流程，反映创新方面的指标包括技术创新、知识管理创新、市场创新、制度创新、文化创新，从而对企业发展趋势进行准确的判断和预测，实现企业创新战略的成功。接下来，我们以技术创新绩效的指标体系设计为例来介绍创新绩效评估的指标体系设计。

一、指标体系的设计思路

　　技术创新绩效衡量企业技术创新活动的实施效果。企业技术创新绩效评估指标体系是一套能够充分反映企业技术创新绩效，具有一定的内在联系且互为补充的指标群体。在这个指标体系中应设置哪些指标以及如何设置，既关系到评估结果的科学性和正确性，又关系到企业技术创新资源的合理配置，更关系到企业创新能力的构建与创新机制的完善。

　　技术创新是一个复杂的系统工程。技术创新活动的阶段性、多样性以及各创新活动间的层次性，决定了创新绩效评估指标体系的层次性，同时影响企业技术创新绩效的因素有很多且结构复杂，只有从多个角度和层面来构建企业技术创新绩效评估指标体系，才能全面反映企业的技术创新绩效。

　　满足市场和用户的需要是保证技术创新成功的首要条件，也是技术创新过程的起点和归宿，成功的新产品开发和工艺创新将给企业带来巨大的经济效益，这是技术创新的直接绩效。成功的技术创新将提升企业的技术能力和核心竞争力，通过产品创新或工艺创新改变生产要素的使用、改善社会环境，为企业和社会带来无形的效益，这是技术创新的间接绩效。企业技术创新系统的建立和完善还在于企业创新的内部支撑系统，其关键要素包括技术战略、企业组织环境、资源供给以及有效的外部连接。我们认为完整的技术创新绩效评估应该包括创新产出绩效评价和创新过程绩效评价两部分，图 9-1 描绘了企业技术创新绩效评估框架。

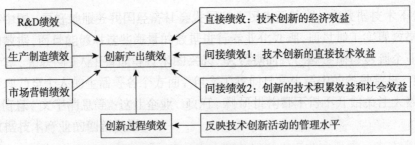

图 9-1　企业技术创新绩效评估框架

　　技术创新产出绩效反映企业技术创新活动实施的效果，反映企业技术创新的现实绩效。对技术创新的过程绩效进行评估可以反映企业技术创新活动的管理水平和潜在绩效，因为好的业绩必然是由优秀的创新管理过程保证的，找到产生良好业绩的原因才是创新管理的任务所在。正如一座冰山，创新业绩是露出水面的部分，而创新过程则是隐藏在水面之下的部分，只有对两部分进行全面评估，才能准确完整地反映冰山的全貌。在设计创新绩效指标体系时，我们将紧密结合技术创新的本质特点，力求全面反映企业技术创新的显性绩效和潜在绩效，反映技术产品创新和工艺创新所带来的经济效益、技术效益和社会效益。

二、创新绩效评估的参考指标

　　结合技术创新的本质内涵、特点、创新过程特征和中国企业的创新实际，本着科学性、完备性、可比性、可操作性原则，针对企业不同的创新特征分别设计出如表 9-2、表 9-3 所示的企业技术创新绩效评估指标体系。

表 9-2　以产品创新为主的企业技术创新绩效评估指标体系

分类		序号	指标	维度权重	指标权重
创新产出绩效	经济效益	1	新产品销售率	30%	40%
		2	新产品利润率		30%
		3	单位产品成本降低率		30%
	直接技术效益	1	新产品数	30%	40%
		2	重大改进产品数		30%
		3	主持或参与制定新标准数		30%
	技术积累效益	1	专利申请数	20%	30%
		2	技术诀窍数		20%
		3	技术文档数		20%
		4	科技论文数		15%
		5	技术创新提案数		15%
创新过程绩效		1	竞争情报分析报告数	20%	20%
		2	研发部门与客户交流频度		10%
		3	研发部门与生产制造部门交流频度		10%
		4	企业之间研发部门交流频度		10%

续表

分类		序号	指标	维度权重	指标权重
创新过程绩效		5	企业研发部门与高校、研究所的交流频度	20%	5%
		6	研发投入占销售收入的比重		10%
		7	研发人员人数比重		10%
		8	技术带头人人数、技术桥梁人物数		5%
		9	企业技术人员人均培训费		10%
		10	技术文员参加国内外会议人次		5%
		11	企业技术论坛数		5%

表 9-3　以工艺创新为主的企业技术创新绩效评估指标体系

分类		序号	指标	维度权重	指标权重
创新产出绩效	经济效益	1	改进产品销售率	30%	25%
		2	改进产品利润率		25%
		3	单位产品成本降低率		50%
	直接技术效益	1	重大工艺创新数	30%	40%
		2	改进产品数		30%
		3	主持或参与制定新标准数		30%
	技术积累效益	1	专利申请数	15%	20%
		2	技术诀窍数		15%
		3	技术文档数		15%
		4	科技论文数		10%
		5	技术的新提案数		10%
		6	产品质量改善率		10%
		7	劳动生产率提高率		10%
		8	生产周期缩短时间		10%
	社会效益	1	每万元产值能源消耗减少量	5%	50%
		2	减少环境污染的程度		50%
创新过程绩效		1	竞争情报分析报告数	20%	20%
		2	研发部门与客户交流频度		10%
		3	研发部门与生产制造部门交流频度		10%
		4	企业之间研发部门交流频度		10%
		5	企业研发部门与高校、研究所的交流频度		5%
		6	研发投入占销售收入的比重		10%
		7	研发人员人数比重		10%
		8	技术带头人人数、技术桥梁人物数		5%
		9	企业技术人员人均培训费		10%
		10	技术文员参加国内外会议人次		5%
		11	企业技术论坛数		5%

其中表 9-2 和表 9-3 中各指标的具体解释如下。

新产品数：当年开发出的新产品数量。新产品是指下列两种类型的产品。一是指与以前制造的产品相比，技术特性或用途具有显著差异的产品。这些创新可以涉及全新的技术，也可以基于现有技术组合新的应用，或者源于新知识的应用。二是指其性能具有重大改进或提高的现有产品。若产品的改变仅仅是在美学上（外观、颜色、图案、包装等）的改变或技术上的较小变化，属于产品差异，不能作为新产品统计。生产资料类新产品自投产后统计 3 年，消费类新产品自投产后统计 2 年。

重大改进产品数：对原有产品在结构、规格、标准、外观、材料等方面的重大改进。

重大工艺创新数：对原有产品在工装设备、生产工艺方面的创新型改进。

改进产品数：对原有产品在结构、规格、标准、外观、材料等方面的改进。

主持或参与制定新标准数：当年主持制定或者参与制定的国际、国家级、省部级行业标准数。

新产品销售率：近 3 年内开发的新产品销售收入占企业总销售收入的比重。

改进产品销售率：性能具有重大改进或提高的产品销售收入占企业总销售收入的比重。

新产品利润率：近 3 年内开发的新产品实现的利润占当年企业总利润的比重。

改进产品利润率：性能具有重大改进或提高的产品实现的利润占当年企业总利润的比重。

单位产品成本降低率：通过技术的工艺创新和工装设备改进，引起原材料消耗和能源消耗减少，生产要素使用的改善，致使单位产品成本降低的数额与原单位产品成本的比值。

专利申请数：当年申请专利的数量（包括发明、实用新型、外观设计）。

技术诀窍数：当年开发出不便申请专利的技术诀窍的数量。技术诀窍又称"专有技术"，是指在实践中已使用过了的没有专门的法律保护的具有秘密性质的技术知识、经验和技巧。可以是产品的构思，也可以是方法的构思，是处于保密状态下的技术。

技术文档数：当年完成的技术文档的数量。技术文档是指在产品研发或工艺细化过程形成的各类有关文档材料。

科技论文数：当年企业在国内外正式刊物上发表的科技论文数量。

技术创新提案数：当年企业内员工所提的技术创新提案数。

产品质量改善率：通过技术的工艺创新和工装设备改进，而引起的产品质量提高的比率，可用当年产品一等品率与原产品一等品率的比值来代表。

劳动生产率提高率：通过技术的工艺创新和工装设备改进，而引起的劳动生产率提高的比率，可用当年的劳动生产率与原劳动生产率的比值来表示。

每万元产值能源消耗的减少量：通过技术的工艺创新而引起的每万元产值能源消耗的减少量。可用原每万元产值能源消耗量与当年每万元产值能源消耗量的差值表示。

减少环境污染的程度：通过技术的工艺创新而引起的减少对环境的损害。可用原每万元产值三废（包括废水、废气、废物）排放量与当年每万元产值三废排放量的比值表示。

生产周期缩短时间：通过技术的工艺创新和工装设备改进，而引起的生产周期的缩短，可用某一代表性产品的生产周期与当年该产品生产周期的差值表示。

竞争情报分析报告数：当年收集的国内外本行业相关竞争情报分析报告数量，包括各类科技情报信息分析报告、市场信息分析报告、技术预测报告数等。

研发部门与客户交流频度、研发部门与生产制造部门交流频度、企业之间研发部门内部交流频度、企业研发部门与高校研究所的交流频度：5 分制，"十分密切"（几乎每天都与客户交流）为满分 5 分，"比较密切"（每周 3~4 次）为 4 分，"一般"（每周 1~2 次）为 3 分，"不太密切"（每月 1~2 次）为 2 分，"几乎没有交流"为 0 分。

研发投入占销售收入的比重：当年技术研发投入的费用占企业总销售收入的比重。研究与试验发展（R&D）经费支出额指当年企业实际用于基础研究、应用研究和试验发展的经费支出，包括实际用于科学研究与试验发展活动的人员劳务费、原材料费、固定资产购建费、管理费及其他费用支出。

研发人员人数比重：当年技术研发部门人员占全部员工数的比重。

技术带头人数：国家、市级有突出贡献的专家和享受政府专项津贴的专家，包括获得博士学位、博士后在站人员、国家级、省市级重大、重点项目主持人的人数。

技术桥梁人物数：与外界联系密切并把别的组织的知识经过消化吸收后再传递给组织内部成员、起信息桥梁作用的人物，一般是一线的技术经理或项目经理的人数。

企业技术人员人均培训费用：企业当年用于培训员工的人均费用。

技术人员参加国内外会议人次：当年技术人员参加国内外各类学术或技术研讨会的数量。

技术论坛数：当年举办各类技术发展论坛或研讨会的次数。

第三节　创新绩效评估的方法

传统的绩效考核方法很多，如关键绩效指标法、个人平衡记分卡、360 度绩效评估法、目标管理法等，不同的方法各有优缺点。本节主要介绍数据包络分析法（Data Envelopment Analysis，DEA）与神经网络法两种绩效评估的方法。

视频 9-1：360 度评估：
绩效考核方法之一

一、数据包络分析法

数据包络分析法由美国著名运筹学家查纳斯（A.Charnes）与库伯（W.W.Cooper）在 1978 年以相对效率概念为基础发展起来的一种新的绩效评价方法。这种方法是以决策单元（Decision Making Unit，DMU）的投入、产出指标的权重系数为变量，借助数学规划模型将决策单元投影到 DEA 生产前沿面上，通过比较决策单元偏离 DEA 生产前沿面的程度来对被评估决策单元的相对有效性进行综合绩效评估。其基本思路是：通过对投入产出数据的综合分析，得出每个 DMU 综合相对效率的数量指标，并确定各 DMU 是否为 DEA 有效。

1. 数据包络分析法的特点

数据包络分析法是一种评估决策单元间相对有效性的方法。DEA 方法是运筹学、管理科学与数学经济学交叉研究的一个新领域。数据包络分析具有以下特点。

（1）DEA 以生产边界作为衡量效率的基础，以线性规划的方法建立求解生产边界的数学模型，而无须预设任何生产函数。将评价目标的投入和产出数据输入数学模型，求解出生产边界，以数据包络线的形式呈现，将各决策单元的实际数据与生产边界相比较，便可以衡量出各决策单元的相对有效率或相对无效率的程度，以及对于相对效率的优化方向和优化指标。

（2）DEA 方法的几何学意义是利用数据包络线原理，将所有决策单元的投入和产出项投射到空间中并寻找最低的边界（生产效率前缘线）。凡是落在边界上的 DUM，表示其投入与产出组合是有效率的，称为 DEA 有效；若是未落在边界上的则表示其投入与产出的组合是无效率的，称为 DEA 非有效。

（3）DEA 方法具有经济意义的显著特点。DEA 评价方法的基本思想是，通过建立一个线性规划模型，对输入输出的数据进行效率（技术效率和规模效率）、松弛变量、敏感度、效率强度和规模报酬等综合分析，从而得到各决策单位的综合效率，据此排序定级，确定相对有效的决策单位，并指出其他决策单位非有效的原因和程度，给决策者提供管理信息。

（4）DEA 方法具有较高的客观性和可靠性特点。DEA 方法根据对各决策单位的观察，判断决策单位是否为 DEA 有效，本质上是判断 DMU 是否位于生产可能集的前沿面上，并指出 DMU 非有效的原因和程度，给相关决策部门提供管理信息和决策依据。DEA 在用以研究多投入、多产出的生产函数理论时，由于不需要预先估计参数，可以避免主观因素、简化算法和减少误差，提高评价的可靠性。

2. 数据包络分析法的适用条件

数据包络分析法应用时应满足以下几个条件。

（1）应用 DEA 方法的前提条件。构建科学合理的、能够反映最终评价目的的输入、输出指标体系是利用 DEA 方法进行评价的前提，然后对投入产出关系进行比较，实现评价目标。

（2）应用 DEA 方法时，其需要的数据必须具有可获得性。DEA 方法进行效率方面的评估要求具有大量真实客观的数据作为技术支持，如果在评估过程中数据的可获得性较差，在一定程度上，可能会对效率测度水平的准确性产生影响。

（3）应用 DEA 方法所评估的对象应该是同质的。评估对象的同质性是指研究对象单元必须是处在相同环境下，与此同时每个评估对象的指标具有同质性。

（4）应用 DEA 方法对指标的量纲没有相关约束，指标数据不需要进行相关的量纲处理。作为评价对象的输入输出指标可以具有不同的单位，分析结果不会因为评价对象是绝对数值还是相对比率而发生变化。

（5）应用 DEA 方法计算必须具有可实现性。由于 DEA 方法能够有效地处理效率评估问题，即多输入、多产出且数据量大的问题，与定性的评估方法相比，其数据的处理难度非常大，如果进行数据处理仅靠人工是不能实现的，在计算处理方面必须利用专门的数据分析软件进行，这里可以借助于相关的统计软件进行处理，包括 Deap 软件、Eviews 软件等。

3. 数据包络分析法适用于创新型企业绩效评价的优点

数据包络分析法以生产效率分析为起点，发展成为一种成熟的用于多投入、多产出决策单元效率评估的强有力的分析工具。自 DEA 方法引入国内以后，学术界以及社会各个领域开始研究、探讨 DEA 方法，包括教育业、银行业、审计业和制造业等。而且这一方法应用的领域正在不断扩大。DEA 方法在上述领域的一个直接和重要的应用就是进行相对效率与效益方面的评估。数据包络分析法适用于创新型企业绩效评估，主要因为该方法具有以下优势。

（1）DEA 方法易处理多项产出和多元投入的评估问题，对输入和输出指标有较大的包容性，因此，在处理评估问题时比一般常规统计方法更具有优越性，在实际应用上可行性更强。该方法可以接受那些在一般意义上很难定量的指标，而且无须面对预设生产函数的确定和参数估计的困难。创新型企业绩效评估体系包含多层次内容，如创新能力的指标、人力资本及其盈利能力和发展能力等这些较难度量的指标，在该方法下都可接受实行。

（2）DEA 评估效率的结果是一个综合指标，适用于受评估单位之间的效率比较。数据包络分析法的两种较为成熟的模式为 CCR 和 BCC，可以进行技术效率、规模效率、松弛变量分析、敏感度分析和规模报酬分析等，可将其描述为经济学上的总要素生产力的概念，特别适合性质相同的单元之间的评估比较。该方法的这一特性恰好满足创新型企业绩效评价综合性的需求。

（3）DEA 模型中的权重系数根据数学建模求取最优化的方法确定，无主观成分，因此避免了确定权重的误差，满足立足点平等的原则，从而使得评估结果更具客观性。在设定的评估方式之下，任意 DUM 均无法依主观判断找到另一组权重，而使其效率大于 DEA 的评估结果。评估结果的客观、可靠是新型企业绩效评价体系构建的基本原则之一。

（4）DEA 方法不仅可以处理比率尺度资料，还可以处理顺序尺度资料，使其在资料处理方面具有较高的灵活性和弹性。DEA 方法不会因为计量单位的不同而影响效率值。只要受评估的 DHU 均使用相同的计量单位，则模型的目标函数值不受投入产出项计量单位的影响，如以元或万元为单位时，不必统一单位，大大简化了测量过程，且评估效率不变。由于新型企业绩效评价体系内容的多层性，DEA 方法的运用将会给创新型企业绩效评价工作带来极大便利。

（5）DEA 方法进行松弛变量分析、敏感度分析及效率分析，不仅能够了解组织资源使用的状况，而且可以揭示系统未知信息，进而作为管理者日后拟定决策的参考。创新型企业绩效评价需要通过 DEA 方法在成本、收入和利润分析方面进行上述分析，为管理者指出哪些指标需要改进，来进一步提高评价效果的有效性。

二、神经网络法

人工神经网络的研究始于 20 世纪 40 年代。人工神经网络是从微观结构与功能上对人脑神经系统的模拟而建立起来的一类模型，具有模拟人的部分形象思维的能力，是模拟人的智能的一条重要途径。它是由简单信息处理单元（人工神经元，简称神经元）互联组成的网络，能接受并处理信息。网络的信息处理由单元之间的相互作用来实现，它是通过把问题表达成处理单元之间的连接权来处理的。20 世纪 80 年代以来，神经网络的理论和应用研究都取得了很大的成绩，在模式识别、信号处理、知识工程、专家系统、优化组合、智能控制等领域得到了广泛的应用。

1. 神经网络的特点

人工神经网络是人脑及其活动的一个理论化的数学模型，它由大量的处理单元通过适当的方式互相连接构成，模拟人的大脑神经处理信息的方式，是一个大规模的非线性自适应系统。它处理信息是通过信息样本对神经网络进行训练，使其具有人类大脑记忆与辨识能力，完成各种信息的处理功能。人工神经网络具有大规模并行、分布式存储与处理、自组织、自适应和自学习能力，特别适合处理模糊的、不精确的和需要同时考虑许多因素的问题。

虽然人工神经网络不完全等同于真正的生物神经网络，但它具有生物神经网络的部分优点，从而拥有一些固有的特性。

（1）非线性

神经元是一个多输入、单输出的元件。人工神经元处于激活或抑制两种状态，这种行为在数学上表现为一种非线性关系。神经元具有非线性关系的输入输出特征、具有可塑性和阈值特征，可以存储所有的定量或定性信息。因此，由大量的具有输入输出、可塑性和阈值特征的神经元所构成的神经元网络存在可以提高神经元网络容错性和增加存储容量等方面的优势。

（2）非局域性

单个神经元的特征不能决定由多个神经元连接组成的一个神经网络系统。整个系统的整体行为还要取决于神经元之间的相互结合与连接。其中，层与层间的神经元采用全互连的连接方式，每层内的神经元之间没有连接。通过神经元之间的全部和部分连接，形成相互广泛结合型的网络系统，模拟大脑神经网络的非局域性。

（3）动态性

人工神经网络具有自适应、自组织、自学习能力。神经网络不但处理的信息可以有各种变化，而且在处理信息的同时，非线性动力系统本身也在不断变化。经常采用迭代过程描写动力系统的演化过程。

（4）非凸性

一个系统的演化方向，在一定条件下取决于某个特定的状态函数。例如，能量函数，它的极值与系统相比处于比较稳定的平衡态。非凸性是指这种函数有多个极值，故系统具有多个较稳定的平衡态，这将导致系统演化的多样性。

人工神经网络中，神经元处理单元可表示不同的对象，例如，特征、字母、概念，或者一些有意义的抽象模式。网络中处理单元的类型分为三类：输入单元、输出单元和隐单元。输入单元接受外部世界的信号与数据；输出单元实现系统处理结果的输出；隐单元处在输入和输出单元之间，是不能由系统外部观察的单元。神经元间的连接权值反映了单元间的连接强度，信息的表示和处理体现在网络处理单元的连接关系中。人工神经网络是一种非程序化、适应性、大脑风格的信息处理，其本质是通过网络的变换和动力学行为得到一种并行分布式的信息处理功能，并在不同程度和层次上模仿人脑神经系统的信息处理功能。它是涉及神经科学、思维科学、人工智能、计算机科学等多个领域的交叉学科。

人工神经网络是并行分布式系统，采用了与传统人工智能和信息处理技术完全不同的机理，克服了传统的基于逻辑符号的人工智能在处理直觉、非结构化信息方面的缺陷，具有自适应、自组织和实时学习的特点。

2. 神经网络法的适用条件

神经网络法适用于通过处理大量未知模式的复杂数据，并且不需建立数学模型，避免了传统的评价方法中的主观因素，分析和建模的过程进行了简化，神经网络具有很强的非线性拟合能力，可映射任意复杂的非线性关系，而且学习规则简单，便于计算机实现。

神经网络具有巨大的吸引力表现在以下几个方面：①并行分布处理；②容错能力；③分布存储及学习能力；④能充分逼近复杂的非线性关系。

在控制领域研究中，不确定性系统的控制问题长期以来都是控制理论研究的中心主题之一，始终没有得到有效的解决。神经网络法利用自身的学习能力，通过对不确定性系统自动学习系统的特性进行控制，可以自动适应系统随时间的特性变异，从而能够达到对系统的最优控制，显然这是一种振奋人心的方式。

人工神经网络的模型现在有 10 多种，BP 网络、Hopfield 网络、ART 网络和 Kohonen 网络都是应用较多的典型神经网络模型。典型训练集选取是利用人工神经网络来进行综合评价的难点，所以获得人工神经网络的学习样本来实现对神经网络的综合评价法的应用还需借助其他方法来进行，人工神经网络通过学习样本集后，网络中将储存各指标的权重，之后输入实际问题的特征参数，评估结果就可以通过人工神经网络自行给出。

3. 神经网络适用于创新型企业绩效评价的优点

神经网络评价方法能通过处理大量未知模式的复杂数据，生成一个反映所有输入、输出变量相应关系的模式，解决传统方法中如何选择适当模型函数的难题，无须建立数学模型，避免了传统的评估方法带有的人为因素，并简化了分析和建模的过程，比较适用于创新型企业绩效评估。具有如下优点。

（1）神经网络适用于创新型企业绩效评估，对创新型企业真实绩效能准确反映，从而可靠地提高创新型企业绩效。神经网络评估方法是通过训练中学习和适应的过程，发现输入与输出的内在联系，再结合所提供的客观数据求解，并不受经验知识和个人的主观预测等主观因素影响，因而具有自适应能力，有益于弱化权重确定过程中的人为因素，使创新型企业绩效评估更具可靠性和客观性。

（2）神经网络评价方法，是处理创新型企业绩效评估中存在的非线性问题的有力工具。对创新型企业进行绩效评估的实际操作非常复杂，各个影响因素之间相互关联，呈现出复杂的非线性关系。而神经网络是典型的利用非线性可微分函数进行权值训练的多层网络，可以充分逼近任意复杂的非线性关系，是处理创新型企业进行绩效评估这类非线性问题的强有力工具。通过对若干样本进行自学习和自适应，确定各指标的加权向量，建立网络输入变量与输出变量之间的全局非线性映射关系，使得对这些已知的输入和输出得到最佳的一致性。

（3）将神经网络评估方法应用到创新型企业绩效评估体系的建立中，可以降低创新型企业绩效评估的成本。由于神经网络结构简单，神经网络评估方法不需要建立传统的数学模型，只需要将处理过的数据输入设定好的网络中，通过相应程序即可得出结果。神经网络评估方法所具有的这种快捷速度，将显著降低创新型企业绩效评估过程的操作成本。

（4）神经网络评估方法强大的信息处理能力有助于创新型企业绩效评估目标的实现。神经网络可以接收任意复杂的输入信号，包括各种定量或定性信息，而且对指标变量的分布也没有特殊要求，通过自学习和训练，即使当数据有噪声或不完全时，也能正常工作。神经网络这种强大的泛化能力和容错能力，使得在对创新型企业进行绩效评估时，运用该方法能够快捷地进行大量运算，处理大量的信息，解决数据之间的互补和冗余问题，满足创新型企业绩效评估综合性，例如，定性指标与定量指标相结合、短期绩效和长期绩效的指标相结合的多层性需求。

（5）神经网络评估方法中用来研究的参数可以比传统的统计方法多很多，参数也可以通过各种各样的组合方式影响模型输出结果，而不必拘泥于变量之间线性关系的假设，从而有助于揭示变量之间隐藏的非线性关系。因此，神经网络评估方法应用于创新型企业绩效评估，可以揭示影响创新型企业绩效水平的相关因素之间隐藏的非线性关系，从而有助于决策者调整评价指标，优化创新型企业绩效评估体系。

三、方法的选择及适用范围

创新型企业经过以上分析，可以看出数据包络分析法、神经网络模型对创新型企业绩效评估具有很强适应性，能够全面准确评价创新型企业绩效形成的过程及相对影响因素，因此绩效评价中利用 DEA、神经网络模型作为评估方法是较常见的选择。

扩展阅读 9-2：2020 中国
企业创新能力百强排行榜

但两种方法在进行创新绩效评估时也有不同的特点。DEA 方法由于选取输入指标和输出指标选择等限制（在 DEA 输入、输出数量指标过多时，决策单元指标之间的同构性差，投入与产出的相互影响关系清晰度受到影响），以及 DEA 方法只表明评估单元的相对预期指标，无法表示出现实发展情况，因此，DEA 适用于行业间的企业绩效评估比较，一般作为行业中创新型企业绩效评估排名的主要方法。

而神经网络分析的优点表现在神经网络评估方法能通过处理大量未知模式的复杂数据，无须建立数学模型，避免了传统的评估方法中的主观因素，并简化了分析和建模的过程。神经网络具有很强的非线性拟合能力、记忆能力、非线性映射能力以及自学习能力，便于计算机实现。其缺点一是没能力来解释自己的推理过程和推理依据；二是不能向用户提出必要的询问，而且当数据不充分的时候，神经网络就无法进行工作。虽然神经网络存在缺点，但通过神经网络可以准确评估各项影响因素情况，为单个企业创新绩效形成提供相关支持，所以一般将神经网络用作单个企业的创新绩效形成因素的分析。

章 末 小 结

（1）技术创新绩效体现在技术创新活动的产出和对企业的影响上，是指企业技术创新过程的效率、产出的成果及其对商业成功的贡献，包括技术创新产出绩效和技术创新过程绩效；

（2）传统绩效评估、战略性绩效评估与创新绩效评估的区别；

（3）创新绩效评估指标体系的设计思路与具体内容；

（4）对数据包络分析模型和神经网络模型应用于创新型企业绩效评估进行分析，其中数据包络分析包括数据包络分析方法的特点、数据包络分析方法的适用条件及其适用于创新型企业绩效评价的优点、神经网络包括神经网络模型评估方法的特点、神经网络的适用条件及其适合于创新型企业绩效评估的优点。

课后习题

1. 什么是创新绩效评估？区别于传统绩效评估和战略性绩效评估，创新绩效评估有哪些特点？

2. 对一个企业而言，为什么要进行创新绩效评估呢？

3. 数据包络分析法的基本思想是什么？有哪些特点？

4. 什么是神经网络法？有哪些特点？

5. 企业分别在什么情况下应该选择数据包络分析法和神经网络法来进行创新绩效的评估？

答案解析 扫描此码

即测即练题

自学自测 扫描此码

参 考 文 献

[1] BEST M. The new competitive advantage: the renewal of American industry[M]. Oxford: Oxford University Press, 2001, 4(1): 169-171.

[2] CHIESA V, COUGHLAN P, VOSS C A. Development of a technical innovation audit[J]. Journal of Product Innovation Management, 1996, 13(2): 105-136.

[3] KAPLAN R S, NORTON D P. The strategy-focused organization: how balanced scorecard companies thrive in the new business environment[M]. Brighton: Harvard Business Press, 2001.

[4] FELTHAM G A, XIE J. Performance measure congruity and diversity in multi-task principal/agent relations[J]. The Accounting Review, 1994, 69(3): 429-453.

[5] LOCH C H, TAPPER U. Implementing a Strategy-Driven Performance Measurement System for an Applied Research Group[J]. Journal of Product Innovation Management, 2002, 19(3): 185-198.

[6] 笛德，本珊特，帕维特. 管理创新——技术变革、市场变革和组织变革的整合[M]，王跃红，李伟立，译. 北京：清华大学出版社，2008.

[7] 阿曼德，谢泼德. 创新管理——情境、战略、系统和流程[M]. 陈劲，等译. 北京：北京大学出版社，2014.

[8] 达维拉，等. 创新之道——持续创造力造就持久成长力[M]. 刘勃，译. 北京：中国人民大学出版社，2007.

[9] 熊彼特. 经济发展理论[M]. 北京：商务印书馆，1991.

[10] 白雪冰. 使用 BP 和 RBF 神经网络预测浙江的经济增长[J]. 企业研究，2010(16)：80-84.

[11] 常洁，乔彬. 科技型中小企业产学研协同创新绩效评价[J]. 统计与决策，2020，36(6)：185-188.

[12] 陈劲，何郁冰，朱铭. 基于 RIR 的企业合作创新绩效影响因素研究[J]. 科学学研究，2007(5)：990，1003-1009.

[13] 陈劲，梁靓，吴航. 基于解吸能力的外向型技术转移研究框架——以网络嵌入性为视角[J]. 技术经济，2012(5)：8-11；23.

[14] 陈劲，梁靓，吴航. 开放式创新背景下产业集聚与创新绩效关系研究——以中国高技术产业为例[J]. 科学学研究，2013(4)：623-629；577.

[15] 陈劲，刘景江，杨发明. 绿色技术创新审计实证研究[J]. 科学学研究，2002(1)：107-112.

[16] 陈劲，刘景江，杨发明. 绿色技术创新审计指标测度方法研究[J]. 科研管理，2002(2)：64-71.

[17] 陈劲，邱嘉铭，沈海华. 技术学习对企业创新绩效的影响因素分析[J]. 科学学研究，2007(6)：1223-1232.

[18] 陈劲，伍蓓，方琴，王飞绒. E-innovation 绩效影响因素研究[J]. 研究与发展管理，2008(6)：67-75.

[19] 陈劲，徐大可，伍蓓. 技术、制度与生产率关系研究——基于中国各省区发展的实证分析[J]. 科学学研究，2007(2)：232-240.

[20] 陈劲，阳银娟. 协同创新的驱动机理[J]. 技术经济，2012(8)：6-11，25.

[21] 陈劲，郑刚. 创新管理——赢得持续竞争优势[M]. 北京：北京大学出版社，2009.

[22] 陈劲，陈钰芬. 企业技术创新绩效评价指标体系研究[J]. 科学学与科学技术管理，2006(3)：86-91.

[23] 陈钰芬，陈劲. 开放式创新促进创新绩效的机理研究[J]. 科研管理，2009(4)：1-9; 28.

[24] 高建，汪剑飞，魏平. 企业技术创新绩效指标：现状、问题和新概念模型[J]. 科研管理，2004(1)：14-22.

[25] 郭爱芳，陈劲. 企业成长中科学/经验学习的协同演进——基于中集集团的案例分析[J]. 科学学研究，2012(5)：695; 748-754.

[26] 胡华成. 绩效管理与考核全案[M]. 北京：清华大学出版社，2019.

[27] 兰兰，李彩云. 绩效管理理论与实务[M]. 北京：清华大学出版社，2017.

[28] 李守林，赵瑞，陈丽华. 基于灰色关联分析和 TOPSIS 的物流企业创新绩效评价[J]. 工业技术经济，2018，37(4)：12-21.

[29] 李逸超，戴桂林. 基于网络能力的企业绩效提升评价研究[J]. 统计与决策，2018，34(10)：186-188.

[30] 刘琴. 供给侧改革驱动下能源企业绩效评价研究[M]. 成都：四川大学出版社，2019.

[31] 王志玮，陈劲. 企业破坏性创新概念建构、辨析与测度研究[J]. 科学学与科学技术管理，2012(12)：29-36.

[32] 魏江. 基于核心能力的企业购并模式框架研究[J]. 管理科学学报，2002(2)：41-48.

[33] 温素彬. 企业三重绩效的层次变权综合评估模型——基于可持续发展战略的视角[J]. 会计研究，2010(12)：82-87.

[34] 吴赐联，朱斌. 企业主流与新流创新绩效评价体系研究[J]. 科技管理研究，2018，38(16)：37-44.

[35] 吴正杰，宋献中. 企业创新绩效测评标准选择——困惑、对策与启示[J]. 会计研究，2011(4)：

75-81; 94.

[36] 谢琨，庞凤娇，陈高敏，等. 我国钢铁企业绿色技术创新绩效评价研究[J]. 价格理论与实践，2019(9)：153-156.

[37] 谢明磊，刘德胜. 发展型绩效考核与科技型中小企业开放式创新——一个有调节的中介效应模型[J]. 管理评论，2021，33(2)：142-152.

[38] 徐晓伟，张军. 我国企业创新绩效非财务评估指标体系的构建[J]. 统计与决策，2000(10)：8-9.

[39] 杨东宁，周长辉. 企业环境绩效与经济绩效的动态关系模型[J]. 中国工业经济，2004(4)：43-50.

第十章

创新管理新趋势

苟日新，日日新，又日新。

——《礼记·大学》

引例

新媒体营销下的品牌创新——完美日记的逆袭

完美日记创办于 2016 年 8 月，仅 3 年时间就在天猫 2019 年的"双 11"彩妆销售排行榜中名列第一。此前 10 年，这个排行榜的第一名一直被欧美品牌占据，这是中国第一个国货品牌获得这个荣誉。2020 年的"双 11"，完美日记累计销售额破 5 亿元，又取得了彩妆行业第一的成绩。它为什么能够在 4 年时间里取得如此巨大的成功？

完美日记之所以能用 4 年时间取得巨大成功，是因为其充分利用了网络零售生态系统的资源和赋能工具。根据天猫的数据显示，美妆的核心消费客户群是"90 后"及"95 后"消费者。一般来说，企业的网络营销往往会将重心放在微博和微信上，因为这是用户最多的两个平台。但是随着新的移动社交平台不断出现，新的机会也在不断涌现。比如，小红书的用户量已经突破 2 亿，30 岁以下的用户，也就是"90 后""95 后"，占总用户的一半以上，美妆类的用户数在各个栏目排名第一。对于完美日记来说，这是一个非常好的营销渠道，在小红书上，完美日记官方号拥有 190 多万名粉丝，全平台笔记篇数超过 32 万，总曝光量上亿，远超欧莱雅、百雀羚等知名品牌。完美日记选择在"6·18"和"双 11"两次大促销活动前两个月上新品，挑选 1~2 个有潜力的产品在小红书集中投放种草笔记。在 KOL 选择上，完美日记采用了金字塔式结构，由少量头部 KOL 来带动，但主要销量都来自腰部和初级 KOL，最终吸引普通用户也晒出自己的笔记。实际上，在小红书上进行 KOL 投放并不是直接的购买转化手段，而是通过制造品牌认知和购买欲望，最终在天猫上成交。据完美日记创始人介绍，完美日记的销量 70% 都是在天猫旗舰店达成的。

完美日记还做得非常好的一点是：微信私域流量的运营，目的在于提高用户的留存和复购。完美日记将产品寄给用户时，会向用户赠送一张"红包卡"，用户可在卡片的指引下添加完美日记客服的个人微信号"小完子"，同时领取 1~2 元的小红包。客服"小完子"引导用户加入微信群后，利用完美日记小程序中的高质量内容，不断吸引用户关注。随后，通过打造"小完子"这个 KOC 的朋友圈人设，把产品以促销的方式发布在朋友圈和微信群，引导用户的复购。目前，完美日记有几百个个人号，统一标识为"小完子"，其总粉丝量达到近百万级别，具有每年近亿元的消费潜力。

从这个案例可以看出，完美日记作为一个新锐品牌，能够在短时间内充分利用各大平台的资源和赋能工具快速成长，并逆袭成为行业领先企业。完美日记通过小红书和天猫平台获取新用户和成交信息，然后利用微信生态的运营提升用户生命周期价值，充分利用了商业生态系统中的优势资源。

 案例分析思路

（案例改编自：https://mp.weixin.qq.com/s/dKoiq2nF8qj6ewmSbXEQ6g）

第一节　我国创新的新态势

创新是开启我国经济持续健康发展，进入经济新常态大门的"金钥匙"。我国正值建设创新型国家进入攻坚阶段，深化科技体制改革，加快建设国家创新体系，是我国科技生产力发展的又一次深刻变革，直接影响我国科技发展战略目标的实现。中国科学技术发展战略研究院在 2021 浦江创新论坛上发布的《国家创新指数报告 2020》显示，中国国家创新指数综合排名位居世界第 14 位，是唯一进入前 15 位的发展中国家。这意味着我国综合创新能力正在稳步提升。

一、中国式创新的新政策：全面部署科技创新体制改革

科技创新能力关系一个国家发展的命脉，是保证国家立于世界民族之林的利器。中国共产党自成立以来，在革命、建设、改革各个历史时期都高度重视科技事业。从革命年代高度重视知识分子的工作；新中国成立后，倡议"向科学进军"；改革开放时期又提出"科学技术是第一生产力"；21 世纪以来则实施知识创新工程、科教兴国和人才强国战略，以完善国家创新体系、建设创新型国家；党的十八大后提出创新是第一动力、全面实施创新驱动发展战略、建设世界科技强国。

在中国共产党成立一百周年之际，我国科技实力实现了量变到质变的飞跃，科技创新取得新的历史性成就。党的十九大以来，我国全面部署科技创新体制改革，坚持谋划科技创新工作和统筹科技资源配置，加强创新链、产业链融合，实施人才强国战略，扩大科技领域开放合作，努力在原始创新上取得新突破，在重要科技领域实现跨越发展，推动关键核心技术自主可控，基础研究和原始创新取得重要进展。成功组织了一批重大基础研究任务，"嫦娥五号"实现地外天体采样返回，"天问一号"开启火星探测，"怀柔一号""慧眼号"、新一代"人造太阳""雪龙 2 号""九章""祖冲之号"等在各领域成功问世。

国家统计局发布的我国 2020 年国民经济和社会发展统计公报显示，2020 年我国研发经费达到 24 426 亿元，同比增长 11.3%，R&D/GDP 达到 2.4%，稳居世界第 2 位。与此同时，世界知识产权组织报告显示，2020 年全球专利申请量达到 27.59 万件，其中中

国以 68 720 件专利申请量超越美国，跃居全球第一，专利申请量同比增长 16.1%。这些均离不开政府创新政策的大力支持。

近年来，我国不断出台系列创新政策驱动创新，营造良好的创新环境。例如，《中华人民共和国国民经济和社会发展第十四个五年规划和二〇三五年远景目标纲要》把创新放在了具体任务的第一位，并明确要求坚持创新在我国现代化建设全局中的核心地位，把科技自立自强作为国家发展的战略支撑；财政部、海关总署、国家税务总局支持科技创新进口税政策的提出，国家知识产权局的专利转化专项计划助力中小企业创新发展等。现如今我国已形成了要素、主体、产业、区域、环境、体制机制等方面比较完整的科技创新政策体系，具体体现在如下四个方面：一是各类创新要素正在快速增长；二是对一些税收政策也在不断地强化；三是促进科技成果转移转化的行动方案；四是区域创新政策各具特色。

二、中国式创新的新文化：形成"万众创新"和"人人创新"新势态

目前，国际竞争日益激烈，创新文化已成为新一轮大国博弈的关键因素，其很大程度上决定我国科技创新能否顺利地从并跑变成领跑。我国经济的发展由高速度发展转向高质量发展阶段，创新是引领发展的第一动力，而创新文化则是创新的土壤，是一个国家兴亡发达的不竭动力。习近平总书记指出：坚持用创新文化激发创新精神、推动创新实践、激励创新事业。建设创新文化，要培育创新意识，弘扬创新精神，牢固确立以创新为荣的价值观，推进教育思想、管理体制、运行机制和工作方法创新，培养创新人才，促进自主创新和原始创新。孕育创新的文化土壤对我国实现 2050 年世界科技创新强国战略目标具有重要意义。

2014 年 9 月，李克强总理在夏季达沃斯论坛上首次提出了"大众创业，万众创新"的口号。李克强总理在考察期间都要与当地年轻的"创客"会面，希望激发民族的创业精神和创新基因。基于此，我国逐渐掀起了"大众创业""草根创业"的新浪潮，形成了"万众创新""人人创新"的新势态。

一方面，我国政府十分支持创新文化建设，通过拓展产学研用融合通道、健全科技成果产权激励机制、完善创业投资监管体制和发展政策等多种方式，纵深推进"大众创业，万众创新"的创新文化氛围；另一方面，教育环境和社会风向的变化，改变了中国传统保守的思维定式，弘扬了批判性精神，为广大学子、民众营造了一种大胆创新、敢于创新、包容创新的良好氛围，而各地国家大学科技园、产业园的建立更为创新思维提供了一个良好的交流平台，让创新文化在全社会蔚然成风。

三、中国式创新的新市场：巨大人口红利和新兴消费方式孕育海量市场

第七次人口普查结果显示，中国现有 14.117 8 亿人口，是美国人口的 4 倍，且中国的中产阶层不断壮大，其消费能力和意愿整体上处于世界领先。这是我国创新强而有力的市场基础，巨大的人口红利给予我国企业无数试错和积累用户经验的机会。

一方面，海量市场有利于创新想法的实践。我国企业任何一个有价值的创新试验，马上就可以通过 14 亿人口来检验。不同于其他国家薄弱的内部市场基础，我国的创新

技术完全可以在国内市场得到充分的施展，并获得可观的回报，同时在技术成熟的基础上逐步向外扩展，这为我国企业创新提供了强有力的底气。

另一方面，海量的用户和数据有利于激发更多的市场需求，而好的创新往往是服务于需求之上的。我国具有超大规模市场的优势，我国企业可以在不断深入了解市场、洞悉消费者的基础上，与客户一起开发并推广适合我国市场的创新产品，满足我国消费者不断升级变化的消费需求。人口红利结合技术进步，会不断产生新的市场需求，推动我国企业不断创新。

四、中国式创新的新机遇：步入数字经济时代

2016 年国务院印发《"十三五"国家信息化规划》，提出网络强国和"数字中国"建设，充分释放数字红利，不断扩大数字创新的应用范围，实现信息资源的共享与整合。我国的海量用户基础驱动了数字创新和数学经济的发展。数字经济是指以数据资源作为关键生产要素、以现代信息网络作为重要载体、以信息通信技术的有效使用作为效率提升和经济结构优化的重要推动力的一系列经济活动。我国正在建设数字强国，并步入数字经济时代，是继农业经济、工业经济之后的主要经济形态。数字化转型正在驱动生产方式、生活方式和治理方式发生深刻变革，对世界经济、政治和科技格局产生深远影响。《中国数字经济发展白皮书（2020 年）》显示，2019 年我国数字经济增加值规模达到35.8 万亿元，占 GDP 比重达到 36.2%。目前，我国数字经济发展的初步成果向全球呈现出科技引领的跨越式成长的巨大潜能与魅力，引领了创新创业的热潮。

数字经济融入生活。短短几年时间，互联网、区块链、人工智能、大数据等数字技术有效激活了产品创新途径，渗透到我国民众生产生活的方方面面。支付宝、微信钱包、数字货币等移动支付方式的出现取代了历史悠久的信用卡时代，在中国，一部手机就可以解决日常交易的绝大部分需求；共享经济带来的便利使得整体社会资源得到最佳利用；O2O 形式的出现颠覆了传统的线下餐馆电话外卖形式。

数字经济融入生产。"十四五"规划提出，推动数字产业化和产业数字化，推动数字经济和实体经济深度融合，打造具有国际竞争力的数字产业集群。数字技术正在逐步融入我国服务业、农业、制造业等多个行业，由单点应用向连续协同演进，数据集成、平台赋能成为推动产业数字化发展的关键，也为企业创新发展打好了基础。例如，80多家中央企业建成集团级数据中心；中国商飞打造国内首个 5G 全连接工厂；中国船舶集团设计建造了全球首艘通过船级社认证的智能船舶等。与此同时，数字产业也在稳步成长，产业结构持续软化，软件业和互联网行业占比持续提升。

第二节 大数据下的创新

习近平在中共中央政治局第二次集体学习时强调，大数据发展日新月异，我们应该审时度势、精心谋划、超前布局、力争主动，深入了解大数据发展现状和趋势及其对经济社会发展的影响，分析我国大数据发展取得的成绩和存在的问题，推动实施国家大数据战略，加快完善数字基础设施，推进数据资源整合和开放共享，保障数据安全，加快

建设数字中国，更好地服务我国经济社会发展和人民生活改善。大数据技术不仅能够掌握庞大的数据，而且能够对这些海量的数据进行专业化处理，通过加工实现数据的增值。随着云计算、物联网、人工智能等技术的兴起，大数据时代已经逐渐渗透到企业的发展、政府的管理乃至个人的生活等各个方面，包含了我们日常生活中的各种数据，如位置信息、运动信息、文字消息等。这让企业、政府、科研机构都不得不开始关注大数据问题，推动大数据技术产业的创新发展。

一、大数据下的创新思维：推动经济"数据化"发展

习近平强调，数据是信息化发展的新阶段。随着信息技术和人类生产生活交汇融合，互联网快速普及，全球数据呈现爆发增长、海量集聚的特点，对经济发展、社会治理、国家管理、人民生活都产生了重大影响。世界各国都把推进经济数字化作为实现创新发展的重要动能。"数据思维"就是指基于数据的思维理念，用数据核心思维方式思考问题和解决问题，让数据说话，用数据说话。海量的数据既给数据分析带来了机遇，也给数据分析带来了新的挑战。

扩展阅读10-1：咖啡与信用卡广告更配哦

大数据研究专家舍恩伯格指出，大数据时代，人们对待数据的思维方式会发生如下三个变化：第一，人们处理的数据从样本数据变成全部数据，即总体思维方式。在大数据时代，随着数据收集、存储、分析技术的突破性发展，我们可以更加方便、快捷、动态地获得与研究对象有关的所有数据，而不会再因诸多限制不得不采用样本研究方法。相应地，思维方式也应该从样本思维转向总体思维，从而能够更加全面、立体、系统地认识总体状况。第二，从精确思维转向容错思维。当拥有海量即时数据时，绝对的精准不再是追求的主要目标，适当忽略微观层面上的精确度，容许一定程度的错误与混杂，反而可以在宏观层面拥有更好的知识和洞察力。第三，人类通过对大数据的处理，挖掘出事物之间隐蔽的相关关系，获得更多的认知与洞见，即相关思维。通过关注线性的相关关系，以及复杂的非线性相关关系，可以帮助人们看到很多以前不曾注意的联系，还可以掌握以前无法理解的复杂技术和社会动态，相关关系甚至可以超越因果关系。

舍恩伯格指出："大数据开启了一个重大的时代转型。就像望远镜让我们感受宇宙，显微镜让我们能够观测到微生物一样，大数据正在改变我们的生活以及理解世界的方式，成为新发明和新服务的源泉，而更多的改变正蓄势待发"。事实上，大数据时代带给人们的思维方式的深刻转变远不止上述三个方面，其关键在于它带来了人们思维的创新，将引起新的一轮创新浪潮。

二、大数据下的市场营销：捕捉客户"个性化"需求

在大数据时代，人们的消费方式和观念发生了极大的改变，如果企业仍然停留在传统的营销模式上，不改进销售模式，那么其终将会因为失去消费者而造成巨大的损失，甚至宣布破产重整。因此，针对大数据时代下的经营模式创新，企业管理者必须及时转变思维，在全面了解时代背景和市场现状的基础上，采取针对性措施，准确找到符合自

身的创新型道路。现阶段，营销模式主要有以下几种创新趋势。

（1）精准营销。企业的一切经营活动都是为了满足消费者需求并从消费者手中获取利益的行为。消费者是企业经营的目标和核心，为了尽可能满足不同消费者群体的需求，企业需要提供不同的产品及服务。大数据时代，企业可以利用大数据技术分析不同消费者的消费能力、消费偏好和消费习惯，以此来开展与消费者的针对性沟通，挖掘消费者的潜在需求，同时引导消费者的新需求。大数据技术使得企业在市场细分时更加客观、科学，在充分了解消费者需求的基础上，企业根据客户消费画像来展开定制性生产与服务，采取个性化的营销措施，以不断提高消费者的满意度，增强消费者对产品的偏好。

（2）交叉营销。企业可以利用大数据技术分析产品的相关性，在宽度上增加产品种类，满足消费者的各种需求。另外，企业还可以利用大数据掌握各种产品的销量，深度挖掘消费者的消费原因，将销量高和销量低的产品组团销售，以此来降低产品库存，增加企业利润水平。

视频 10-1：一分钟了解大数据营销

同时还可以根据消费者的消费行为来不断更新产品组合，动态掌握并迎合消费者的消费偏好。

（3）构建灵活化的网络社群。随着现阶段社群经济的兴起，加上大数据的支持，构建网络社群成为大多数企业创新营销模式的手段之一。企业通过社交平台等途径，可以加强与消费者群体密切的联系和沟通，从而拉近企业与消费者的关系，使得企业与消费者建立一种共同体的关系。与此同时，消费者拥有了良好的购买体验之后，还会向他人推荐该商品，以此为企业创造新用户。企业可以利用社群自带的裂变属性进行一整套的营销方案。

如今利用大数据技术完成营销模式创新并取得一定成功的企业有很多，如亚马逊的精准推荐海尔的 SCRM 会员大数据平台等，它们都是基于大数据完成营销模式升级的典型代表。

案例10-1

趣多多：依靠大数据玩转愚人节营销

趣多多在愚人节的营销活动，创造了 6 亿多次页面浏览并影响到近 1 500 万名独立用户，品牌被提及的次数增长了 270%。可以说这是一次成功的品牌营销活动，广泛的发声，让趣多多的用户关注度得到了一次巨大的提升，诙谐幽默的品牌基因更加深入地进入用户的意识层面。不知道今年愚人节趣多多还会有怎样惊艳的表现。

趣多多到底做了些什么呢？

1. 利用社交大数据的敏锐洞察，趣多多精准锁定了以 18～30 岁的年轻人为主流消费群体。

2. 聚焦于他们乐于并习惯使用的主流社交和网络平台，如新浪微博、腾讯微博、百度大搜、社交移动 APP 以及优酷视频等。

3. 在愚人节当日进行全天集中性投放，围绕品牌的口号展开话题，全面贯彻实时且广泛地与用户沟通机制并深度渗透，使品牌在最佳时机得到有效曝光，也令目标消费者在当天能得到有趣和幽默的体验。

如今，互联网以及社交媒体的发展让人们在网络上留下的数据越来越多，海量数据在通过多维度的信息重组使得企业都在谋求各平台间的内容、用户、广告投放的全面打通，以期通过用户关系链的融合来实现精准化营销，提高企业利润。

案例分析思路 10-1

（案例来源：http://www.ytsports.cn/news-1712.html）

三、大数据下的工作决策：助力企业"智能化"决策

企业的资源可以分为有形资源和无形资源。有形资源主要是指财务资源和实物资源；无形资源主要包括信息资源、技术资源、品牌资源、文化资源和管理资源等。相对于有形资源来说，无形资源看似无形，但它们却成为支撑企业发展的基础，能够为企业带来无可比拟的优势。在大数据时代下，对于企业而言，数据也是一种极具价值的无形资源，呈现出爆发式的增长趋势，所以智能化决策是企业未来的发展方向。

扩展阅读 10-2：大数据时代：母婴社区＋社会化电商平台＋开放式母婴生态圈

然而过去很多企业都是将数据和信息进行简单地汇总，然后根据汇总结果来分析企业的经营发展现状，缺乏对客户、业务、营销、竞争等方面的深入分析。除此之外，在传统的管理模式中，企业的决策主体通常都是由企业的中高层管理者和经营者担任，但是随着社会信息的丰富，这种只凭企业决策者的主观经验对市场进行预测和评估，将很容易增加决策的不正确性和不合理性，存在很大的风险。

如今在大数据时代下，一方面，企业决策者应该充分意识到数据的价值，要学会利用先进的技术来收集大量来自企业内外部的数据并加以利用和分析，获取对企业发展有价值的信息，通过挖掘这些信息，企业可以合理正确地预测市场需求，进行智能化决策分析，从而制定出更加有效的决策；另一方面，企业应该发展以社会公众为决策主体的决策模式，这与用户至上的原则不谋而合，也类似于拉动式供应，企业将通过社会媒体、社交网络等平台广泛地收集社会公众的意见和建议，充分了解消费者的需求后，可以制定更加合理的决策，发挥数据的潜在价值。

第三节　互联网下的创新

近年来，互联网蓬勃发展，自国务院印发《国务院关于积极推进"互联网＋"行动指导意见》以来，企业强化创新驱动，加强智力建设，优化创新资源配置，充分发挥了互联网对创新的支撑作用，"互联网＋"是未来新一轮科技革命和产业革命的两大方向之一，是作为经济社会创新发展的重要驱动力量。互联网技术的普及和发展，对各个行业都产生了巨大而深远的影响，大批新型企业应运而生，也有许多大型传统企业甚至来不及做出相应改变便轰然倒地。企业如何应对互联网革命带来的浪潮，并基于此开展创新活动是亟待解决的问题。

一、互联网下的创新思维：流量产生利润

互联网的发展，是历史发展的大势所趋，是社会进步的潮流所向，更是未来中国的机遇所在。目前，关于"互联网思维"尚无统一的定义，一般认为，"互联网思维"是重新审视市场、用户、产品、企业价值链乃至整个经济发展的思考方式与思想方法。

"互联网思维"本质上是一种"用户至上、开放合作"的思维模式，它是相对于传统工业思维而言，与传统工业思维模式存在诸多差异。主要体现在以下五个方面：其一，具有互联网思维的企业，主要关注产品可以

扩展阅读 10-3：抖音流量变现

带来多少用户，然后再考虑从用户身上获取多少利润。很多互联网企业的产品，表面看上去没有盈利，其实是通过产品黏住用户，挖掘更多商机；传统思维则关注产品本身，所有的收益都和产品挂钩，赢利点过于狭窄。其二，互联网思维强调开放和大范围协作，注重外部参与，例如谷歌提供大量免费工具，利用众包模式设计谷歌眼镜；传统思维往往自闭于外界，即使有协作，也是小范围的协作。其三，互联网思维关注产品的可扩展性，通过软件升级不断提升产品功能，拉长产品生命周期；传统思维则关注以新产品替代旧产品，让用户更换产品达到升级目的，反而造成用户流失。其四，互联网思维注重吸纳用户参与产品开发，在信息面前人人平等，人人都可以参与产品开发；传统思维认为，用户只是产品的使用者，难以参与产品开发。其五，互联网思维强调开放、协作、共享，讲究小而美，对应扁平化的组织架构；传统思维认为，组织架构是自上而下、等级分明、讲求大而全。

可见，互联网思维的发展必然带动企业的转型与创新，对企业的生产、管理等方面均提出了挑战。如何在互联网时代实现创新，培养具有创新思维的人才，形成相应的创新管理机制，是创新管理未来研究的方向。

二、互联网下的平台经济：共享创造价值

互联网的出现带来了管理的全方位变革。互联网能够绕过传统媒体的限制，具有全球性、快速性、低成本的特点。基于此，平台经济作为中介，能够通过各种与互联网连接的数字通信设备，使个人或小型实体作为买卖双方，有效地进行交易（即搜索和匹配）。

平台可以通过数字技术的功能创造并获取价值。平台经济具有以下优于传统企业的竞争优势：①开发成本低。由于在线平台不拥有库存或内容，因此主要成本是开发平台本身并吸引双方用户参与。②用户的获取和保留成本适中。由于在线平台相对较新，因此它们之间的竞争激烈程度较低。这样，用户获取和保留的成本相对适中。特别是许多刚开始发展在线平台向消费者提供免费服务。③多方面的收入流。由于在线平台为两个用户组都创造了价值，因此它们可以潜在地从每个用户组和在线广告中产生收益。④易于扩展。由于在线平台的资产较少，因此它们可以轻松地在本地和全球范围内扩展其业务。⑤广泛的可及性。越来越多的用户组可以通过访问互联网和利用移动技术来享受在线平台提供的服务。

扩展阅读 10-4：三一重工的设备共享平台

平台经济的成功取决于它为用户群体创造的价值。其中介机构创造的信息和交易价值体现在减少了用户组之间的信息不对称性以及降低了搜索和匹配的成本。平台经济可以减少买卖双方之间的匹配摩擦，从而满足买方不断变化的需求和卖方不断变化的偏好。与此同时，共享经济的新兴文化以及快速发展的移动技术，催生了众多消费者对消费者的在线平台（C2C）。消费者可以通过与其他用户共享来获利，使那些未得到充分利用的资源再次利用。在协作产品共享的背景下，产品成本越高，产品所有权和使用率就越高。随着有关提供商和用户的实时地理位置信息的出现，用于查找提供商和用户的搜索成本较低。因此，基于互联网下的共享经济平台为多方创造了价值。

三、互联网下的商业模式：社群裂变营销

互联网的出现缩短了生产者与消费者之间的距离，涌现出各种新兴技术，如云计算和大数据等，并且改变了企业原有的竞争环境和运行规则，使得大量新的商业实践成为可能。许多企业顺应时代的发展借助互联网技术，对原有的商业模式进行创新管理，一跃成为行业的领先者，诸如 Dell、Walmart、Amazon、eBay、Zara 等企业，都是因为它们独特的商业模式而崛起。根据创新的模式，将互联网下的商业模式创新分为四种。

（1）收入模式的创新。收入模式创新是指企业重新定义用户价值，改变原有的利润来源方式。这种模式首先要清楚企业想向客户传递什么样的价值，从企业提供的产品和服务上面观察到，然后着力发现并努力满足客户尚没得到满足的需求，向顾客提供更大的价值，从而对原有的收入模式进行创新。收入模式创新的数据获取在互联网的支持下变得极其容易，企业可以得到各种需要的产品数据、客户数据、市场数据。企业只有在认真挖掘和研究数据的基础上提炼出真正所需要的信息和数据，才能确保做出最科学、准确的决策，从而更好地掌握市场变化和消费者价值需求。例如，Hilti 的传统的业务是向建筑企业提供各类高端工业电钻，但随着企业竞争程度越来越激烈，电钻产品同质化程度变高。这种情况下，Hilti 重新定义用户价值，改为提供电钻库存、维修和保养等综合服务。

（2）运营模式的创新。运营模式创新是指企业通过垂直或水平整合业务来改变自身在价值链中的地位和角色，从而实现企业价值增值。这种创新的方式分为垂直整合和水平整合两种。垂直整合是指企业借助互联网技术减少与消费者之间的流通环节，从而降低成本实现企业的价值增值。互联网眼镜品牌 Warby Parker 运用垂直整合的方式，成为电商领域的佼佼者。Warby Parker 向意大利和中国生产厂商直接采购，将自己的官网作为主要的销售渠道，消除了传统模式下的中间环节。这种创新方式展现出了强大的生命力，使得 Warby Parker 的利润持续增长。水平整合通过减少或增加现有业务来实现价值增值。IBM 正是采用了这种方式进行创新，在意识到个人计算机获利空间不大时，便果断出售了这类业务，拓展 IT 服务和咨询业务。

（3）技术模式的创新。这种创新方式通过结合先进的技术来引导商业模式创新，将技术创新融合到商业模式创新中。单纯的技术创新往往需要企业大量的研发投入，并且失败的可能性极大。而在与商业模式创新结合之后，可以大大提高成功率，使企业发现更多的盈利机会，为企业创造持续性的竞争优势。华为结合技术创新来进行商业模式创

新，通过与巴士在线公司合作，共同推出了一套车载移动互联网的解决方案，该方案能够为用户提供免费的 Wi-Fi 服务。

（4）产业模式的创新。产业模式创新是指企业重新定位，整合现有的资源进入一个完全新的领域。产业模式创新是一种开放式的创新，也是最为冒险的一种商业模式创新方式。这种商业模式创新一旦成功，可以为企业带来高额利润，企业的地位也会在此基础上更上一层楼。相反，企业失败将有可能面临破产的风险。因此，这种创新方式一般适用于实力雄厚的大型企业，要求企业能够承受相应的损失。

随着互联网革命程度的深化，一种社群的网络关系随之诞生。社群是指因具有相同的价值观而聚集的社会团体，这种社会网络关系又称为互联网社群。目前，越来越多的企业开始利用社群这一概念进行商业模式的创新。基于社群商业模式创新的逻辑是以顾客需求为导向的新形态商业模式，强调用户共同参与。此类商业模式创新以拼多多为代表，即一种基于互联网社群的团购模式，通过互联网社群实现营销裂变。

互联网不是一种技术，也不是一种产品，而是代表了一个时代。创新推动了互联网时代的进步，时代的进步也不断推动着创新的发展。在互联网时代下，还会有各种各样的新兴技术诞生，与之而来的是多样化的商业模式。企业需要通过不断对商业模式进行优化和改革，才能够在互联网时代下立足。

案例10-2

拼多多邀请好友砍价免费拿

"在不在？帮我砍一砍？"

"千山万水总是情，砍它一刀行不行？"

你是否也曾接到过好友的拼多多短信呢？2015 年，拼多多 APP 上线，采取"农村包围城市"的策略，以迅雷不及掩耳之势抢占下沉市场。砍价免费拿是拼多多最有效的营销方式之一，堪称"病毒式营销"。它的基本流程是 A 用户在活动中选择想要免费获得的商品后，点击将砍价链接发送好友 B，让 B 帮忙砍价，B 接收到这一优惠活动的信息后，也加入砍价免费拿的阵营，如此循环，用户就会越来越多。但在实际的砍价过程中，用户 A 一般至少将砍价链接发给几十甚至上百人，这些接收链接的几十或几百人，有一部分会创建新的砍价链接，再次发给几十或上百人，这样波涛汹涌，以至无穷。

至此，通过分享链接邀请好友助力完成，让不少人免费帮拼多多营销打广告。这类营销方式更侧重于借助社交关系来完成，同时能让社交圈内的用户获取活动信息，从帮助他人切入，进行活动和品牌的传播，吸引更多人的注意和参与。2017 年，拼多多的获客成本仅 11元/人，远低于同期京东和阿里 200＋/人的获客成本。裂变营销让拼多多刷爆全网，迅速崛起，成立不到 3年，拼多多已经登陆纳斯达克，创造了商业传奇。

案例分析思路 10-2

第四节　人工智能下的创新

人工智能（artificial intelligence，AI）是研究、开发用于模拟、延伸和扩展人的智能的理论、方法、技术及应用系统的一门技术科学，是计算机科学的一个分支，它企图了解智能的实质，并生产出一种新的能以人类智能相似的方式做出防御的智能机器，该领域的研究包括机器人、语言识别、图像识别、自然语言处理和专家系统等。

在 2016 年人工智能机器人 AlphaGo 相继战胜围棋高手李世石、柯洁之后，人工智能强势进入大众视野。2017 年 7 月，国务院发布《新一代人工智能发展规划》，战略确立了新一代人工智能发展"三步走"战略目标，将人工智能上升到国家战略层面。2020年 8 月 5 日，为加强人工智能领域标准化顶层设计，推动人工智能产业技术研发和标准制定，促进产业健康可持续发展，国家标准委等五部门印发了《国家新一代人工智能标准体系建设指南》。2021 年《中华人民共和国国民经济和社会发展第十四个五年规划和

视频 10-2：人工智能科普简介

二〇三五年远景目标纲要》重点提及人工智能，以人工智能为代表的新一代信息技术，将成为我国"十四五"期间推动经济高质量发展、建设创新型国家，实现新型工业化、信息化、城镇化和农业现代化的重要技术保障和核心驱动力之一。

一、人工智能下的创新思维：突破"人脑"局限

人工智能与思维科学的关系是实践和理论的关系，人工智能是处于思维科学的技术应用层次，是它的一个应用分支。从思维观点看，人工智能下的创新管理应该重视思维方式的转变，培育人工智能思维，提升人工智能水平，让"智脑"超越"人脑"，让"人脑"更具特性。

人工智能不是具体的一项或者几项技术，人工智能是我们认识外部世界、认识未来世界、认识人类自身，重新定义我们自己的一种思维方式。其一，把握计算思维。计算思维是运用计算机科学的基础概念进行问题求解、系统设计以及人类行为理解等，涵盖计算机科学之广度的一系列思维活动，有助于人们理解和适应信息化社会。其二，发展智能思维。大数据时代的到来为人工智能提供了很好的学习材料，有效推进机器思维方式由自然思维转向智能思维，提升了机器的"归纳性"智能能力，使其能迅速从大量经验中学习、领悟和呈现出高度智能。"智能、智慧"是人工智能时代的显著特征，人的思维方式也要求从自然思维转向智能思维，不断提升机器或系统的社会计算能力和智能化水平，从而获得具有洞察力和新价值的东西，甚至类似于人类的"智慧"。其三，重视设计思维。设计思维是一种以人为本的解决复杂问题的创新方法，通过理解设计师们处理问题的角度，了解设计师们为解决问题所用的构思方法和过程，将技术可行性、商业策略与用户需求相匹配，从而转化为客户价值和市场机会，达到更高的创新水平。事实上，人类具有归纳、演绎、溯因三种智能，后两种思维能力有利于弥补"归纳性"智

能的弱点，带来更多的创造力，而设计思维就是在溯因性智能的基础上发展而来的。在人工智能时代下，善于利用设计思维的人往往能够取得额外的竞争优势。

案例10-3

用 AI 思维打通"车＋路＋城"，百度"ACE 王牌计划"

在 2018 年的世界百度大会上，李彦宏宣布百度推出 AI 城市"ACE 王牌计划"（AutonomousDriving、Connected Road、EfficientCity），以自动驾驶、车路协同、智能城市为发展脉络，坚守智能化、自动化、连接激活、高效的理念，让 AI 走进城市的每一个角落。同时，"Ace"在英文中有"王牌"之意，百度也借此表达了愿与城市一道，打造世界一流智能城市的信心。

为打造智能交通模式，百度从"聪明的车"与"智能的路"两方面双管齐下。

一方面，"聪明的车"Apollo 作为"ACE 王牌计划"的核心业务，正在以小步快跑的速度逐步迭代。百度选择从简单基础的"v2x＋自动泊车"两大场景入手，利用 V2X 技术，全方位实施车、路、云、人等各方动态实时信息交互，利用车辆中控台连接万物；在自动泊车场景发力，打通"交通最后一公里"，大幅提升驾驶人的停车效率及驾车体验。《Apollo GO 2020 运营报告》显示，Apollo GO 是全国获得自动驾驶测试牌照覆盖城市最多、总数量最多，囊括最高技术等级、最高标准、测试场景最难的 T4 级别牌照的能力者，目前 Robotaxi 已经落地长沙、沧州、北京等城市，开展多城市多车型的规模化运营模式。

另一方面，百度用 AI 思维、AI 技术不断深化车路协同发展，在"智能的路"方面着重攻破智能高速、智能车库、智能交通路口三大重点场景，基于各类数据优化算法，将最具价值的数据资源高效利用，实现"全面感知、智能决策、实时控制"的新型智能交通控制系统，推进三大场景落地。其中最具震撼的是智能交通路口，以交通信号灯为例，过去互联网思维的城市大脑，其核心是通过整合数据形成算法模型，疏导交通。如今百度将 AI 技术应用于交通控制，运用路口视频、路侧传感器的数据、活动车轨迹数据等全量数据，再通过 AI 技术模块化算法来智能调控信号灯时长，将有效提升路口的通行效率。互联网思维下只能针对前方有行人横穿马路、机动车逆行等粒度为"事件级"的感知，而在百度 AI 思维下则能直接用于无人车的预测和决策实时计算，达到"对象级"的高精度感知。二者的优缺点用一组数据就能看出端倪，经测算显示，互联网思维解决方案可以使交通拥堵时间减少 10%～15%，而 AI 思维可以将拥堵时间减少 30%～40%。

百度正在以自己独到的 AI 思维方式承接自动驾驶、车路协同、智能城市这三重市场的红利，渗透更多的细分市场，彻底颠覆汽车产业。与此同时，百度的商业版图与路径也越来越清晰，智能交通只是万里长征的第一步，未来，其或将由无人驾驶破局者晋升为行业霸主。

（案例改编自：https://www.sohu.com/a/272789095_190053）

案例分析思路 10-3

二、人工智能下的信息沟通：让客户"死心塌地"

基于人工智能技术开放性、能供性、连接性等特征，企业能够利用大量数字资源、借助人工智能技术，快速地连接多个机构或利益相关者，帮助企业提升内、外部合作和沟通效率，提升用户体验和参与度，简化运营模式，降低搜寻成本。人工智能能够连接内外部渠道，实现内外部数据的共享和传递，将每个步骤联系起来，促进企业内外部创新资源的流动和分享。一方面，人工智能促进组织内部有效沟通。人工智能技术能够解决多数程序化问题，回答员工有关信息技术、员工福利、人力资源等各方面的问题，减少组织内不必要的沟通；为员工沟通锁定最有效、最快速的沟通途径和方式，提高沟通效率；提供大量信息支持和决策建议，提高管理层决策效率和执行层执行效率。另一方面，人工智能有利于提高客户与员工之间的沟通效率。在不增加员工的情况下，企业可以利用人工智能技术处理越来越多的员工和客户互动，将日常通信移交给机器，例如，利用自然语言处理机器人、智能代理和机器学习算法，企业有能力向客户提供 24×7 的

扩展阅读 10-5：阿里巴巴基于 Transformer 的推荐系统

客户服务；产品和服务推荐系统的应用，让企业有能力根据客户个性化需求、参与度和购买记录有针对性地给出购买建议。同时将人力资源转移到处理更复杂的活动中，例如，处理不断升级的客户问题、进行扩展的非结构化对话等。

企业利用人工智能进行内外部信息沟通让数据处理的透明性和自动化程度更高，大大节约了企业花费在协调与沟通上的成本，提升了企业效率。基于人工智能应用在信息处理方面的效率优势，企业可以通过引入人工智能来转变创新方式。一方面，人工智能可以帮助企业在日益增长的竞争环境中开发新的模式、处理不断增长的信息；另一方面，人工智能可以在创新的过程中辅助或引导企业，降低创新过程中的风险和成本，为企业创造价值。

三、人工智能下的人力资源：让员工"朝气蓬勃"

应用人工智能技术会给人力资本结构乃至人力资源管理范式带来巨大的变化。在人工智能时代，人工智能的广泛使用将大大提升生产效率和管理效率，危险系数高或简单重复性的工作越来越多地被智能机器人代替，由此带来组织人力资本结构的创新，以及人力资源管理中激励方式和绩效评估方式的改变。根据高德 2019 人工智能调查显示，17%的企业在其人力资源部门中应用了人工智能解决方案，30%的企业计划在 2022 年开始应用。HR 领导者认为，部署人工智能的最主要原因是：节约成本、强化基于数据的决策准确性和改善员工体验。

1. 人力资本结构的创新

随着经济社会的高速发展，员工压力水平加剧，职业病发病率明显上升、员工猝死事件频发，尤其是制造行业中部分工作内容枯燥的一线岗位已经成为高危岗位，加上如今知识水平的普遍提升，越来越多的人不愿意从事这类工作，呈现出"用工荒""用工贵"等问题，增加了企业的人工成本。人工智能机器人的出现逐渐打破了这一僵局，机器人替代人去从事危险系数高的工作，有效降低职业病的发生概率。不仅如此，人工智能机器人的工作效率远胜于人类，能够在保证质量的条件下更快地完成工作任务。人工智能机器人的广泛使用可以推动企业极大地提升自动化程度，越来越多简单重复的工作

被智能机器人完成，这打破了现有工作岗位中的职业技能、时间和空间的组合，一些传统定义的"正规"就业形态将越来越具有"非正规"的特点，表现为工作内容、生活方式、劳动投入时间、工作地点选择上的灵活性，例如，网络主播、网约司机等新兴职业逐渐成熟并发展，为员工就业转业提供了更多的选择。

人工智能的加入降低基层员工数量的同时也降低了管理难度，使得中基层管理人员需求减少，技术人员需求增加，越来越多组织开始走向扁平化。一方面，有效提高了组织管理沟通和决策的效率，更有利于战略计划的执行和落实；另一方面，也提醒企业注重知识型员工的引进和培养，提高员工创新思维水平与创新能力，使员工具有不可替代性。

2. 激励方式的创新

人工智能的出现为员工创新思维激发和创意管理提供了新的思路。一方面，人工智能的出现带来员工结构的变化，知识型员工比例直线上升。这类员工的需求往往不在于物质和安全层面，更多地追求自我实现需求。因此，人力资源管理范式中的员工激励方式需要顺应时代进行调整，从创新动机入手，为员工提供能够获得成就感和自我满足的日常激励机制与晋升渠道，为员工创新行为提供足够的生存发展空间和结果奖励。另一方面，人工智能的出现有利于构建智能化创意管理体系。员动力（Yem Innovation）是中国首个员工创意管理 SaaS（Software as a Service，软件即服务）云平台，它通过人工智能、机器学习、大数据、云计算，以及自创的 TIO 算法（Technology, Innovation, Optimization），激发和管理员工创意，并通过创意变现，为企业带来创新性的利润增长。员动力完美实现 HR 和 BP 的结合，被誉为创新经济和 VUCA 时代下的"员工赋能神器、创意激发神器"。创意魔方（Inno-Cube）是其新推出的一款人工智能产品，它是一种基于云计算的 SaaS 服务产品，其主要功能是进行人才资本管理和刺激员工创新，通过对员工进行赋能，激励员工在平台上提交创意产品，不仅增加了企业因员工的创新理念带来的收益，同时也实现了企业对人力资源的高效利用，目前，该产品已经获得了国家认证。

3. 绩效管理的创新

绩效管理是人力资源管理活动中的一大难点。很多企业都在进行绩效管理，但是实行多年却没有带来绩效的提升，从而给各级管理者造成了负担，同时还在员工和企业之间造成了不和谐。其中，评价体系的针对性和合理性难以保障是重要的制约因素，造成绩效考核的信度和效度不高。而基于人工智能的专家系统可从用户方获取知识，建立自身的知识库与数据库，从而使绩效考核指标将更加数据化和与实际情况更加匹配，可以克服考核中主观评价的随意性，避免绩效考核中的"人情分"，使考核结果更精确、更有说服力与可比性。例如，亚马逊、谷歌等大型公司通过云计算对其海量数据加工，并详细记录员工的绩效数据，提高了考评结果的科学性和可比性，对员工的绩效做出更准确的判断，从而增加绩效管理的科学性。

章 末 小 结

（1）创新有利于中国经济的持续健康发展，同时，中国的综合创新能力也正在稳步提升。"创新政策"为中国的创新发展营造了良好的创新环境，提供了强有力的支撑。"创新文化"是中国经济、科技创新的基础，为其带来了深厚的文化底蕴。"海量市场"是未来中国创新发展的重要驱动力。"数字经济"为中国的创新带来了新的发展机遇。

（2）大数据时代的到来为企业带来了新的商机和挑战，企业的思维创新主要体现总体思维、容错思维、相关思维的转变。大数据作为企业经营发展的重要战略资源，企业要不断提高信息化程度和数据分析处理能力，创新其管理模式。

（3）"互联网＋"时代下的产品、市场、行业都发生了巨大变化，为企业发展带来了机遇和挑战。因此，推进企业改革，满足企业的发展需要尤为重要。一方面，注重"互联网思维"的培养；另一方面，关注平台经济和商业模式的创新管理。

（4）人工智能与思维科学的关系是实践和理论的关系，从思维观点看，人工智能下的创新管理不应仅限于计算思维、智能思维，同时需要人类独有的设计思维，才有可能实现人工智能的突破性发展。而在创新管理过程中，要重视信息沟通和人力资源方面的管理活动。在信息沟通中，主要表现为将人工智能应用于内外部沟通，以提高效率，创造价值。在人力资源中，要关注人力资本结构、激励方式以及绩效管理的创新。

课后习题

1. 请简述当前中国的创新环境。
2. 大数据下的营销模式有哪些创新趋势？
3. 请简要描述互联网思维模式与传统工业思维模式的差异。
4. 人工智能下的创新管理应具备哪些思维？并描述每个思维所体现的内容。

答案解析 扫描此码

即测即练题

自学自测 扫描此码

参 考 文 献

[1]　BENJAAFAR S, KONG G, LI X, et al. Peer-to-peer product sharing: implications for ownership, usage, and social welfare in the sharing economy[J]. Management Science, 2019, 65(2): 477-493.

[2]　NAMBISAN S, LYYTINEN K, MAJCHRZAK A, et al. Digital innovation management: reinventing innovation management research in a digital world[J]. Mis Quarterly, 2017, 41(1): 223-238.

[3]　NAMBISAN S, WRIGHT M, FELDMAN M. The digital transformation of innovation and entrepreneurship: progress, challenges and key themes[J]. Research Policy, 2019, 48(8): 103773.1-103773.9.

[4]　费埃德伯格. 权力与规则[M]. 上海：上海人民出版社，2005.

[5]　德鲁克基金会. 未来的组织[M]. 北京：中国人民大学出版社，2006.

[6]　帕克，埃尔斯泰恩，邱达利. 平台革命：改变世界的商业模式[M]. 北京：机械工业出版社，2017.

[7]　戈伦比威斯基，瓦尼. 组织发展案例：环境、行为与组织变革[M]. 北京：中国人民大学出版社，2006.

[8]　丁雪辰，柳卸林. 大数据时代企业创新管理变革的分析框架[J]. 科研管理，2018，39(12)：1-9.

[9]　金锡万. 管理创新与应用[M]. 北京：经济管理出版社，2003.

[10]　笛德，本珊特，帕维特. 创新管理[M]. 北京：清华大学出版社，2004.

[11]　李联宁. 大数据：面向新工科专业建设计算机系列教材[M]. 北京：清华大学出版社，2020.

[12]　刘洋，董久钰，魏江. 数字创新管理：理论框架与未来研究[J]. 管理世界，2020，36(7)：198-217.

[13]　罗珉，李亮宇. 互联网时代的商业模式创新：价值创造视角[J]. 中国工业经济，2015(1)：95-107.

[14]　唐德淼，陈劲. 商业模式的现代思维与创新路径[J]. 企业管理，2020(8)：117-119.

[15]　汪存富. 开放创新和平台经济：IT 及互联网产业商业模式创新之道[M]. 北京：电子工业出版社，2021.

[16]　王建民. 企业管理创新理论与实务[M]. 北京：中国人民大学出版社，2003.

[17]　杨祎，刘嫣然，李垣. 替代或互补：人工智能应用管理对创新的影响[J]. 科研管理，2021，42(4)：46-54.

[18]　杨曦，刘鑫. 人工智能视角下创新管理研究综述与未来展望[J]. 科技进步与对策，2018，35(22)：159-166.

[19]　阎海峰，王端旭. 现代组织理论与组织创新[M]. 北京：人民邮电出版社，2003.

[20]　余江，孟庆时，张越，等. 数字创新：创新研究新视角的探索及启示[J]. 科学学研究，2017(7)：1103-1111.

[21]　赵晖光，赵勇. 大数据·数据管理与数据工程[M]. 北京：清华大学出版社，2017.

教师服务

感谢您选用清华大学出版社的教材！为了更好地服务教学，我们为授课教师提供本书的教学辅助资源，以及本学科重点教材信息。请您扫码获取。

》 教辅获取

本书教辅资源，授课教师扫码获取

》 样书赠送

创业与创新类重点教材，教师扫码获取样书

 清华大学出版社

E-mail: tupfuwu@163.com
电话: 010-83470332 / 83470142
地址: 北京市海淀区双清路学研大厦 B 座 509

网址: https://www.tup.com.cn/
传真: 8610-83470107
邮编: 100084

创业基础（第 2 版）

本书特色

教指委专家、教育部《创业基础》大纲起草专家联合编著，国内影响力最大的创业教材。

教辅材料

教学大纲、课件、教师指导手册

书号：9787302403722
作者：李家华 张玉利 雷家骕
定价：35.00 元
出版日期：2015.9

任课教师免费申请

创业基础（第 2 版）

本书特色

"十二五"国家级规划教材，畅销教材，内容丰富，体例新颖，配套资源极其丰富，方便教学。

教辅材料

教学大纲、课件

获奖信息

"十二五"江苏省高等学校重点教材和"十二五"普通高等教育本科国家级规划教材

书号：9787302427612
作者：梅强
定价：39.00 元
出版日期：2016

任课教师免费申请

创业管理学（第 2 版）

本书特色

21 世纪清华 MBA 精品教材；经典教材最新改版，更多数字拓展资源。

教辅材料

教学大纲、课件

获奖信息

普通高等教育"十一五"国家级规划教材，北京高等教育精品教材，清华大学 985 名优教材立项资助，国家级精品课程"创业管理"配套教材

书号：9787302509721
作者：张帏 姜彦福
定价：49.00 元
出版日期：2018.9

任课教师免费申请

创业管理

本书特色

应用型本科教材，内容生动、体例新颖，教辅齐全。

教辅材料

教学大纲、课件

书号：9787302552222
作者：张艺 容庆
定价：49.80 元
出版日期：2020.8

任课教师免费申请

创新导论

本书特色

应用型本科教材，内容生动、体例新颖，教辅齐全。

教辅材料

教学大纲、课件

书号：9787302561958
作者：汪建成
定价：49.80 元
出版日期：2020.9

任课教师免费申请

创业与企业成长（第二版）

本书特色

大连理工大学名师佳作，案例丰富，配套教辅齐全，创业管理课程适用。

教辅材料

教学大纲、课件

获奖信息

辽宁省"十二五"规划教材

书号：9787302508755
作者：王国红
定价：49.00 元
出版日期：2018.10

任课教师免费申请

创业与资本市场

本书特色

内容精炼实用，教辅配套丰富，方便教学。

教辅材料

教学大纲、课件

书号：9787302534662
作者：尹苗苗 刘玉国 李北伟
定价：44.00 元
出版日期：2019.10

任课教师免费申请

高新企业的创办与管理

本书特色

清华大学资深教授几十年教学经验力作，融合许多优秀企业案例，教辅资源丰富。

教辅材料

教学大纲、课件、习题答案、试题库、模拟试卷、案例解析

书号：9787302548393
作者：林功实 顾立基 刘广灵 等
定价：49.80 元
出版日期：2020.6

任课教师免费申请

创新创业战略规划实训教程

本书特色

畅销教材，实践性强，内容丰富，案例新颖，篇幅适中，结构合理，课件完备，便于教学。

教辅材料

教学大纲、课件、习题答案、试题库、模拟试卷、案例解析

书号：9787302500520
作者：奚国泉
定价：49.80 元
出版日期：2018.6

任课教师免费申请